中国科学技术大学
1958
University of Science and Technology of China

筑梦自强飞翔

陈旸 ⊙ 主编

Dream Building
Self-Improvement
Flying High

1958-2018
USTC
60TH ANNIVERSARY

中国科学技术大学出版社

筑梦
自强
飞翔

Dream Building
Self-Improvement
Flying High

图书在版编目(CIP)数据

筑梦·自强·飞翔/陈旸主编.—合肥:中国科学技术大学出版社,2018.9

ISBN 978-7-312-04548-6

Ⅰ.筑… Ⅱ.陈… Ⅲ.大学生—学生生活—文集 Ⅳ.G645.5-53

中国版本图书馆CIP数据核字(2018)第192811号

出版 中国科学技术大学出版社

安徽省合肥市金寨路96号,230026

http://press.ustc.edu.cn

https://zgkxjsdxcbs.tmall.com

印刷 安徽国文彩印有限公司

发行 中国科学技术大学出版社

经销 全国新华书店

开本 787 mm×1092 mm 1/16

印张 19.5

字数 371千

版次 2018年9月第1版

印次 2018年9月第1次印刷

定价 98.00元

编委会

主编

陈　旸

编委

尹　民　兰　荣　李震宇
李娜颖　郭民生　唐　宁　代　镭
齐　莹　黄松筠　宋　平　梅　玫
倪晓玉　赵　茹　王　莉　孙师丹
李雅清　项赟飚　胡雪吟

序

校园的枇杷树再度结满了沉甸甸的果实，又一群长大的孩子即将背起行囊，开启新的旅程。这是一个充满着喜悦又夹杂着淡淡离愁别绪的季节，我一直在思考：作为一直陪伴同学们成长的大家庭，在羽翼渐丰的小鹰将要展翅翱翔之前，我们学院应该送给他们一份什么样的有意义的纪念品呢？看着眼前即将奔向人生下一站的目光坚定、气质成熟的同学们，回想起他们入学时的懵懂与青涩，我欣慰地感受到少年班的精神在他们身上传递。于是，我突然有了编写本书的灵感。

基于种种考虑，我逐渐将目光聚焦到郭沫若奖学金和国家奖学金获得者的身上。这样一批在本科期间表现最为突出的学生，很好地诠释了少年班教育的优良传统。我邀请他们写下了这些文字，希望他们在学院四年的“科”路历程、“少”路历程和心路历程能给后来者以启迪，能让他们的学弟学妹们更直观地感受到少年班学院的文化和品格。我也希望毕业生们能够保持梳理得失的习惯，在此基础上才能长得更高。所以，本书不仅仅是一件有意义的毕业纪念品，还是一份宝贵的档案，更代表了一种铭刻于少年班学子心头的、珍贵的、需要不断完善和传承的精神。

感谢各位学子对本书编纂工作的大力支持，正因为有了你们对学院的孺慕之情和对学弟学妹们的拳拳关爱之意，本书才得以在紧张忙碌的毕业季中顺利面世。“天高任鸟飞，海阔凭鱼跃。”最后，在祝福你们迈向更广阔天地的同时，我也请你们记住，少年班学院是你们永远的家！

陈 旸

少年班学院院长

2018

目录

最初的心，永远的事

戴晨光

PB11000658

2014 年度郭沫若奖学金获得者

2018

2011 级

作者简介

戴晨光，中学毕业于浙江嘉兴第一中学，2011 级理科试验班 2 班班长。校双薪书画社团成员、英语俱乐部模拟联合国开发计划署（UNDP）主席、芳草社志愿者、2014 年学校暑期招生志愿者。前三学年 GPA（平均绩点）年级排名第一。2011 年获新生奖学金金奖；2012 年获兴业责任奖学金；2013 年获国家奖学金和全国大学生数学竞赛安徽赛区一等奖；2014 年获美国大学生数学建模竞赛 Honorable Mention 奖、美国加利福尼亚大学洛杉矶分校（UCLA）Cross-disciplinary Scholars in Science and Technology 项目“Best Presentations”奖项、郭沫若奖学金。

高中的时候，有位科大物理系的老师来学校做了一次科普报告，这是我第一次认识科大。2011 年暑假结束后，我来到了这里，开始了四年的生活。

周围全新的一切多少让我有点忐忑不安。还记得班主任曾开过一次班会，会上大家都要说一说自己的梦想。当时的我好像还没有什么可以称得上是梦想的目标，简单地说了两句便走了下去，心中却暗自惊叹于班里其他同学言辞中透露出来的满满雄心。一段时间后，我逐渐适应了科大这种“连空气中都有竞争的味道”的氛围，觉得自己若能做好普通学生能做好的普通事，也算是不辜负人生中这段宝贵的青春了。

科大的基础课程总是严谨而又饶有趣味。李平老师的数学分析课让以前没有接触过高等数学的我也可以领会和理解。课程的难度并不算大，但凡能做好诸如按时听课、写好作业这样最普通的事，便可以在一学期结束时收获一个令人心安的结果。若是能更尽点心，还可以体会到一些不一样的乐趣。记得在李兰兰老师的英语听说课上我和同桌一起做过一个演讲，为此我们俩还在前一晚仔细地预演了几遍。短短十分钟，我们说着喜欢的主题，感受着听者的情绪，获得了很大的满足。第一年的生活特别简单，白天大脑被课程填满，傍晚去球场舒展身体，晚上安静地写一会作业，程序化的每一天渐渐地安定下了那颗初来乍到时忐忑的心。

生活是有惯性的，守住心中的这份安定，便可以一如既往，一切如初。进入第二年，虽然有着不同的专业、不同的课程、不同的学习环境，但身边优秀的朋友却一直保持着优秀。有人说这是一种品质，在科大这样一个平稳、踏实的大环境中，这不过就是一种惯性。用“不退则进”来形容科大更为合适，保持初心，跟上大家的节奏，这个优秀的集体终究会带你走到柳暗花明的那一天。

学业之外，生活当有所延伸。四四方方的围墙之内，亦有着无穷的乐趣。闲时可以去书画社练练字，去球场上显显身手，去模拟联合国做个辩手，去复兴论坛当个听众。很感激当时的自己为这些事腾出了时间，给过去烙下回忆，也给未来留个念想。其实，反复“刷题”换来的百分的完美未免过犹不及，忙里偷闲体验下别样的青春亦是张弛有度。若是有出国交流的机会，那更是再好不过。2014 年暑假在 UCLA 的 10 个星期，使我获益良多。我们要多交一些朋友，多长一些见识，世界很大，我们拥有的选择很多。

最后，祝师弟师妹们能够做聪明的人中最勤奋的那一个，勤奋的人中最聪明的那一个。如此这般，今后的人生必将无往而不利。

以下是我学习中的一些时间点，供师弟师妹们参考：

大一：适应生活，安心上课；

大一暑假：参加北京新东方的 TOEFL 培训；

大二上学期：转入数学专业，准备 TOEFL 考试；

大二下学期：修基础性数学课，参加 TOEFL 考试；

大二暑假：参加北京新东方的 GRE（美国研究生入学考试）培训；

大三上学期：转入统计专业，加入缪柏其老师的课题组；

大三寒假：参加美国大学生数学建模竞赛；

大三下学期：参加 GRE 考试；

大三暑假：UCLA 暑期十周交流，在 Yingnian Wu 老师的指导下做研究；

大四上学期：参加 GRE Sub（专项测试）考试，准备出国材料，申请学校。

我对选择的看法

李　嘉

PB11000614

2014 年度郭沫若奖学金获得者

1978

2011 级

作者简介

李嘉，中学毕业于河南郑州第一中学，理科试验班 2 班团支部书记，院技术部部长。学生西洋乐团副团长、学生 Linux 用户学会成员。2011 年获优秀新生奖学金；2012 年获国家奖学金；2013 年获全国大学生数学建模竞赛三等奖、校大学生数学竞赛（非数学类）一等奖、刘丽领导力奖学金；2014 年获美国大学生数学建模竞赛二等奖、第九届大学物理研究性实验竞赛特等奖、第二届校统计建模竞赛二等奖、郭沫若奖学金。

短暂的四年大学生活转瞬即逝。当年竞赛结束时义无反顾地选择科大时的情景仍然历历在目，而今又很快就要和生活近四年的校园说再见了。四年间听过、读过无数次往届“学霸、大神”们的经验总结，如今到了自己要写的时候，还真有点不知如何下笔。抛开一切虚名来看，所谓的“学霸、大神”，也只不过是在学业和考试方面略有特长的普通人罢了。倘若人生仅仅由几个苍白的数字就能决定的话，也未免太简单了些。我自己也不过是这样一个普通人，学习上还说得过去，考试还算擅长，有点业余爱好，但远称不上多才多艺，人际交往方面常常力不从心。所以对我来说，要走的路还很长，要提高的地方也还有很多。这里也就只能以一个在科大生活了四年的准毕业生的身份，给众多优秀的学弟学妹们分享一些自己的感悟。

关于选择。人生就是由无数次选择组成的一条不断分岔的单行道。而在大学这个人生中几乎最重要的转型时期，每个人面临的选择在数量和分量上都是前所未有的。

对于少年班学院的同学来说，要面对的选择就更多了。选择的第一要义是“别后悔”。这里的别后悔并不是说盲目选择，而是在做出选择后，如果遇到了困难和挫折，不要将其归咎到之前的选择上。在科大生活久了，说不定会对耳边的抱怨声习以为常，比如“在科大这么苦，当年要是去了某大学多好”“某专业真是‘大坑’，一开始为什么要跳进来”“理科生真难找工作，当时不如选工科”，等等。其中有些可能是科大人历史悠久的“自黑”传统，但更多抱怨反映出的是一种不愿意正视现实、不愿承担自己选择后果的不负责任的态度。既然做出了选择，就要努力在这条路上走好，毕竟人生不能反复，你也不能确定如果走了另一条路是会更好还是更差。而如果想要做到不后悔，就需要以负责任的态度对待每一次选择。记得当年在物理学院进行专业选择的时候，我听过这样一个故事：A 在路上碰到 B，问 B 选了什么专业，B 答“光学吧”，A 又问“为啥”，B 答“因为 C 也选了光学啊”，A 听了说“好吧，那我也选光学好了”。每年的专业选择中，这样随大流的情况并不少见。真正做充分调查以确定自己感兴趣的专业是非常难得的。科大和少年班学院为我们提供了非常宽松的专业选择环境和非常丰富的信息来源，只要自己愿意，每个人在做决定之前都有充足的时间来了解每一个选项。

选择的另一个要点是“不要拖”。我大二的时候一度很想申报物理学院的密歇根大学暑期项目，但看了看要求觉得推荐信、申请材料准备起来非常麻烦，虽然也咨询了往届的学长，但还是一直没有着手申请，直到离申请截止日期只有几天了，又有着即便不申请也没什么损失，反正可以考 TOEFL，这些事情还太早了些之类的想法，最终还是放弃了申请。但是第二年又到了申请交流的时候，我才发现其实申请的流程还是一样的麻烦，但硬着头皮做下来也就那么两三天的事情。现在虽然有不少人把“强迫症”“拖延症”之类的当作“萌点”或者口头禅，但是拖延的确是后患无穷的一个习惯。在做决定之前提早准备，第一时间行动，才能保证不会错失良机。

虽说科大的传统和优势在于数理基础和科研，但是这并不意味着每个人都必须沿着前人规划好的路线前进。如果你在进入大学之前就已经有了自己的理想（既然你已经选了科大，那么这理想多半跟科学研究有关)，那么坚持下来就好。而如果你在进入大学时并没有确定的目标和理想，或者是中途发生了动摇，那么大学期间就是你测试自己能力的最好时机。而且随着你不断尝试做没有做过的事情，你对自己的定义也会发生改变。在上中学时我自认为是一个很内向的人，喜欢独来独往，不擅长团队合作或者跟陌生人打交道。进入大学之后，我觉得不能再这样下去，于是就以前所未有的热情投身到学生会、社团、班委等活动中。虽说跟别人比仍然有差距，但是几年下来，我对自己的人际交往能力渐渐有了信心。人生的可能无处不在，学术和科研只是其中的一种。在大学里，你可以认识有着各种不同个性的人，尝试自己没有尝试过的挑战，并且有机会思考自己真正喜欢的人生究竟是什么模样。这样，你就能了解到一个更完整的自己，并依此来更好地规划自己的每一步行动。

也许你现在还在为堆积如山的作业而苦恼，也许你还在为即将到来的考试而抓狂，也许你正在为暗恋的人冷淡的目光而心痛，也许你还在为找不到前进的方向而迷茫。但是你一定要相信:生活是美好的，只要努力，人生就不会有遗憾。相信我，几年之后，所有的这些痛苦和迷茫，都将伴随着这四年如花一般的岁月，化作你一生中最美的回忆。

做最好的自己

廖湘标

PB11000617

2014 年度郭沫若奖学金获得者

2011 级

作者简介

廖湘标，中学毕业于湖南长沙第一中学，2011 级理科试验班 2 班团支部书记，学校吉他社、校友爱心社成员。大学期间在国际顶尖学术期刊《Applied Physics Letters》以第一作者发表论文一篇。2011 年获新生奖学金；2012 年获国家励志奖学金、中国科学技术大学“人才奖学金”、中国科学技术大学 2012 年电磁学论文竞赛一等奖；2013 年获中国科学技术大学 RoboGame 机器人大赛冠军、全国大学生周培源力学竞赛团体赛三等奖、全国大学生周培源力学竞赛个人赛特等奖（全国第四名）、国家大学生创新计划资助、刘丽领导力奖学金；2014 年获中国力学学会徐芝纶力学奖一等奖、美国大学生数学建模竞赛二等奖、希捷奖学金、郭沫若奖学金。

“衣带渐宽终不悔，为伊消得人憔悴”，柳永的深情宛然可绘，正如我对科学的一往情深。若我能遇上柳七，绝不会让他独身一人把栏杆拍遍。即便我们所爱不一，可对梦想的执着与坚毅却那样地相似。从懵懂知事到如今弱冠之年，我一路踏歌随梦，一路孜孜以求，每一个坚实的脚步都有一段美丽的故事。同是交战赤壁，苏轼高歌英雄本色，杜牧却低吟周郎与二乔的爱情。从小家里做建材生意的生活环境，让我有机会接触到各种各样的建筑材料，如陶瓷、铝合金等。与家人的习以为常不同，我对那些生活中接触到的各种材料和结构产生了浓厚的兴趣，一颗科学梦的种子悄然落入心中。儿童时代的想法尽管是那样的天真，却是我探索神奇世界路上的催化剂，让我越来越沉醉其中，尤其是大自然中的各种宏观结构和材料，让我有了投身科技的梦想。“天行健，君子以自强不息；地势坤，君子以厚德载物。”我虽没有金戈铁马的慷慨志向，却有上下求索的探索精神。在少年班这个高手云集的学术氛围中，无论是课程接受速度还是知识广度，我自知和一些同学有差距。大一第一学期的数学分析考试，前三次的月考都不甚理想，对我的斗志还是有些影响的。但十年来的梦想激励着我去做最好的自己，走自己的路，坚持到底。

由于少年班学院大一没有专业限制，让我有机会接触到了各种感兴趣的课程。理论课程并非大家所想的那么枯燥，从力学到电磁学、数学分析……在一次电磁学课堂上，一张麻省理工学院（MIT）团队制作的无线充电设备 PPT 引发了我的探知欲，我和另一名同学开始尝试做一个无线输电设备。通过调研，我们发现这和变压器原理是类似的，“梦想很丰满，现实却很骨感”，由于我们的想法太简单，准备也不足，问题在实验过程中接踵而至。最后，我们请教了电子系的一位教授，通过讨论，我们最终决定采用降低激励频率、提高耦合效率的办法。不知经过多少天的挑灯夜战，也不知失败过多少次，在一次又一次的实验后，一盏 LED 灯终于被点亮了。那一刻点亮的不仅是一盏小灯，更是我心中追寻许久的梦想，让我体会到了实践和理论的真正区别。

大二第一学期，我自主选择了近代力学系，在少年班学院 200 多名同学中，唯有我选择了此专业。“孤独”的背后我并不觉得寂寞，因为兴趣是最好的老师，力学能为我以后的事业铺路。专业的选择让我受益匪浅，在近代力学系我不仅接触到了儿时感兴趣的那些材料，还很快参与到了实验室的科研活动中，而指导我的正是年轻、富有活力的倪勇教授。进入大学后，我接触到了“纳米”这一热点词汇，也在一些科普报告中了解了某些“纳米”材料相对于传统材料的巨大优势，这一切让我产生了浓厚的兴趣，想知道是什么让纳米材料如此美妙和神奇。于是，在倪勇老师的众多课题中，我选择了“异质外延纳米薄膜”这一课题作为我接触前沿科学的桥梁，并成功申请到了国家大学生创新计划基金。这次科研训练不仅让我收获颇丰，尝到了科研中的苦与甜，也让我进一步加深了对科研精神的理解：它要求的不仅仅是依照别人的方案解决某个具体问题，而是需要自己大胆地提出原创观点。在科研中，没有人会直接告诉你哪一步具体该怎么做，更没有标准答案，只能靠自己一步一步去探索。

随着之后科研机会的增多，尤其是去年暑假的哈佛大学之旅，让我对自己出国的梦想和未来的理想有了更加清晰、明确的认识。在哈佛大学的那两个月里，我接触到了最好的研究团队，体会到了“大牛”科学家们对科学孜孜不倦的追求，感受到研究生们对实现自己科研梦的不懈努力。在这个课题组里面，我是唯一一个不会做实验的学力学的学生，这样我在课题组中就显得尤其“孤独”和“独特”，所以我的首要任务是怎么把我的力学专业知识和课题组的相关实验结合起来。在这似乎和我的专业毫不相关的背景之下，我发现课题组纳米电子器件的实际应用需要力学理论分析，需要力学模拟的佐证。我对两个研究小组的实验结果从力学角度进行了分析，模型化地解释了实验中看似复杂的现象。因为我身边的师兄师姐和我的专业交叉部分很少，所以在这个过程中最大的困难是我必须得独立思考，自己解决遇到的各种困难。不过这就给了我一个独立学习的机会，让我学会了在困境当中如何挑战自己，如何真正思考问题。科研虽枯燥，却能让我感受到学以致用的快乐，使我甘之如饴。同时，在国外的这两个月中，通过与各个专业的教授的接触、与师兄师姐的讨论和参加兴趣报告会，我更明确了未来的奋斗方向，对我现在的研究生申请也有了更多的认识。更重要的是，我觉得国外虽然科研、学习氛围浓厚，但是同时得面对很多新的挑战：相对孤独的生活环境、饮食文化的巨大差异等，所以我觉得每个人在出国之前最好能想清楚自己想要什么，权衡好利弊，不要一味地随大流。

最后，我认为团队合作精神在梦想追逐过程中是十分重要的。机器人比赛是中科大的传统赛事，我作为科大学生当然不能错过。这是一个团体赛事，团队合作非常重要，在团队中我们 5 个成员发挥各自所长、分工合作，机械、电路、程序……在一张白纸上一笔一画地勾勒出我们心中完美的图像，最终我们力压近 20 个队伍，一举夺冠。团队精神是一个支点，它将加快我们实现梦想的步伐。同时，我觉得团队精神更加重要地体现在和同学、朋友的交往方面。我们生活在一个大家庭里，和同学和谐相处是我们更有效奋斗的保证，所以广交朋友、交真心朋友、真心对待并且包容身边的所有同学是我们每天不能忘记的功课。

回顾我近四年的本科时光，我从一个对世界充满好奇的单纯少年，成长为一个对自己理想不懈追求的逐梦者。在这个过程中，我有过失败，有过犹豫，但更多的是执着和坚定。这是好奇心、兴趣在推动着我，它们让我在“乏味”的科学符号中，找到了其中的乐趣，因为我觉得基础科学是我以后事业发展的基础。我一直在追寻着我的梦想——做最好的自己，它是我的生命图腾。

我的大学四年

曾杨闻晓

PB11000619

2014 年度郭沫若奖学金获得者

2018

2011 级

作者简介

曾杨闻晓，中学毕业于四川德阳市第五中学，理科试验班2班副班长、学习委员。校格物致知社、吉他社成员。2011年获新生英才奖学金、“我的祖国，我的科大”演讲比赛二等奖；2012年获国家奖学金、光学论文竞赛一等奖、电磁学论文竞赛二等奖；2013年获国家奖学金、大学物理研究型实验竞赛一等奖；2014年获郭沫若奖学金。

到目前为止我还是觉得，当初来科大的决定是正确的。科大是一所“特立独行”的学校，我觉得她很适合我这样的人。

如同绝大多数大学生一样，大一上学期是我大学四年里最刻苦的一学期，我每天掐着表作息，计算我一天学习了多少个小时，周末、节假日也同工作日一样毫无区别，基本上全部用来自习。不论这种程度的学习是否值得提倡，但毋庸置疑的是，大一上学期的努力为我整个大学四年奠定了良好的基础。这个学期的绝大多数时间都被我用来做数学分析题了，具体做了多少题我也没统计过，反正有好几千道吧，裴礼文的书中的习题都做了。我一直觉得花这么多时间在数学分析上是很值得的，毕竟数学分析是最基础的数学课，就和四则运算一样，当然它本身很有意思也是原因之一。对于我看过的书，我给大家的建议是：裴礼文的书很好，题目大家可以都做一做；林清渠的书比较简单，题也少，应付考试性价比高；谢惠明的书非常好，但很有难度，对数学很感兴趣的或者数学专业的人可以看看；吉米多维奇的书除了题量大之外没任何优点，简单而且重复劳动多，不建议使用。除了数学分析外，线性代数也十分重要，说白了就是你啥都可以不学好，唯独这两门课如果你没学好注定将一辈子后悔。对于大一的时间分配，我觉得对有无竞赛经历的人来说着重点不太一样。有竞赛基础的同学不应该忽略基础课程，大部分参加竞赛的人学的那点东西太浅了，也就只够“应付”大一，根本不值一提。一方面要好好听课，系统学习数学基础和普通物理，另一方面要多关注高级课程，多看点高级课程的书甚至是去旁听。对于没有竞赛经历的同学，我觉得大一对你们来说是个好机会，学通大一的课程，你们的水平绝对不比有竞赛基础的同学差。我个人认为大一很重要，所以说得多一点。

大二的任务主要还是好好听课，在力所能及的范围内学习高级课程。对于没有明确专业方向的同学，也要趁这一年好好了解各个方向，大二结束就要选择专业方向，这和你未来的发展道路关系还是很大的。对于打算出国的同学来说，一项重要的任务就是考英语了，科大学生一般的策略是先考 GRE、后考 TOEFL，好处在于你考过 GRE 之后再去做 TOEFL 的阅读题会感觉非常简单，当然这只是个次要的理由，我觉得最主要的原因在于 GRE 需要很大的词汇量，准备周期非常长，放到后面很有可能由于没时间背单词而考不好。对于单词书，我的亲身体会是：“红宝书”没什么用，GRE 词汇 3000 才是真的有用。对待 GRE 的整体态度是一定要“早”：早背单词，早报名。背单词要找好适合自己的方法，背个十几遍就好了，别觉得吓人，大家都是这么过来的。此外，我个人觉得 GRE 考试运气成分比较大，所以早报名的好处是没考过方便再考一次。大家最好在大三之前考过 GRE，报考时间要看好，别和期中、期末考试放在一起，大家也知道科大的期中考试时间跨度有多长，基本各科期中考试过了期末考试也就来了，所以最好是假期或者学期开头一个月考。

大三时任务就变得更加繁杂了。首先你得找实验室，看你喜欢什么，早做打算，你可以到多个实验室试试看哪个适合你。这一点情况太复杂我也没什么好经验可以谈。其次就是提前修高级课程这件事要提上日程了，在这一点上我是吃了亏的。这对你们后两年的发展和日后的出国申请都是大有帮助的。当然前提是你能学好必修课，有足够的能力学更多的课程。再次就是考TOEFL，TOEFL 比起 GRE 来准备时间要短很多，考过 GRE 之后，TOEFL 的单词随便看看就行，难点主要在口语和听力。TOEFL 应试技巧很重要（当然对 GRE 来说也重要），多在网上找一找相关资料。和 GRE 一样而且对 TOEFL 来说更重要的是：早报名。我觉得大家考 TOEFL 的次数都比较多，很多人在大四上学期之前会考三四次甚至五六次 TOEFL，如果你等到大四上学期才考，考位早就被抢完了。还有一个很重要的事情是交流，大三暑期会有很多去境外交流的机会，大家一定要好好把握，个人觉得在选择上专业对口第一、学校第二。最后一个任务就是你要为大四上学期申请学校做准备了，提前弄清楚你的专业方向在各个学校的情况，较早地"套磁"也是没有坏处的。

至于大四，情况就要简单一些了，上学期的主要任务是申请，还是那个字：早。个人陈述（PS）要早点写好，多做修改，最好找说本族语的人改一改。申请表也别等到截止日期前一天才发出，会出很多你意想不到的错误（比如 GRE 的注册号需要打电话到 ETS 美国教育考试服务中心确认）。

以上所说的都是大学生活中的细枝末节，最重要的还是，你要有一个远大的理想，以及为实现这个理想竭尽所能的决心。希望大家都能够在科大的四年里活出更好的自己。

我的选择与回顾

李华杰

PB11000694

2014 年度国家奖学金获得者

2011 级

作者简介

李华杰，中学毕业于广东湛江第一中学，2011 级理科试验班 1 班学生。2011 年获优秀新生奖学金金奖；2012 年获第四届全国大学生数学竞赛安徽赛区一等奖；2013 年获第四届丘成桐大学生数学竞赛代数与数论个人银奖、团体铜奖，国家励志奖学金；2014 年获第五届丘成桐大学生数学竞赛几何与拓扑个人优胜奖、团体铜奖，国家奖学金。

仿佛昨天还在开学典礼上，转眼便来到了毕业季。大四的学习生活依然紧张而有序，离开科大要去的下一站在二月底早已尘埃落定。一个月前收到兰老师布置的这个光荣的任务，作为少年班学院中刚入学就转入“华班”的学生，考过不止一遍的 GRE、TOEFL 甚至雅思，最后却去了法国的我，决定借此机会写一写我本科学习中的几个重要选择和我现在的一些体会，以作为我对这段珍贵经历的记录，也给后来人作一个参考。需要说明的是部分内容只反映基础数学(简称纯数)专业情况，而且由于自己也还没到写回忆录的年龄，每个选择的好坏还不宜过早评论，不少认识也还在变化中，所以只能是参考。

四年前，在数学竞赛经历失败后，我以超过录取线约 20 分的高考成绩，选择了在我们省的高分考生中不算热门高校的科大，现在看来这是我做过的最满意的重要选择之一。而刚进入“00 班”在入学考试后我便面临着另一个重要选择：是马上进入华罗庚数学科技英才班(简称“华班”)学习数学，还是跟随少年班学院的主流在一年后再确定方向？当时的自己作为刚毕业的高中生，对高等数学的了解还非常有限，也不知道自己适不适合，而自己对其他方向也不排斥，很难抉择。为此我第一次进了陈院长的办公室，我记得我的最后一个问题是：如果学数学的话是不是进"华班"专业要求更高点？回答是肯定的。我是一个有点完美主义甚至为此不惜冒险的人，抱着试一试的心态就进"华班"了。于今回头看，尽管这样的选择让自己的大学生活过得有些匆忙，但我个人觉得作为想学纯数的同学还是早点进入"华班"或数学系的模式好一些。虽然"00班"的模式给了我们更多的选择，但是如果早已确定自己方向的话，"华班"和数学系的课程更有针对性，毕竟精力和时间有限。至于是进入"华班"还是数学系要根据个人兴趣和学习习惯而定，某些名称只差一个H的课程，难度确实不在同一级别，专业课月考的模式也未必适合每个人，对于学基础数学的人在"华班"确实可以学得深入一些，学应用数学的话在"华班"也要修同样的基础课，这会比较忙。由于"华班"要求较高、竞争压力较大，对想出国同学的GPA的影响是显而易见的，要进"华班"就要做好迎接挑战的准备。

下面先说说学习方式的选择。当我开始大一学习生活时，我发现身边的尤其是竞赛保送的同学已跟我不在同一条起跑线上。有些人在进科大前已经学习过不少大学的内容，而我只能跟着老师一步步走，不得不产生一种紧迫感。开学前数学系杰出校友沈维孝教授的交流会给了我很多启发，他告诉我们证明永远不要用"显然"，可以不做题但不可以不思考。从此我养成了看书先看定理描述然后自己思考证明思路的习惯，做习题也是尽量不看答案，这种习惯虽然看似进度缓慢，却让我对问题有了更深入的理解，因为最后想不出来的少数几个习题往往就是理论的精华所在。刚入学时同学们的热情最高，周末组织了大量讨论班，我也是积极分子之一，虽然基础有限，很多东西听不懂，但增加了我对大学数学不同方向的了解。常常听到很多人在讨论GPA重不重要，其实不少人是越来越感受到它的重要性的，能做的改变却越来越少。我觉得并不需要以追求高GPA为耻，只是需要选择好的实现方法，事实上大多数情况下只要对学的东西理解得好，成绩就不会低，我们要做的是通过让自己平时学得好来提高成绩，而不是想一些投机取巧或者临时抱佛脚的方法。我自己在考试前总会把定理证明思路再过一遍，即使多数考试中不会遇到。至于做习题，质量比数量重要得多，做大量重复的习题还不如节约点时间去干其他事。在大学学习初期，还是打基础比较重要，对数学分析、线性代数、抽象代数、拓扑等基础课，最好能利用假期自己尽早预习一遍。

接着说说专业与选课。大一下学期开的数据结构编程和物理实验课占用了我大部分时间。我属于慢热型，可能是因为第一次接触也找不到什么感觉，这也是我选择基础方向的重要原因。从大二上学期开始，我们年级的不少同学开始提前选修高年级专业课程，其中大二上学期选的近世代数(H)和大二下学期选的"华班"代数学都占用了过半的学习时间，月考成绩也很考验你的心理承受能力。大三开始，我们几个更是疯狂地选修研究生院的高级课程，一学期八九门数学专业课加讨论班，现在想想也不知道是怎么走过来的。我觉得适当提前选课对纯数专业同学来说还是有好处的，但是前提是基础要扎实，也要量力而行，不要太贪心，而且要循序渐进。另外，在本科阶段的学习不要因为不感兴趣而偏科，我选的高级课程覆盖了基础数学的不同分支，这常常会为我提供看问题的不同视角，而越是深入学习越会发现其实很多课程都是相通的。对于难的东西，要多积累些例子，多学两遍也许就没那么难了。当然选课过多也让我在每门课程内容的理解深度和技巧训练上有所欠缺，而且自由学习和思考的时间也变少了，所以选课还是要适度。

再说说竞赛与科研训练。当经历了两门结果不太满意的代数方面的课程后，我对专业方向选择也产生了一些不确定的想法，这时大二暑假的丘成桐大学生数学竞赛给了我很大的鼓励。本来作为低年级学生提前参赛并不抱什么希望，结果却出人意料，在通过笔试和面试后排到了代数单项的前几名，我也第一次见到了很多以前只听过名字的著名数学家。有意思的是，考试中拉开差距的两道题中的一道用的正是代数课程期末考试中我没想到的方法，另一道可以在大一的课本例题中找到思路来源。我觉得对于大学的竞赛还是抱平常心为好，可以用来督促自己提前多学点东西并且掌握数学的一些必备技巧，不需要过多的临考准备。也就在那个暑假我有幸得到中科院田野研究员的指导，开始了数论方向的大学生研究计划，这也是我现在感兴趣的方向。“国创”项目也为我们提供了不少接触科研的机会。不过由于学科的特点，国内的纯数专业学生很难在本科阶段做出新的东西，所以多数还是以学习为主。如果暑期有海外交流机会，还是应该多争取，不限于学校的项目，可以自己上网联系。

最后说说出国申请与选校。从刚入学开始，我就做了出国的打算并且主申美国。尽管我也一早就去了新东方学英语，但由于在专业上花的时间较多，我的英语一直考到了11月底申请截止前，这让我的申请工作比较匆忙。2014年一些学校卡线较严，最后99分的TOEFL成绩，虽然与相关学校要求的只差1分，但也让我在申请时遇到许多障碍。所以英语成绩还是要重视，报名、考试都要争取尽早解决。曾有师兄建议如果考TOEFL找不到考位的话可以试试雅思，风格不太一样，我觉得短期提分可能更难一些。至于申请中什么重要我现在也没完全搞清楚。对于纯数而言，非学术“套磁”估计意义不大，学术“套磁”难度又太高了。选课和竞赛有亮点当然好，但是也不能指望这个能决定一切。对于想申请排名靠前学校的同学而言，校友和推荐信可能还是比较关键的，这方面清华、北大比我们的优势还是大得多，因为他们长期开设了很多国外教授上的短期课，海外交流的机会也比我们多得多。所以假期到北京学习，机会可能会多一些，海外交流也要靠自己争取。总的来说，美国高校的申请越来越困难，虽然我在2月份也收到两所“藤校”（常春藤盟校）的录取通知书，但被更好的学校录取已经希望较小了，诚实地说结果我并不十分满意。2月中旬收到PGSM（法国巴黎高等管理学院）项目巴黎六大的录取通知书，经过咨询多人意见后接受了。鉴于近年申请美国排名前几名的学校不易，数学专业的同学可以早点考虑其他国家。其实如果决定去法国，最佳时机是大三暑假时的ENS（法国高师集团）国际选拔和大四刚开学时的EP（巴黎综合理工大学）考试。考试当然很不容易，但也不要想象得过难而不敢尝试。申请美国的同时也可以同时申请像巴黎六大和十一大的项目，综合性大学在法国的教育体制下地位不如那些精英学校，但是继续读博的话在巴黎选好的导师可能比在美国大多数学校容易些，而且巴黎的很多资源如共享选课、选导师都比较自由，想以此为跳板第二年再申请也可以考虑。不过凭个人的了解和印象，要在法国找工作可能要难些，经济也不如美国，想转行更不容易，如果有水平相当或者合适导师的话还是去美国学校好些，但这也要看个人选择。

做选择时不妨多了解一些他人的意见，对同一选择持不同态度会有不同的结果，如果选择了就应该为证明自己的选择正确而努力。我从来不为自己的每一个选择后悔，只争取每次做好一件事，当然也收获了不少经验和教训。一不小心写得有点多了，记得在我决定去巴黎前曾发邮件向数学学院留法归来的陈柯老师咨询，几小时后收到了几千字的回复向我详细地介绍了各方面情况，我想我也有义务帮助师弟师妹们了解更多尽管并不全面的信息。感谢四年来关心和帮助过我的每一个人，科大、少年班学院给了我不一样的经历。特别感谢班主任梅玫老师、申请中给予我帮助的推荐人和热心校友，当然还有四年中遇到的每位老师和一起学习生活过的小伙伴们。

我的科大生活

李莹莹

PB11001071

2014 年度国家奖学金获得者

2011 级

作者简介

李莹莹，中学毕业于河北秦皇岛第一中学，2011 级理科试验班 3 班学生。2011 年获新生奖学金银奖；2012、2013 年均获优秀学生奖学金银奖；2014 年入选澳大利亚西澳大学（UWA）暑期交流项目，获“Three Minutes Thesis Competition”第一名，获国家奖学金。

一转眼就要毕业了，时间过得真快，大一刚入校时的情景还清晰可见。这四年，我经历过喜悦也经历过挫折，在即将离开这里的时候，我把我的四年生活用青涩的文字写下来，和学弟学妹们分享我的经历，也留作一点纪念。

刚刚入学的我，是充满斗志的。我知道自己要好好努力、好好用功，才能有更大的收获。到了大学，和高中很不同的一点就是要完全靠自己，这个靠自己不仅仅是自己安排时间学习老师上课讲的东西，还要自己选择学什么，以及遇到问题需要自己寻求答案而不是老师主动讲解。我到科大感觉非常新奇的一点就是下课后大家会围着教授问问题，问各种各样的问题，有很难的数学问题，也有上课没听明白的地方。我当时连课上老师讲的东西都听不懂，怎么可能问出难的数学问题。我发现身边的同学都很厉害，就更不好意思问了。但是我又确实有学习上的困惑需要解决，就跟着其他同学凑在老师身边。后来我终于鼓起勇气问了一次当时的数学分析老师任广斌教授，任教授听了之后说这个问题非常好，然后开始讲解。我到现在还记得当时我的惊喜，要知道我在问之前已经做好了被大家“鄙视”的心理准备了。任教授人真的很好，他的肯定让我一下子变得自信起来，我开始问更多的问题，也开始慢慢脱离什么也听不懂的状态。后来我渐渐发现，那些我经常缠着老师问问题的课都考得很好，可见和老师交流是多么的重要。一方面，很快解决了我的问题；另一方面，教授们的想法高我一个层次，他们的回答也帮助我从更高的角度思考问题。顺便在这里推荐一下任广斌老师所有的课，任老师非常擅长将难的知识讲得深入浅出，而且人非常好，给学生很多鼓励，关于学习的各个方面都会帮忙。

第一个学年，我还遇到了许许多多的同学，结交了各式各样的朋友。我认识了真正热爱数学的 Y 同学和 Z 同学，还有试图探索一个我根本没听懂的关于宇宙的问题的 W 同学。要说我最喜欢科大的一点，就是在这里我遇到了许多有追求、有梦想的人，这完全不同于我上大学之前的世界，我之前只知道学习、考大学，以后找好工作、挣钱，让别人羡慕，而从来没有想过自己真正想要什么，自己真正喜欢什么。在科大的环境中，我开始渐渐质疑我之前的关于人生道路的规划，开始想知道自己的爱好在哪里。

第二年对于我来说是非常艰难也是非常悠闲的一年。说它艰难，这恐怕是因为从小爸爸妈妈让做什么就做什么的我第一次直面自己，第一次问自己想要什么。而说它悠闲是因为，我在不知道自己想做什么也不想再继续盲目努力的时候，很轻易地就进入了一种什么也不想干、混吃等死的状态。我整天整天地看网络小说，熬夜，逃课，躺在床上午睡一直到晚上……后来读了一些书才发现，当时自己的那种状态是非常错误的，但它也是像我这种迷茫的年轻人经常犯的错误。其实那个时候应该多和同学老师聊聊天，至少不能什么都不做，不能因为没有想好怎么做就完全什么都不做，因为躺在床上是想不明白什么的，总要先尝试才能明白自己喜欢什么。后来我和一位学姐聊天，发现她在大二时期也经历过这样一段时间，也许这有一部分普遍性吧，可能有很多人会像我们一样，大一更多的是惯性学习，大二才开始探索自己的人生道路。同样，这也是非常关键的一步，如果我当时没有从那种状态中走出来，也许后来我也就不能取得现在的这些成绩了。

真正让我脱离那种颓废状态的其实是我的好胜心。我从小就不甘于人后，而大二一年的颓废让我一事无成。我对自己说，如果我再颓废下去，我就可能要有一个失败的大学经历以及一个失败的人生了。于是我从大三开始以一种进攻的心态学习和生活。也是在这一年，我发现了自己对于优化领域的热爱。大三是我真正意义上为自己而活的一年。我每天早上醒来，知道自己起床去自习或者上课是为了改变自己的人生，所以特别有斗志。我当时想出国，出国就意味着必须要有好成绩，而大三是决定我成绩的关键一年。我当时每天都有一种机不可失的感觉，知道自己现在不努力就不会有未来。同时我还参加了大学生研究计划，花了许多时间在上面，这段经历使我第一次体会到了科研改变社会给人带来的快乐。大三是我大学中最充实的一年。

大三暑假我参加了西澳大学的暑期科研项目。这个项目为我积攒了科研经历，还发了文章，不过它对我最大的影响却是在性格上。我以前属于闷头学习的人，毕竟大多数情况下我只要考好就可以了，所以不需要怎么和人接触。但是当我到了国外之后，我发现如果我不说话、不争取，那些机会、资源就不会主动找到我头上来。而且大家都说英语，虽然我英语不错，但是还远远到不了和人交流完全无压力的程度，当我和别人说话重复许多次都不能被理解的时候，那种挫败感几乎压倒了我。所以我有一段时间完全不想和别人说英语，每天只是混在中国人的圈子里。但非常幸运的是，我当时和小伙伴们中途去了一趟悉尼。我当时在悉尼的一家美术馆，和小伙伴们分开了，一个人到处走。走到了一个众人聚集的地方，发现大家在给展览作品投票。我发现有各式各样的人投票，而且大家投的也都不一样，有一些人甚至投给了我完全不能理解的作品，这给我带来了极大的震撼。我突然意识到其实这里并没有所谓的正确答案，我做的选择也不会被评判，我可以参与其中，不会有任何人注意到我或者觉得我很怪异。所以我鼓起勇气去投了票。这件在大部分人看来微不足道的事情，却对我产生了非常大的影响。首先，它让我走出了中国人的圈子，开始真正融入到当地社会中去，我开始觉得自己是一个参与者而不是一个身在局外的游客。而且我开始愿意用英语和大家交流，比如我一周会多去找教授几次，聊我的实验进展；回家之后愿意多和寄宿家庭的人聊天。

在澳大利亚还发生了另一件让我受益终生的事情，就是参加学校举办的演讲比赛：Three Minute Thesis Competition (3MT)。在这之前，我一直非常恐惧站在人前说话，而且我之前几乎每次类似于演讲的经历都非常失败，这也进一步加深了我的恐惧感和抵触情绪。我知道这样不对，可是却无法改变自己的状态。当我得知西澳大学要求我们参加 3MT 的时候，我的第一反应是：噢，糟了，我随便混混就过去吧，好丢人。可是在我去过悉尼之后，我又产生了另一种想法：反正演讲是在项目的结尾，而且以后我几乎不太可能再来这里了，我不妨全力试一下，就算搞砸了出丑了也不会再遇到这些见证者了。后来第二种想法占了上风，所以我开始全力准备。我先是在 YouTube 上面查往年冠军的视频，并开始构思自己的演讲。因为我几乎没有任何演讲的经验，我在 Google 上查询了演讲技巧。不过就算如此，我也知道完全靠自己准备是不够的。所以我拿着我的初稿到处给人讲，听取大家意见。当时西澳大学的 Dr. Krystyna Haq 给我们举办过一个关于演讲技巧的讲座，我给 Krys 发邮件问她可不可以占用她几分钟的时间给她做一次 3MT，让她帮我提提意见，Krys 同意了。Krys 和我聊了一个多小时，称赞我的工作，帮我修改稿子，试图让演讲既可以让大众听懂又不会让我的研究成果显得普通。她还帮助我删掉了幻灯片上过多的图片，我之前完全没有意识到那些图片就算不存在也不会影响观众的理解。她还建议我加入一个日常生活图片，让观众感受到我的研究会影响到他们的生活。最后，在实验室师兄、一起参加这个项目的科大同学、Krys 等许多人的共同帮助下，我拿到了第一名。这是我第一次在演讲这个我极度不擅长的领域里取得成功，这让我不再害怕演讲，也变得更加自信了。这次经历不仅帮我积累了许多演讲技巧，还让我意识到，如果我非常努力，并且积极去争取专家和不同人的意见，我可以在自己不擅长的领域做得很好。

回到中国，我开始了我的申请季。这里介绍一下申请经验。我还记得上大一的时候，问过刚被哈佛大学统计专业录取的陈阳师姐是如何申请到这么好的学校的，有什么诀窍。这个问题现在看起来好傻，不过我猜许多同学都有过类似的疑问。当时陈阳师姐和我说，关键要好好学习，好好做科研，成绩好，有科研经历，就可以申请得好。然后我又问怎么样才能考很高的GPA，师姐说，上课认真听讲，下课自己写作业、不要抄。我当时的感觉是师姐啥也没说，我还指望着有点诀窍可以省点力气呢。可是我后来才渐渐发现，其实哪里有不劳而获的诀窍，踏踏实实地把该做的东西做好，才是最好的诀窍。我感觉申请绝大部分还是依靠申请者通过努力获得的成绩，而不是那些修改PS、CV（个人简历）的技巧。不过申请这个事我也不太懂，但是关于考高GPA，师姐说的绝对是非常正确的，我亲身试验有效。别的系我不懂，对于数学系的学生除了上课听讲、下课自己写作业不抄袭之外再加一项，就是课下把老师课上讲的东西再看一遍、再推一遍。看起来好像很简单，其实真正坚持下来还是挺不容易的，贵在坚持。

再提一下PS。我想我的建议是要多通过Google查询网上好的PS是怎么写的，也查询一下PS写作技巧。一方面看内容，想想录取方真正在意的是什么，比如做科研的细节，或一些特别厉害的奖。另一方面看英文写作技巧，这方面我感觉咱们真的没什么锻炼的机会。英文写作有许多技巧，比如一段一个意思，段首总结，等等，了解这些非常有必要，要是PS写完让人家看不懂就不好了。还有一件事就是多请别人修改。基本上有以下几类人：(1) 教授。请他们看看你的科研部分写得怎么样，当然如果能从宏观角度（以录取方的角度）给些指导就更好了。(2) 师兄师姐。科大的师兄师姐都很好，建议多多联系，就算之前不认识也没关系，而且其实可以尝试联系别的学校的师兄师姐，我就联系过一位从清华大学到Upenn（宾夕法尼亚大学）的师兄。(3) 同学。我理解那些不想让同学看自己PS的心情，所以可以找不是自己专业的人看。(4) 付费机构。这个在科大好像不是很流行，不过最近几年也越来越多了。我非常建议让付费机构看看，虽然我当时感觉并不是很有用，但是不同的人效果不一样。关于这个，我还想说的一点就是，付费机构修改出来的东西还是需要接着再修改的，不要把他们的文稿当最终版本，因为他们很可能会把科研那部分的意思改错了。(5) 外国人。这很重要，大胆地去联系你认识的外国人吧！我当时找了在澳大利亚学习期间不是我们组的一个人，清华大学的小伙伴帮我找了她的一个外国朋友，Krys 也帮我改过好几次，真是非常感谢！如果有同学也在申请过程中麻烦了其他人，记得发邮件感谢他们，要有礼貌，保持联系，这在建立社交网的过程中非常重要。

写到这里，我的大学生活也接近尾声了。以上这些只是我的一点经历和浅薄的想法，里面肯定有许多疏漏，还望大家多多包涵。最后，祝大家都能找到自己的目标，为之努力，并得偿所愿！

浅谈生物物理专业和暑期交流的经验

刘长江

PB11203012

2014年度国家奖学金获得者

2018

2011级

作者简介

刘长江，中学毕业于安徽合肥第一中学，2011级理科试验班3班班长、数理联队辩论队成员。2011年获优秀团员称号、新生奖学金铜奖；2012年获光学课程论文竞赛一等奖、优秀学生奖学金铜奖；2013年获优秀学生奖学金银奖；2014年获国家奖学金。

2015年的申请季刚刚结束，我也收到了较理想学校的录取通知。虽然我认为自己的个人能力和申请结果都不太理想，但受到学院兰老师的邀请，让我稍微写些东西，给少年班学院以后的同学分享经验。想想我大学四年的生活虽然略显平淡，但是也有一些可以和大家交流的经历。

一、生物物理专业

2011级学生是中科大生物物理专业的第一届学生。虽然一开始我有种种考虑和担心，但是意识到我的研究兴趣是在生命科学方向上，我认为转入生物物理专业是个不错的选择。

生物物理的研究主要可以概括成用物理的工具研究生物问题以及用物理学的研究方法探讨生物问题两种。具体的研究方向是（包括但不限于）蛋白质、DNA、RNA等与生物大分子的序列、结构、功能相关的理论、计算、实验研究，如DNA高通量测序，蛋白质空间结构测量（电镜、XRD等方法），蛋白质不同构象之间的改变与蛋白质行使功能，蛋白质动力学模拟等。除此之外，还有部分细胞尺度的研究，如袁军华老师的大肠杆菌鞭毛马达实验室所开展的相关研究。杜江峰老师也有一个新近建立的实验室，通过核磁方法进行生物大分子微距离测量。此外在西区生命科学院有很多实验室的相关研究也是涉及生物物理的。具体信息可以从校内网站上查到，但是直接通过邮件联系科大的教授们，约时间面谈更行之有效。

生物物理专业2011级的申请出国的情况比较乐观，但是样本数据太少了，现在也不能下什么结论。保研情况我并不是很了解。对于生物物理专业，申请出国的同学们在选校时，除了跟着物理"大部队"走，也可以多关注生命科学、化学、医学方面。下面有一些我比较推荐的项目和学校：

（1）Biophysics（生物物理学）——Weill Cornell Medical College（威尔·康奈尔医学院）：项目超级赞，导师数量非常可观，并且可以直接从事一线的医学研究。学校位于纽约市中心。但是申请难度奇高。申请中面试分数占比很高，而且要去美国本土面试。

（2）Biophysics（生物物理学）——University of Michigan（密歇根大学）：项目也很赞，研究方向很广，49个导师来自物理、生物、化学、计算机、工程、医学等院系，目前只有38个研究生，资源丰富，申请难度相对较低。

（3）Biophysics（生物物理学）——University of Chicago（芝加哥大学）：导师数量也很惊人，研究领域广。缺点是要去美国本土面试，学校附近犯罪率很高。

（4）Physics（物理学）——Carnegie Mellon University（卡耐基梅隆大学，CUM）：CMU的物理系1/3的资源属于生物物理专业。CMU的生物物理非常偏向于计算和理论，实验组很少，招生方面对科大友好。

（5）Physics（物理学）——UCSD（加利福尼亚大学圣地亚哥分校）：新开了一个Qbio（定量生物学）的PhD项目，发展前景很好，而且UCSD地理位置较好。

（6）Physics（物理学）——Rice University（莱斯大学）：有两个"大牛"导师研究生物物理。申请难度低。此外该校在招生方面对科大一向很友好。

(7) Physics (物理学)——Emory University(埃默里大学):生物物理专业拥有物理系的一半资源。该校的医学院全美排前三,因此与医学相关的研究非常多。虽然物理专业排 80 名靠后,但是希望从事医学研究的同学可以考虑这个学校。

二、台湾大学的学期交流(非学术)

我是大三上学期参加台湾大学学期交流的。我在申请时的个人条件是 GPA 3.78,无 GT(GRE 和 TOEFL 的统称)成绩。申请通过院系审核后提交到教务处,教务处组织面试后一周左右给出入选结果。当时有 2 个名额,有 3 人申请,所以我很轻松地就拿到了这次交流机会。我在台湾大学修习的课程有普通生物学、量子力学、固态物理、粒子物理以及一门游泳课。虽然物理类的课程都在研究生院开设的,但是相对科大的课程学习,难度简单了很多。我申请的动机一半是想出去走走看看,因此选课上略有松懈,以至于到大四上学期还在补一些必修课程。有此方面担心的学弟学妹在申请时需要慎重考虑。

台北市没有大都市的感觉。即使是在市中心,依旧可见到很多小巷子和低层建筑。台北市的大部分餐馆只有一两间门面,即使是很出名的永康牛肉面馆也不过两间小房子,不像在大陆经常见到的占满一两层楼的餐馆。整体上感觉这里生活节奏比一线城市慢很多。台北经常会有各种文化展和演唱会。此外,台北周边也有很多可以在周末花上一两天时间为之一览的景点,如淡水、阳明山、象山步道、台北故宫博物院、华山文化园、猫空缆车、动物园(可观看大熊猫团团、圆圆和刚生的圆仔),稍微远一点还可以去宜兰、花莲等风景较好的地方。基本上整个台湾都适合做短途旅行。周末两天就可以游玩一处。

台湾大学提供的宿舍还是不错的,不像台湾清华大学等学校会给你安排和本地学生一起住 4 人间或 6 人间。虽然会比较方便和台湾本地人沟通交流,但是对于台湾本地学生的作息时间你可能不太容易适应。台湾大学的交换生宿舍以双人间居多。校内住宿费约为 2000 元/学期,水源区约为 4000 元/学期。学校附近的便利店很多,而且都是24小时营业。便利店除了卖东西,还可以提款、网上购票、打印复印甚至收快递等,相当方便。出行的话基本上带上自己的学生证就可以了。学生证自备悠游卡功能,可以用于购买火车票、乘公车、在便利店消费、在景点购票等。校内可以在水源区租借到约70元/学期的自行车。校外有自助租车的Ubike,基本上每个捷运站都可以找到。校内食堂消费约40元/天,口味比较清淡。

华夏银行的带银联标志的商旅借记卡可以在台湾的ATM机上直接使用,存入人民币即可,取款时可直接转为台币取出。华夏银行每天第一笔取款免手续费。此外可以带少量人民币现金在台湾机场兑换成台币。

当地的中华电信、远传电信、台湾大哥大是台湾地区主要的三家运营商。支付约500台币购买一张预付卡就可以了。手机上网也可以考虑开通,但是台北市全市覆盖Taipei-FreeWi-Fi,出门在外走到捷运站、十字路口就可以用Wi-Fi上网。

三、CMU的暑期交流

CMU的暑期项目是面向严济慈物理英才班(简称“严班”)的,但这并不意味着其他同学不能申请。

对于任何专业来说,暑期交流项目并不应该完全依赖于学校所提供的选项。有意愿的学弟学妹们也可以自己联系国外的教授申请实习。而且大部分学弟学妹都会考虑在大三暑假参加实习,联系国外教授也可以适应一下申请季的“套磁”。其实大部分情况下只需要简单的一封邮件向对方表明兴趣和来意即可。一旦第一步迈出去了,后面很多事情就顺理成章了。所以,请务必不要吝惜自己一两天的时间,在大三下学期抽空查阅一下国外大学教授的研究方向,并及时给感兴趣的“大牛”们发一封邮件。

下面为物理方向以及申请CMU暑期的同学提供一些信息,希望有用。

1. 申请、选择和建议

CMU的物理系规模不大。资源分配大致为:1/3的生物物理专业、1/3 的天文专业和 1/3 的其他专业（凝聚态、理论等）。整个物理系中，理论和计算的组占大多数，实验只占很小一块。尤其是结合 CMU 的 CS（计算机科学）全美排名第一的背景，CMU 的物理系在计算领域可以说是非常领先的。因此希望将来在计算方向发展的同学，选择 CMU 是很靠谱的。CMU 的物理系在招生方面对科大非常友好，往年录取通知书（Offer）的数量也都很可观。

"严班"的同学申请不要英语成绩，但是可能会要求写一份个人陈述并提交一份简历。交流名额 2014 年（第一次）是 9 个（实去 8 个），在所有项目中是名额最多的。此外，对大四去向情况也汇报一下：2014 年去 CMU 的 8 人中，保研的有 3 人，第二年再申请的有 1 人；申请 CMU PhD 的 4 人中，GPA＞3.8 的 3 人拿到了 CMU 的 Offer。

2. 申请到之后怎么办

(1) 钱

申办一张 VISA 银行卡。如果你入学后已成年，那么你拿到的那张 VISA 是可以正常使用的人民币/美元双币信用卡。请到银行柜台咨询相关业务流程。注意美元账户是要自己充钱的。网上买汇时间是北京时间的白天，算上时差后买汇会很麻烦，一般要晚上买。在国外用卡记得要开相关业务（请仔细咨询银行工作人员）。此外在美国刷信用卡通常是不需要输入密码的。

现金。在中国银行可以换到 100 美元的大钞，但是美国基本上不会用这么大面额的钞票。带着可以备用，但不用多带。400～800 美元备用即可。此外在美国，出于安全考虑，大量现金不要随身携带。随身带 40 美元以下的现金即可。

(2) 签证和机票

签证申请类型为 J1 访问学者签证。等 CMU 提供 DS－2019 表格后，登录美国领事馆主页查询相关 J1 签证办理流程。

建议在国内正规的网站上订机票，一定要注意出具行程单，方便学校财务报销。机票行程单、登机牌、支付证明要保留好。

(3) 住宿

CMU 校方会提供 37 美元/天、首次注册费 50 美元的校内住宿，条件还可以，位置离学校也很近（过个马路就到了）。但不是“土豪”就还是自己找便宜的住宿地点吧。

自己找房子可以登录匹兹堡大学或者 CMU 的 CSSA（中国学生学者联合会）查找转租信息。但是请注意谨防诈骗：如果要看房、交定金之类的，最好联系 CMU 那边的师兄。我和另一位同学，两人在校外租了一个 CS 专业师兄家的小客厅，两人一起住了 40 天花了 650 美元。相比校内实在是便宜多了，但是条件一般。

(4) 吃东西

早餐。校内有一家 Entropy 小商店可以买到很多吃的，如水果、面包、牛奶、零食之类的。Entropy 所在的楼里也有午餐卖，如 6.5 美元的印度菜、墨西哥卷等。此外，物理系楼的一个空中走廊里也有卖食物的地方。

正餐。每顿饭花费 6～8 美元。也可以考虑自己做饭，但是我没做过，因为太耗时间了。附近有几家凑合的中餐馆 Oriental Express 和 Little Asian。如果想吃西餐就更多了。但是麦当劳、肯德基就不用考虑了，一方面贵，另一方面难吃。

在美国吃东西外带不需要给小费，在店内吃大部分是要付小费的（费率为 15%～20%）。

(5) 交通

交通是很方便的，学校学生坐公交是免费的，但是交流学生的 ID 卡好像不行。如果不出去玩基本上不涉及交通。CMU 有校车和护送车。校车有固定路线和时间（校内网站上能查到）。护送车是小车，夜里和司机说一下去哪里（几千米以内，不能太远），司机会把你载去，和出租车一样。当然这些都是免费的。

学校北边有到匹兹堡机场的巴士。注意运营时间表。可以在 Google 地图上查询所有需要的交通信息。

此外，整个匹兹堡基本找不到出租车。需要出租车的话要提前预订，当然价格非常高。

(6) 安全

CMU 所在的匹兹堡市还是很安静的一个小地方。市中心晚上会乱一些,CMU 所在位置还是很安全的。但是再安全也不要半夜一个人走在路上。

(7) 手机

在国内时打电话给运营商要求开通国际漫游业务即可。可能要确保手机账户上有一定数量的余额,合肥移动是 500 元。拨打国内手机号码需在其前输入 +86,座机号码需去掉第一个 0 再加上 +86,如 0551-63601234 改成 +86-551-63601234。

四、大四出国申请总结

我的基本数据如下:

GPA:3.88;

GRE:154+170,3.5;

GRE Sub:Physics 990;

TOEFL:22(S)+21(W)+28(L)+30(R)=100;

科研:以第二作者投稿一篇文章至《Biophysical Journal》(《生物物理学杂志》);

交流:台湾大学学期交流,卡耐基梅隆大学暑期交流;

推荐人:刘万东老师(电动力学课老师)、袁军华老师(实验室导师)、陈旸院长、Markus Deserno(CMU 实验室导师)。

时间安排:

2013 年 8 月,第一次考 GRE;

2014 年 2 月,第二次考 GRE;

2014 年 8 月,考 TOEFL;

2014 年 9 月,选学校,准备申请文书;

2014 年 10 月,填写网上申请,考 GRE Sub;

2014 年 11 月,完成网上申请,提交 GT 分数;

2014 年 12 月～2015 年 2 月,面试和等待;

2015 年 2 月,拿到第一个 Offer;

2015 年 3 月,接受录取,申请季结束。

1. 标准化考试

GRE:2013 年 2 月在校北门口的新东方上过辅导班,准备了一个学期,到 8 月也没考出什么好成绩。主要原因是没有背单词,且假期玩得比较疯。第一次考试拿到的 150+170/3.5 成绩并不是很满意。在台湾大学做交换生时,我特意留出了很多时间准备 GRE 考试,结果寒假在家过分松懈,导致 2014 年 2 月的考试成绩是 154+170/3.5,也并不太理想。根据我的教训,大家可以注意到,GRE 考试战线不宜拉得过长。此外,参加 GRE 考试时一定要好好背单词(建议试试 Anki 这个小软件)。

TOEFL:我到大三暑假才第一次考。当时在 CMU 暑期实习,TPO(TOEFL 在线模考)还没完整做完。突击了两周考出 22/100 的成绩,我也基本知足了,但基本无参考价值。

GRE Subject Physics(物理专项考试):跟着 Sub 通用复习资料《The Physics GRE Solution Guide》走了一遍。高中物理竞赛的功底还在,所以在做模拟题进行自测时都是满分通过。最后考试也是满分。即使如此,我在准备的时候还是非常认真的,毕竟这是申请所需要的最后一场考试了。尤其是申请物理专业的同学,Sub 考得好是非常必要的。很多学校的物理系 2014 年都死卡 Sub 90%这条线。

2. 选校

因为我希望从事的是生物物理中的理论、计算研究,所以我的理想专业排名主要是依据 US News Graduate School(美国大学研究生院排名)的物理、计算机、生物排名来确定的。此外还会结合学校名气、学校教授数量和研究方向、地理位置来综合考虑。

Top 20 的学校是根据学校的生物物理专业教授数量、研究方向来选的。对于那些生物物理专业在生命学院、化学院之下的学校我会忽略掉(因为觉得难以和生物、化学背景的申请者竞争)。所以我一共选了 8 所大学:Umich(密歇根大学),Stanford University(斯坦福大学),Harvard University(哈佛大学),Yale University(耶鲁大学),Cornell University(康奈尔大学),Columbia University(哥伦比亚大学),Upenn(宾夕法尼亚大学),

Caltech(加州理工学院)。

Top 21～50 基本是根据对科大学生的友好程度以及学校地理位置来选的,有 5 所:CMU(卡耐基梅隆大学),Rice University(莱斯大学),Brown University(布朗大学),Emory University(埃默里大学),UCSD(加利福尼亚大学圣地亚哥分校)。

3. 最后录取情况

2 月 10 日,Physics, Rice University (FL)。

2 月 12 日,Physics, Brown University (FL)。

3 月 1 日,Biophysics, Umich (FL)。

3 月 21 日,Physics, CMU (TA)。

奖学金基本上都是 28500 美元/年。

一开始因为有 CMU 交流保底,所以申请时我基本上只看了 Top 20 的学校。后来由于我在飞跃群里多方宣传,今年 CMU 申请人数涨到了 100 多人(在合寄成绩单的时候,别的学校都只是 20 人合寄,CMU 第一波 50 多人合寄,总共寄了 3 波)。担心之下我又临时加了 3 所 TOP 40 以内的保底学校。后来申请结果表明我这个决定还是很正确的。因为后加的 3 所学校有两所在 2 月份就来了 Offer,这也给我后来面试梦想中的学校(简称“梦校”)——Umich 攒足了自信。申请季等待 Offer 的感觉就像黑夜里等天亮。如果等到 3 月还没有第一封 Offer,情绪上恐怕也会很难控制,更不用说好好准备面试了。

4. 文书准备

CV 就随便准备了一下,PS 写得比较认真。9 月初我写的第一稿被在美国的同学狠狠批评了一顿,所以我决定重新组织语言,第二稿就比较顺畅了,然后又花了 100 多美元找文书机构修改了一遍。PS 的写作参考了《Graduate Admissions Essays》一书,其作者是 Donald Asher,我觉得还不错。

除了 CV、PS 外,有的学校也会要求准备额外的自我介绍。比如 CMU 就要申请人描述一个最近碰到的科研问题,Stanford 大学有整整两页纸的各种小问题,每个需要回答 100～200 个单词。Brown 大学还要求就某个话题回答并录像 2 分钟。因此网申应当提前准备，预留好足够时间处理各种看似奇怪的要求。

5. 网申，GT 送分

基本都是参照着《飞跃手册》来的，没有什么特别要说的。

唯一尴尬的是有些学校项目申请的截止日期是 12 月 1 日，那时候 GRE Sub 的成绩还没有出来。出成绩后我给学校秘书发了邮件，4 个学校里有 3 个答复我可以帮忙录入 Sub 成绩，所以问题不是很大。

漫长的等待和面试阶段：

等 Offer 是很急人的，尤其是看到身边的“大神”1 月份就拿到了心仪学校的 Offer，这种压力自然不会少。很幸运我年前就拿到了前两个 Offer，也算过了个好年。

年后我在日本冲绳科技大学的工作室里进行了 5 次面试，加上之前比较失败的 UCSD、Columbia 大学和 Cornell 大学的面试经验，也算经历丰富了。因此在 2 月 28 的 Umich 面试中表现非常好。

面试保持网络通畅是最重要的。可以在开始提前说一句网络不好，为自己后面没听懂的时候说“Pardon”（请再说一遍）做掩护。面试以对方上午时间为好，因为对方此时注意力会更集中，更愿意听你说话。面试一定是要做足准备的，但是随机应变也很重要。做足准备指的是有些底气，知道说什么不说什么。但是有时候也会碰到突发情况面试。比如之前的 UCSD 面试，明显是因为下午 6 点多，面试官已经很累了，他们一上来就问有没有问题要问他们。Columbia 大学的面试恰恰相反，虽然当时的准备基本为零，但是碰巧对面教授心情好，聊的时候双方也合得来。面试后给了我很高的评价。

最后祝学弟学妹们一帆风顺。

回首我的大学四年

罗致沛

PB11000832

2014 年度国家奖学金获得者

2011 级

2018

作者简介

罗致沛，中学毕业于广东惠州第一中学，2011 级少年班安全委员，GPA 班级排名第一。学校唐仲英爱心社和民族乐团成员。2011～2013 年均获唐仲英德育奖学金；2012 年获国家励志奖学金；2013 年获优秀团员称号、国家励志奖学金；2014 年获国家奖学金。

通篇看来，与其说这是所谓的“大学四年回顾总结”，不妨把本文看作我离校之际个人的一篇短记录，期许着未来某一天能让我在翻箱倒柜时拾起这篇文字，回忆起大学四年的岁月。虽然自己不佳的语言表达能力在寥寥数语中不能表达出多少意思，但求不给各位学弟学妹带来什么不好的观念。若各位能从我的文字中得到哪怕一点点的收获，我便万分庆幸了。

大一时似乎什么都是新鲜的，学校貌似是全国顶尖的学府，所在的班级好像是万众瞩目的最特殊的那一个，听说周围有好多同学还是当地媒体报道过的“天才神童”，合肥虽不发达却也散发着与南方家乡不同的神秘色彩（没错，我说的就是冒蒸汽的井盖）。现在想来那时的一切真是新鲜而朦胧，傍晚 6 点 10 分“C 语言”课下课后，匆匆地在星座餐厅买汉堡边跑边吃，然后飞奔去公共澡堂洗澡，并在 6 点 30 分成功到达老化学楼开始进行普化实验，这样急行军般的生活被冠以“这就是青春”的名头而蒙上了一层幸福的感觉。写到这里，我才突然惊醒，各位一定会在说我莫名其妙，毕竟红砖砌成的老化学楼早被拆除做了停车场，公共澡堂业已被宿舍楼内的浴室代替而鲜有人问津，澡堂阿姨转行去卖豆浆了，甚至星座餐厅也摇身一变成了清真食堂，此间种种真正应了那句应试作文的万金油开头“How time flies ...”。时间真的过得很快，大学四年不过短短一千来天，却很大程度上决定了一个人未来的发展方向，“少壮不努力，老大徒伤悲”。

转念一想，大一于我不单是朦胧的，更是懵懂的。懵懂地跟着大家一起早早立下了出国的宏愿，懵懂地跟着大家做吉米多维奇的习题集，乃至于看到大家每天晚自习到深夜，如果自己不学习久一些，不等到门卫大爷来自习室赶人似乎就对不起“观众”，可直至现在，我也不知道那个“观众”究竟是自己的心呢，还是周围的同学们。其实说到底大概还是自己不成熟，不像身边许多人，对自己的未来有一个很清晰的规划，未来想做科研的同学已经在四处敲实验室的大门，准备做“码农”的同学也买了一沓沓的“黑砖头”在读，甚至想经商的同学都已经在各社交网络做代购和微商了。虽说大一结束时，单论学习成绩我还没落到惨不忍睹的地步，看来随大流也不至于让你一败涂地，但若未曾明了自己所希冀的究竟是怎样的生活，终究似乎是少了一种内在的动力将你推到顶峰。所以不妨时不时地静下心来好好想想自己的人生目标究竟是什么，虽然可能没有什么结论，但能忙里偷闲发发呆、做做白日梦，还能挤出一些矫情的“鸡汤”最后附上一句“继续前行，不忘初心”，发在朋友圈里也是充满着正能量的。

大一的最后我选了信息安全专业，那时候自己究竟是怎么想的呢？我似乎用的是排除法，物理没意思，数学太难，化学没兴趣，生物没考虑过，单纯学计算机编程太枯燥，可又对编程感兴趣，于是就选了“信院”（信息科学技术）底下最偏计算机的信息安全专业。好像当初是为了不再随大流而选的一个小专业；又好像当初只是单纯觉得信息安全听起来挺有意思的。但无论是哪种选择方法，年轻的我甚至忘了考虑未来发展这个严肃的问题，譬如哪个专业的课程安排更合理，哪个专业的氛围能让我收获更大，出国选哪个专业更有优势，甚至以后就业应该学什么最好，都未曾考虑过。或许这是我性格中的一大缺陷。每每做决定前总想着要把问题考虑清楚，但这个“考虑清楚”往往被拖延到了决定前的5分钟，最终的决定也就变成了脑子一热的结果。

大二与另外3个少年班同学一起开始跟着信息安全专业上课，发觉在少年班学院上课和在信息学院上课很不一样。在少年班学院时，课堂的互动是很频繁的，经常会有同学在上课途中遇到不懂的便举手询问老师，更有甚者，怕讲不清楚问题，就直接上讲台拿着粉笔边写边和老师讨论。当时我的心里只有两个想法："他们在讲什么，虽然听不懂但感觉好厉害的样子""毕竟自己'太年轻'，好想和他们一起谈笑风生呀"。怀揣着这样的梦想，我也尝试在课堂上活跃了起来，虽然声音有些颤抖但终究敢于在课堂上提问了，虽然没什么底气但终于敢在课下指出老师所讲的与自己所理解的不一致之处了。可是到了信息学院，在经历了一次老师的课堂提问有且只有少年班两三个人回答的窘境后，我发觉课堂似乎又恢复了沉闷的状态。尽管如此，我还是厚着脸皮地坐在课室的前排，不顾他人诧异的眼神而与老师进行互动，以至于后来教室中列的第二排靠门的位置几乎成了我的专属座位，任课老师们大多也能叫得出我的名字，最不济也能指着我说："你不是那个，那个少年班的嘛！"甚至在大三一门老师很爱在课堂上提问的专业课上，由于经常只有我一人举手回答，老师后来不得不在每次提问前先声明："那个少年班的，啊，就是你，不许举手！"虽然可能显得很狂妄，但不得不说我对自己能厚着脸皮地坚持还是十分骄傲的。

大二的暑假我去参加了为期一个月的新东方GRE培训，培训结束之后一个月便急急忙忙地去考了GRE，成绩是327+3.0，事实上并不理想。自己当时也清楚这个分数有可能会影响未来的出国申请，但总抱着一种侥幸的心态，"那个师姐GRE比我还低也能横扫呢！"有意忽略了自己在别的方面与别人的差距。我后来便没有再考，苦果也只能自己默默吞下。同样，在大三下学期草草考了一次TOEFL，成绩是107这样一个勉强不算"短板"的分数，也仅仅考了一次就没有再考。或许依旧没有考虑清楚，我在大三下学期才开始正儿八经地考虑出国申请的问题，也是在这个时间才决定申请CS的MS(理科硕士)，硬是要拿PhD的申请经验套用在MS的申请上，想想自己当时也是挺有意思的。话说回来，虽然现在我已经深刻地认识到凡事要三思而后行，要充分查阅“参考文献”再做决定这个道理，但是否能在实际中做到还有待考量。

大三到大四的那个暑期，我很幸运地入选了学校与西澳大学的科研交流项目，总体感觉收获挺大，能与当地人交流，认识新的朋友，感受到他国文化和做科研的氛围，有机会发论文，学校还报销了一部分的开销。更何况从功利性的角度来看，一段海外交流经验和一封国外教授的推荐信也会给未来的出国申请增色不少，何乐而不为呢？

最后便是申请环节了，我在整个申请过程同样有着各种不清楚的状况和侥幸心理。我连对方学校各个项目都没了解清楚就开始申请，直奔难度最大的项目，结果被无情地“枪毙”；侥幸地以为招生委员会忙得要命不会仔细看文书而闹出各种乌龙；如此种种现在想起来真是啼笑皆非。究其原因，除了前面提到的性格缺陷外，或许自己真的是一只井底之蛙。申请前，以为凭借自己的少年班身份、还算高的GPA和还不差的英语成绩，申请MS还是颇有一些把握的，故而有意无意地在申请过程中马马虎虎，很多事情都是临时抱佛脚，万万没料到CS申请竞争如此激烈，我被大多数学校拒绝，最后承蒙耶鲁大学收留才不至于“失学”。

就讲这么多吧，从小学写命题作文开始就不懂得怎么写结尾，衷心祝愿各位学弟学妹们能享受在科大的时光，并有一个辉煌的前程。

谈谈我与数学同行的四年

郑　鹏

PB11001038

2014 年度国家奖学金获得者

2018

2011 级

作者简介

郑鹏，中学毕业于湖北黄冈中学，理科试验班 3 班课代表、校数学社成员。2011 年获新生奖学金；2012 年获大学生数学竞赛一等奖；2013 年获中科院电子所奖学金、丘成桐大学生数学竞赛团体及个人铜奖；2014 年获国家奖学金。

我是 2011 年进科大少年班学习数学的，刚进大学时并没有具体目标，对于将来本科毕业后是工作、考研、保研还是出国，我也不清楚。

我喜欢数学，曾经的心愿是大学毕业后当一名优秀的中学数学教师，进了科大学数学之后这个心愿似乎触手可及，然而在这里遇到许许多多来自全国各地的优秀学子，刚进学校他们便着实令我吃了一惊，他们似乎早就做好准备在这里拼搏一场，早就在为大学生活做准备，梦想着去一流学府继续深造，有志成为一流学者。后来我被选进“华班”，单从数学水平来说，我并不输他们太多，但就志向而言，我没法和他们相比，这让我有些迷茫和惭愧。在别人拼命做题看书的时候，我不知道该做些什么，就去图书馆找了一些书来读。我读了一些大学生心理健康方面的书，有了一些关于修身、立志、友情、爱情方面的基本是非观念，这也成了后来我行事的基本原则。我还读了一些数学史，知道了一个个数学家的故事，了解了数学发展的各个阶段，很是感动。如果说大学前三年我和数学谈了一场恋爱的话，这便是第一次深深地被数学吸引而不止于中学阶段的喜欢。这是我大学第一年最重要的工作，也是我深深喜欢上数学的原因。

其实学好一个东西最好的方法就是喜欢上"她"，有了第一年的准备，我大致了解了本科基本课程有哪些内容、与其他课程有哪些关联、发展的原始动机是什么、后续有哪些内容。至今我仍觉得第一年的工作对后来最有影响，尽管第一年我的GPA很低。大二时我开始接触有些技巧的东西，提前修了安排在大三学习的拓扑学和代数学，老师讲得很快，所以我没学好。大三的课程给了我机会去弥补。重新体会了一下代数拓扑和代数里面的一些基本概念和技巧。大三的本科课程里面除了最难的偏微分方程之外我都修了，之后压力便不是很大。我抓住机遇选了一些研究生课程，都挺难的，不过部分考试相对容易，虽然学得不是太好，但都拿到了出乎意料的高分。当然，有些东西是需要再学的，即便没学好也极大地开阔了视野，我感受到数学理论无与伦比的美丽，也就在这个时候，真的想学一辈子数学。大三时我也取得了去巴黎高师深造的机会，原来未定的出路那时也定了。

关于学习方法方面，我认为提前预习很重要。尤其是到后来，定理的证明可能极其复杂，不预习的话上课就很可能听"晕"了，以至于根本不知道定理在说什么，该怎么用，而往往这些非常关键。如果无法理解有些定理的证明思路，建议你多看几本书，很多定理的证明富有启发性，看不同的书能够收获更多的理解概念和解决问题的思路。其次就是不时地回顾一下学过的东西，把一些重要内容和方法印在脑子里。多思考，多提问，多和老师同学交流，你会发现能学到的内容更多。

至于有哪些是自己本科四年间觉得不足的，那就是我在大学时做的题太少了。除了必须做的作业外我几乎没多做练习题，甚至有些作业是抄的，不过我抄作业之前一般都自己读一下题目，细细想一下，所抄的东西也都仔细理解，确保是对的。这也算是考试都能顺利过关的原因之一。现在有些时候一些简单的东西算不对或者算得很慢，就是练习做得少的原

2018

因。感觉现在要花时间慢慢去弥补，这是很不划算的一件事情。

在科大生活的几年很快乐，学得愉快，玩得潇洒。数学很有意思，写这些希望对后面的学弟学妹们能有些帮助，希望所有学子都能好好享受学习的乐趣，享受大学的生活！

远方的呼唤

朱力奥

PB11000663

2014 年度国家奖学金获得者

2011 级

作者简介

朱力奥，中学毕业于安徽合肥168中学，2011级理科试验1班团支部书记、校学生会权益部干事、名师访谈项目组组长。2011年获新生英才奖学金、优秀学生奖学金金奖；2012年获优秀学生奖学金金奖、全国大学生数学竞赛数学类省级二等奖、校电磁学论文竞赛一等奖；2013年获优秀学生奖学金金奖，校优秀学生干部、优秀团员荣誉称号；2014年获国家奖学金、北美大学生数学建模竞赛二等奖、西澳大学科研报告竞赛三等奖、西澳大学杰出研究者荣誉称号。

我听到海依然在远方为我喧腾
那雪白的海潮啊，夜夜奔来
一次次漫湿了我枯干的心灵……
——王家新《在山的那边》

拿到康奈尔大学录取通知书的那一刻，忆起初中的课文《在山的那边》。想到能在大洋彼岸流连于胡适曾学习过的“藤校”，徜徉于徐志摩、林徽因曾驻足的湖畔，仿佛又听到了远方的呼唤。三年来，梦中雪白的海潮啊，好像真的来到了眼前。

一、做最好的自己

刚进校时，在一教的某个教室里，班主任在黑板上写下：做最好的自己。几个耀眼的白粉笔字，照亮了尚在高考失利阴影中的我。而后的学习生活让我更加理解了这句话的深意。一次数学分析课后，室友用一中午的时间写完了书后习题。午睡醒来的我看到他已经写完作业收起书本，于是自己计划用一下午的时间写完。然而，残酷的事实将我的幻想撕得粉碎:从开始做题到最终在各路“大神”帮助下领会所有题的解题方法,我一共用去了接近一周的时间,充分证明了“智术浅短,遂用猖獗”的意义。那时才明白,做最好的自己,意味着不攀比、不盲从,不因别人的聪慧而妄自菲薄,不因他人的迟钝而沾沾自喜,而是战胜自己、超越自我。

现在想来,其实最好的自己并不存在,因为人永远不知道自己的潜力有多大。超越自我之后,可能远远突破了当时自认为的“最好”。所以“最好”只是一个方向、一个极限、一个孤独的无穷大。无论达到了多好,离“最好”仍然距离正无穷。正如臧克家的《杂感》:“人生永远追逐着幻光/但是谁把幻光看作幻光/谁便沉入了无边的苦海。”心外无物,默默追逐幻光,终会创造属于自己的奇迹。

二、你真的想好了吗

在第一学期接近尾声的时候,我渐渐明白,纵使理科试验班第一学期的课程基本跟物理相关,纵使我在物理课程上花时间少得分高,纵使数学分析学起来有些吃力,但是自己的兴趣仍然是数学,于是我跟班主任说希望第二学期提前选择数学方向。进校时我在班里排名只是中等,第一学期 GPA 也只有 3.78,所以班主任把我叫到办公室,对我说:“现在选数学方向你需要补好几门数学课,很有可能跟不上,请慎重选择。如果不确定自己的兴趣,学物理会更好一些。你真的想好了吗?”那时的我真的想到了自己可能跟不上而被退学的情景,然而这却没有给我带来一点点的犹豫。这个场景是如此地熟悉——记得也是一个夕阳斜照的傍晚,一脸愕然的化学竞赛老师看着化学竞赛全校第三的我问道:“为什么要退出化学竞赛去参加数学竞赛? 数学竞赛拿奖非常困难啊! 你真的想好了吗?”我只是微微一笑:“谢谢老师好意,然而数学才是我的挚爱。是的,我想好了。”

竞赛的经历让我不再害怕选择和改变。因为不选择也是一种选择,不改变就是一种改变。不选择的后果就是生命的消磨,最后往往会发现,其实不选择等价于选择了向自己最不希望方向渐变。人永远不可能欺骗自己,不可能使自己喜欢上内心排斥的东西。

事实证明了勇于选择和改变的正确性。第二学期，我仿佛找到了归宿，在叶型线与马鞍面这些奇妙的时空里废寝忘食，成绩也有了很大的提高。往往当我写完《数学分析》书后的习题时，天已经微微发亮。数据结构更是让我陶醉其中，一转眼几小时便会飘然而去。

三、人人生而平等

怀揣着做志愿者的喜悦和雄心壮志，我坐上了“三下乡”实践活动通往县城的车，如同当年的知青。那是大一的暑假，县城中学里一群即将高考的高三学生听我们讲课。然而我却渐渐地被他们的遭遇震惊。我感到了一些学生身上深深的无助感和被剥夺理想的悲凉。有的人被父母逼着学了自己完全不喜欢的理科，有的人因为没有被分到重点班便觉得没有考上大学的希望而自暴自弃，有的人因为家里没钱而眼巴巴地看着心仪的大学却无能为力。我在很多人身上看不到斗志，看不到理想，有的只是感觉理想无法实现之后的得过且过与无所事事的沉沦。离开之前，怀着愤懑的心情，我告诉他们：困难不是沉沦的理由，决不能放弃希望！除了自己之外，没有人能够阻挡你追求梦想的步伐！成绩差不可怕，应该寻找弱点努力提高。经济困难也不应成为障碍，方法总是有的，何况大学往往有助学金和勤工俭学的机会。真正可怕的是自暴自弃，哀莫大于心死！

刚从县城归来，看到吴敬琏的访谈节目，这位和蔼温和的老爷爷说出了一句铿锵有力、掷地有声的话：“人人都应能够体面地活着。”念及“三下乡”时的见闻，我顿时悲从中来、黯然涕下、泪如泉涌、不能自已……“三下乡”的经历让我更加坚定了自初中起就有的信念：为中华之崛起而奋斗终生。何谓国家之崛起？归根结底是人民拥有追求梦想的权利，无论贫富皆应拥有幸福和希望！中国已摆脱旧社会的积贫积弱，然而远远没有富强。为了祖国的富强，我辈留洋学子皆有不可推卸之重任。钱学森便是我心中的榜样。

四、决不放弃希望

大三上学期，教随机过程的老师绝对不会想到，期末考试前几名的学生，竟然是在期末的前两个月才听得懂课、跟得上进度……由于少年班学院课程安排的问题，我在大二下学期并没有学概率论，然而在细分专业中选了统计之后，大三上学期却有以概率论为基础的课程随机过程和数理统计。开学伊始，教随机过程的老师说："没有学过概率论的学生赶快把我的课退了，因为你是跟不上的。"我听后顿时惶恐至极！但是我仍然决定继续学下去。开始时上课完全听不懂，只能详细地记下笔记。课下抓紧一切时间自学概率论。那一学期有6门数学的主课，包括泛函分析和偏微分方程。面临着进校以来从未有过的沉重学习压力，我深深地感到，如果不能超越自我，拥有更高的效率和学习强度，那么无论如何也不可能学好这么多主课。超越自我、突破束缚的过程是孤独的，是一个人的马拉松，但每一步都必须如同冲锋一样不计代价与牺牲。那时天天在二教自习到夜里12点，回寝室的路上，可以一边听着钢琴曲一边欣赏没有星星的夜空："黑夜一无所有，为何给我安慰。"连续高强度自习几天之后，往往会有极度的疲乏和崩溃之感，感到无法坚持下去。在夜深人静的夜晚，觉得脑子一片空白，很久都翻不过一页书的时候，我也曾想过放弃。然而，钱学森的影子又浮现出来。于是，绕二教小跑一圈之后我又回到了自习室里。这时我才忽然领悟了初中政治老师的话："只有小我没有大我的人走不长远。有很多困难的境地，心中只有自己欲望的人无法逾越，只会陷入堕落的深渊；只有心中装有祖国和人民，拥有理想和信念的人才能坚持下去。"欲望会让人变得很重很重，重到在选择面前无法取舍，重到在挫折面前无力坚持；而信仰会让人变得很轻很轻，轻到在选择面前毫不犹豫，轻到在困难时仍然微笑着前行，决不会放弃希望！这就是信仰的力量，这就是信念的光芒。

经过一个月的努力，我终于在十一假期看完了概率论。又过了一个多月才终于赶上了随机过程课的进度。最后以单学期GPA 4.16的成绩结束了这一段难忘的岁月，也为最终总GPA

4.00 的成绩奠定了基础。这一学期的经历是四年大学中最宝贵的经历，因为它让我明白了任何时候都需要拥有信念，决不放弃希望！怀揣梦想努力拼搏吧，不要让理想从手中滑落。到最后你会发现，其实真正令人恐惧的不过是恐惧本身而已。

五、忘　　我

经过大三上学期的刻苦磨炼之后，我有了一点关于学习的领悟。正如王国维在《人间词话》中说到的三重境界，衣带渐宽终不悔之后，方能有那伊人却在灯火阑珊处的顿悟。这也是学习境界的写照。在我的书桌前，大一时贴了一张纸，写着“意志”二字。那时的我心浮气躁，需要意志来集中精神。而后变成了“超越自我”，最后，我又将其抹去，唯有“忘我”。无我相，无人相，无众生相，方能从心所欲不逾矩。读书伊始往往需要弄懂一词一句，每一个定理的来源、证明、作用、延伸。弄懂基本内容之后，我便不禁开始思索各种公式之间的内在联系与玄妙之处。为什么如此而不能换成其他？这样做的好处究竟是什么？这时的书是越读越厚的，书上开始出现密密麻麻的小字，显现的是红笔画出的各个知识点之间的关联。按此方法看完一本书之后，总有一天会顿悟，达到忘我之境。这时才会达到华罗庚所说“把书读薄”的境界。龚昇教授曾说过，学习可以先挑战最难的部分，如同从最陡坡最快速地爬上最高峰，然后俯视山下便是一马平川，学习起来也会势如破竹。真理总是简单的，学得越深，会发现知识越统一、越简单。那时会发现，自己仿佛已经不存在，公式定理仿佛也已经消失，一切已经从有形变为无形。如果仔细倒推细节当然可以复原出来，然而粗略地回忆时，细节已经不存在，而只剩下几个模糊的感觉与幻影。正如言语的尽头便是无言，便是无声的沉默。例如复分析，一本书仿佛只剩下几个跃动的线条和轮廓勾勒着柯西定理、黎曼映照定理的影子，细想之下又变幻出各种形状的公式，一条条既清晰明了又糅在一起难分你我，仿佛都有了喜怒哀乐，有了人一样的情感和好恶。当自习铃声响起时，我已忘了自己是谁，身在何处，现在是上午、中午还是晚上，或是梦里。

六、一路投奔奇迹

大学的生活除了学习之外还有很多重要的部分。比如说让我流连忘返、难以忘怀的学生会。在这里，我学到了如何更加快捷有效地工作和解决问题，体会到了服务他人的快乐。另外，参加澳大利亚西澳大学的暑期交流研究项目非常有意义，我在珀斯体会到了异域的文化，体会到了一种秀丽风景中闲适自得的生活方式，也让我获得了丰富的研究经历，对之后的留学申请也起到了很重要的作用。感谢我睿智的爸爸让我在大三上学期就考了TOEFL 和 GRE，否则我就不会有机会去西澳大学交流。

关于人文与艺术，我个人认为科大还有很大的进步空间，也有提升的必要。大一时我曾非常痛心"大学语文"这门课因为选的人太少而开不起来。关于文学和艺术的选修课不仅数量少还往往被边缘化。但是，没有文艺素养的科学家很少能成为顶级的大师，只有公式没有诗歌的日子也往往不那么令人有激情。钱学森就曾认真拜师学习过小提琴。他的音乐水平非常高，我想从其夫人蒋英的音乐水平和她的品味便能推测出来。

关于感情，也许很多科大学生因为悬殊的男女比例而苦恼不已。然而祸福相生，相比于很多段无关痛痒的感情来说，也许一段刻骨铭心的爱情便已足够。悬殊的男女比例可能有利于腾出时间静下心来学习，做一些志愿服务工作，抑或是思考人生，更加清醒成熟地认识感情。况且其实我身边的人并没有因为悬殊的男女比例而使其感情方面与男女平衡的学校的学生有多大的不同。无论遇到怎样的挫折和打击，都要相信未来并为之努力，对的人会在远方等待最好的你。遇到合适的人，应该付出最好的努力，失之需从容应对，得之需懂得珍惜。这样才算不辜负青春，不蹉跎年华。

大四，到了申请出国的季节。在这里我要再次感谢一下推荐我的老师们。还要特别感谢一下那位我们公认的系里最善良、最好的教授。他帮我修改了文书，还对我的申请提出了一些宝贵的建议。他还非常体贴地告诉我，康奈尔大学统计专业 PhD 已经约 20 年没有招科大学生了，所以要做好心理准备。另外，我自己也了解到纽约大学统计专业 PhD 也有几十年没有招大陆的学生了。然而，最后的结果却是康奈尔大学统计专业 PhD 破天荒地给了我 Offer，纽约大学统计专业 PhD 给了我面试机会(虽然我在拿到康奈尔大学的 Offer 之后取消了面试)，另外纽约大学统计还录取了一个北大的学生，这也是几十年来它第一次招大陆的学生。所以说，做好最坏的准备，但是要相信奇迹的出现！因为没准一回头，就被幸福撞了一下腰。也许，纵使你拼命地努力、刻苦地准备，最终结果仍然不尽如人意，即使这样，至少也无愧于心。然而，事实往往是，在挫折和失败之后，总会有那么几次，奇迹就这样毫无征兆地到来了。

获得国家奖学金的时候，我想起了我的大一。那时觉得它离我是那样遥远，从没有想过自己有朝一日能成为国家奖学金获得者。然而最后，我发现自己不仅得到了国家奖学金，而且大三的单年 GPA 在班里排第一。坚持做最好的自己，向最好的自己前进，总有一天，你不经意地回首，会看见那个几年前的自己对现在的自己说："这是个奇迹"。

七、相信未来

年轻是资本，可以任性地涂去一切的不幸，让所有习惯黑暗的眼睛都习惯光明！因为年轻，所以可以不顾一切地追求心中的信念，义无反顾地选择远方，用蜡笔勾勒出美丽动人的奇迹。纵使蜘蛛网无情地查封了烛台，纵使紫葡萄化为深秋的露水，我们也要固执地铺平失望的灰烬，摇曳着曙光那支温暖漂亮的笔杆，用孩子的笔体写下：相信未来！拥抱明天，那是远方的呼唤；聆听海潮，那是理想的号角！

朋友，坚定地相信未来吧，
相信不屈不挠的努力，
相信战胜死亡的年轻，
相信未来，热爱生命！

——食指《相信未来》

我的大学

王若水

PB12000828

2015 年度郭沫若奖学金获得者

2012 级

作者简介

王若水，中学毕业于浙江宁波镇海中学，2012 级少年班班长、唐仲英爱心社社员。2012 年获新生奖学金铜奖；2013 年获国家奖学金、光学课程论文竞赛三等奖；2014 年获优秀学生奖学金金奖、校第十届大学生研究性实验论文竞赛二等奖、“善行 100”优秀志愿者称号；2015 年获大学生研究计划校级优秀奖、郭沫若奖学金，并被评为 2015 年秋季学期优秀助教。

此时在遥远的海德堡，我还能想起第一次走进科大的那个夏天下午，看着梧桐树下结伴走过的年轻学生们时，心中对大学生活满怀憧憬。一晃四年过去了，我也即将告别这段无比自由而美好的时光，对仍在科大的师弟师妹们心中既有羡慕又有祝福。我没有太多经验可谈，只希望在此与师弟师妹们分享我在科大的生活。

还记得我大一刚来科大的时候，知识水平虽然不高，但有用不尽的热情，发现学校里有很多讲座，便不管能不能听懂就兴冲冲地跑去听。一开始，能听懂的内容很有限，基本上是听完前十分钟，后面的就只能忽略细节抓个大概。而渐渐地，随着学的课程越来越多，结合报告里讲的内容，竟也东拼西凑地了解不少专业方向的科研情况。再后来，有时会发现某个专业方向的问题在听报告时接触过，才意识到前两年的积攒其实无意间也给了自己打下了一个基础，并开阔了自己的视野。现在想想，本科是一个很难得的阶段，经过基本训练的你们已经储备了一定的知识和思考能力，但又没有很大的现实压力，可以用开放的心态去学习，开阔自己的眼界。在本科以后，往往会由于时间所限，而急于掌握某样知识或技巧。但现在的你，或许能有时间不抱目的地去看一本书或学点自己热爱的东西，这是多么令人享受的事情啊！

在慢慢探索的过程中，我发现自己对物理和脑神经科学都充满了兴趣。所以当时除了学物理的课程，还自己找来一些与神经生物学、生物物理相关的书看。在大二开始的时候我就联系了一个生命学院的实验室，希望能够在生物物理这个领域有更深的理解，并体验科研生活。那时除了上课，其他时间就去西区的实验室。有时候晚上在实验室做完实验已至深夜，就一个人骑车穿过黑漆漆的槽郢路回宿舍。有时也会觉得辛苦，可现在想起那些夜晚，竟觉得充实美好得令人怀念。或许人总是在经历之后才能发现事物的可贵之处吧，身在其中的时候往往并不觉得。

在实验室的日子里收获很多，可随着时间的推移，从某一天开始我发现相较于实验，自己其实更加热爱的是研究理论。我意识到实验虽然有趣，但一直以来更吸引我的是那些简洁而优美的理论。在那些骑着自行车穿梭于东西校区的时光里，我的内心反复确认，发现自己更加适合也更加喜爱理论物理的研究。在大二结束选择方向的时候，我选择了理论物理，并一直坚持到现在。虽然随着自己进一步的了解，我发现理论物理并不像最初想象得那样简单，其中有很多繁杂的工作需要完成，但我却愈发觉得它迷人，并且愿意认真地投入到这样一份事业当中。亲爱的师弟师妹们，你们现在处于最好的年纪，身上有着无数的可能性，如果你还不确定哪一条路是属于你的，不妨勇敢地去尝试，只有真正走进去、经历过了才能够诚实地告诉自己：我确实热爱它，或者自己其实并不是那么喜欢它，想换一条路。科大其实是一个很自由的地方，你可以较容易地转专业或者换方向。但你也需要对每一个选择负责，每一个选择背后都应当有仔细的思考，都应当付诸认真的实践。

回顾在科大的日子里，有过努力，也有许多的幸运。很幸运我能结交志同道合的朋友，一起并肩作战。科大很小，但是对科学有着真挚热情的朋友却很多。四年里，我也和朋友们一起组织、参与过一些讨论班，不论是自己做报告还是听同学的报告，都是珍贵的经历。当自己真正准备向别人说明某项内容的时候，才发现自己之前的很多认识还不够深刻，于是明白只有真正理解了以后才能像讲故事一样轻松地将一个概念传递给别人。学习理论物理并不是一条好走的路，但一路上遇到的朋友让这趟旅途变得可爱了许多。

在科大，我很幸运遇到了一帮有趣的人，并见识了他们脑中那些不同寻常的想法。科大很小，但又是一片很大的海洋。这里有很多有意思的人等待你去发现，或许此时从你身边低头走过的这个穿格子衬衫的男生，他看似平凡但其实很特别，心中正藏着一个闪闪发光的奇妙梦想。在科大，这些低调而有趣的人们就隐匿在校园的每个角落，或许在图书馆埋头自习，或许在实验室采数据、码代码。尽管大部分的时候，我们的视线总是被学习、科研等主题占据，但请不要轻易地抱怨身边的环境过于单调，如果你愿意去寻找，或许你的每个天马行空的想法，在这里都能得到回音。

在科大，我很幸运得到了很多机会，有了更广阔的视野。科大很小，但给了她的学生们一片很大的天空。如果你想去另一个地方体验不同的生活，或是进入国外的课题组参观合作，你会发现学校和学院促成的大大小小的合作交流项目是非常有帮助的。此外，在科大你也可以自己联系暑期交流项目，学校是很支持的。我有幸入选科大和牛津大学的暑期交流项目，在牛津大学度过了非常美好而有意义的两个月。而现在的我，又一次来到欧洲，在古老的海德堡大学完成我的毕业论文。我非常感谢科大，她给了我一个又一个机会，而我也抓住了它们，来到更远的地方见到了不同的风景。

几个月以后，我将去往位于小城伊萨卡的康奈尔大学继续学习理论物理。伊萨卡的名字源于希腊的伊萨卡岛。有一首希腊诗人卡瓦菲斯的诗我非常喜爱，现摘其中几句于此，祝福自己，也祝福亲爱的你们：

“当你启程前往伊萨卡/但愿你的道路漫长/充满奇迹，充满发现/……

但愿你的道路漫长/但愿那里有很多夏天的早晨/都弥漫着

快乐与欢颜/就如你第一次见到海港那般/……

让伊萨卡常在你心间/此行的目的便是抵达她的海岸/但别急着匆忙赶路/最好让旅程多延几年/……

现在她再也没有什么可以给你/如果你发现这里贫瘠一片/那可不是伊萨卡想愚弄你/既然你已经变得很聪慧,并且见多识广/你也就不会不明白,伊萨卡们意味着什么。”

我的选择我的路

张瀚涛

PB12000713

2015 年度郭沫若奖学金获得者

2012 级

作者简介

张瀚涛，中学毕业于中国科学技术大学附属中学，2012 级理科试验班 3 班宣传委员，校芳草社实践部骨干社员、日语协会会员、LEO 动漫社社员。2012 年获优秀新生奖学金银奖；2013 年、2014 年获优秀学生奖学金金奖；2014 年获中国科学院电子所奖学金、大学物理创新性实验竞赛一等奖；2015 年获校“挑战杯”优秀作品三等奖、美国大学生数模竞赛成功参赛奖、郭沫若奖学金。

入学时 8 月的炎热与操场上的汗水尚未褪去，通向未来的大道边荷花已经盛开，四年的大学生活即将结束。在这四年中，我寻找着自己的前进方向、做出选择、向着自己的目标不断迈进，这其中既有成功的喜悦，也有失败的教训。在此我将我的收获与教训分享给大家，希望对大家有所裨益。

刚进入大学时，我第一次接触到了各种各样的大学社团活动，对各种活动都充满了好奇，什么都想去尝试，于是很夸张地报名参加了十几个社团，每周甚至一段时间内每天都奔波在各个活动的会场。虽然大部分的活动并没有太大吸引力，但是作为社团成员又不方便推辞，所以大量的时间不得不花费在此之上，这就影响到了我的学习。力学课期中考试的时候，我就为这样的分神付出了代价，成绩单上第一次出现了不及格的分数。从小到大，我从没有在正式考试中拿到过不及格的分数，这对我的打击很大，也让我重新开始思考，如何在社团活动和学业之间取得平衡。一番思索后，我退出了绝大多数社团，不再参加它们的活动，只留在芳草社实践部内，作为骨干成员参与组织一些志愿者活动。这样只专注于一个社团的活动，既不会占用太多学习的时间，也能丰富自己的社团经历，结识更多的朋友，可谓一举两得。

作为少年班学院的学生，我在第一学年并没有选择专业，在大一结束时才做出选择。在大一时，自己并没有充分地认识到专业的选择对于自己将来的发展有如此大的影响，一直在逃避选择，没有充分地了解各个学院和各个专业的特点、未来前景，没有深入思考自己想要什么、喜欢什么，只是因为科大的物理专业很强、自己对于其他专业不喜欢而选择了物理专业，我想这应该是一个教训吧。吸取这一教训后，我在大三结束要选择具体专业方向时，参观了一些实验室，向各位老师征求意见，向各位学长学姐了解他们的看法，为做出正确选择而付出了努力，最终我选择了凝聚态方向。

在选择专业和方向的同时，另一大选择就是毕业以后的出路。科大作为出国传统强校，有着浓厚的出国氛围，在这种环境的影响下，虽然还没有认真思考毕业以后的去向，我还是随大流开始了出国的准备。大二寒假时北京新东方的课程让我对 GRE 有了初步的了解，之后的大二暑假我全身心地准备 GRE 考试，最终在暑假结束的时候考出了足够申请学校的分数。而 TOEFL 的准备就没有这么顺利了。虽然准备 GRE 的过程中积累的词汇量和阅读能力使得 TOEFL 的阅读和写作部分变得很容易，但是 TOEFL 的听力和口语却是我迈不过去的坎。第一次 TOEFL 考试是在大三春季学期开始时，我几乎没准备就去参加了考试，这种鲁莽在最终成绩上也反映了出来，只有 93 分，距离 100 分还有不小的距离。于是我马上报名了春季学期末的 TOEFL 考试，希望经过一学期的努力考试分数能达到目标。可惜，大三春季学期繁重的课业和科研压力使得我无力再抽身去准备 TOEFL，考试的结果虽有提高但仍不理想。这时，我还天真地以为在暑期海外交流中英语水平一定能有很大的提升，所以并没有积极准备。然而在美国的交流学习中，我的英语水平并没有得到非常显著的提升，9 月的 TOEFL 考试原本信心满满，却只拿到了 98 分。这真正让我焦虑起来，因为只有 10 月最后一场考试了。此时考位很紧张，再报名就只有 11 月的名额，如果 10 月没有考出理想的分数，那么前面的努力将功亏一篑。真正重视 TOEFL 考试后，我一方面报名了 11 月的考试作为最后的机会，同时趁着国庆假期重点强化了听力的训练。幸运的是，10 月的考试取得了令人满意的 103 分，在完全没有压力的情况下 11 月的考试更是出乎意料地取得了 109 分。虽然最后有惊无险，但是如果再给我一次机会的话，我会选择大三的时候全力以赴，一次性通过 TOEFL 考试，而不是拖到大四秋季学期。

除了准备英语考试，科研经历也是出国准备中的一环，这也是促成我下定决心出国读博的原因。在大三秋季学期，物理学院的研究性实验课程提供了一个亲身参加科研的机会。基于想要尽快做出成果的考虑，我和其他三位同学组成的研究组选择了纳米材料方面的课题。与此同时，基于相同的考虑，我进入了纳米材料实验室，从事纳米催化方面的研究和训练。因为第一次接触科研，我在一开始入门的时候觉得真正的科研实验和之前的实验课程一样，按照操作步骤进行就能得到想要的结果。当然，现实并非这么简单，成功固然令人喜悦，但更多的可能是失败和单调给人的打击。在秋季学期和春季学期的纳米材料的研究中，合成、处理与表征样品需要漫长的时间，在不明白机理的情况下不断重复相同的实验，材料性能不尽如人意，课题进展不顺利，这些失败和挫折不断向我的科研热情泼冷水。我开始思考：我是否真的喜欢这方面研究？我是否真的适合从事实验科研？就在这时，计算物理这门课为我打开了通向新世界的大门。在这门课上，我第一次知道了物理研究除了理论和实验外，还有计算这另一大方向，于是我认真了解了计算物理的研究方法、研究对象。虽然丁老师被大家称为“杀手”，但是他新颖的授课形式与课程作业让我初步尝试了通过建模和编程计算来解决实际问题。在这一过程中，一个新的想法开始萌生：或许我可以尝试一下计算方向，也许我会喜欢上这一领域。而大三暑期“严班”的海外交流给我提供了进入这一领域的机会。在联系美国教授并取得同意后，2015 年 7 月，我和另外三位同学一同前往美国的 Carnegie Mellon 大学进行暑期交流。初次来到美国，城市中的蓝天白云和干净整洁的校园给我留下了良好的印象。更重要的是，严肃又和蔼的教授、研究组里轻松自由的氛围让我印象深刻。两个月的时间内，我对于计算凝聚态研究有了初步的了解，并且取得了不错的研究成果。这次暑期交流让我决定申请美国大学的博士学位，并且在申请时选择计算物理作为未来的研究方向。现在回首，如果当时我能早一些发现自己的研究兴趣，早一些进入研究组，会不会能在感兴趣的领域积累更多的经验呢？

四年的时光在漫漫人生路上并不算长，但这四年却是对未来发展影响最大的四年。抓住机遇做出正确的选择，未来的路会宽阔很多；反之，则可能要付出更多的努力才能弥补过去的疏失。希望我的经历、收获和教训能够对学弟学妹们有所启示，使你们在做出选择时不再迷茫。

关于大学期间的时间安排与具体事项的建议

张　翔

PB12000849

2015 年度郭沫若奖学金获得者

2018

2012 级

作者简介

张翔，中学毕业于山东日照第一中学，2012 级少年班组织委员、学生会文艺部干事、辩论队成员，大学前三学年 GPA 年级排名第一。2012 年，获优秀学生奖学金金奖；2013 年获国家奖学金、第五届全国大学生数学竞赛（非数学类）预赛二等奖、光学课程论文竞赛三等奖、第二届“杨亚杯”辩论赛团体季军，同年入选“严班”；2014 年获国家奖学金、第六届全国大学生数学竞赛（非数学类）预赛二等奖；2015 年获郭沫若奖学金。

随着我开始准备“校园参观”，我的出国申请流程也逐步走向尾声。下面将我大学四年间的教训与收获、各重要事件的安排、做出各种选择的想法与学弟学妹们分享。

首先晒晒硬件吧。我的专业是凝聚态物理，做计算材料；自大一开始我就准备出国，走“硬件流”。至申请时，GPA：4.14/4.30，TOEFL：118，GRE：165 + 170 + 5.0，IELTS：8.0，物理：Sub：990，有科研经历及暑期交流，无已发表文章。申请的方向包括物理、材料、化学，截至目前，收到 MIT DMSE（材料科学与工程专业）、Stanford University MSE（材料科学与工程专业），UCSB Materials（材料专业），Cornell University Applied Physics（应用物理专业），UPenn Chem.（化学专业），UW-Madison Chem.（化学专业）的 Offer。往年有些高 GPA 同学的申请结果不尽如人意，因此能碰到录取大年、拿到较为理想的 Offer，我是较为幸运的。

其次是我的一些建议。第一，态度决定一切，这对出国申请名校需要的高 GPA 很重要。现在回首大学历程，我认为新生的知识水平和学业基础对后来大学学习的 GPA 的影响并不太大，GPA 高低的决定因素在于是否愿意并且能够花时间、下功夫、不磨洋工、全身心投入地学习。第二，信息获取是非常重要的。在准备英语、选专业、进实验室、规划大学生活时，获取的信息决定做出的选择。然而很多选择，比如何时和如何准备英语、进实验室、选校，都十分重要。例如，“申请就是打一场信息不对称的仗”，选择不友好或对科大群拒过的学校（如哈佛大学的某些专业）进行申请可能使后面的很多准备成为无用功，了解学校个性则可能对申请有用，当然凡事都不绝对。科大的老师和学长都很热情友好，建议多问多求助，将收获颇多。建议多收集信息，比如很多“大牛”会在网上写些东西，可以多看看。第三，给一些零散的建议：数理课程多做老式的笔记推导或许有用；基础课很重要，如线性空间的概念对于理解很多说不太清楚的物理概念有些帮助；做报告时注意格调，最好不要超时，讲 PPT 时语速和熟悉程度、语调升降以及控场较重要，并需注意提前准备好技术细节，如兼容性、是否采用 16∶9 设计、是否使用视频播放；信用卡需要几个月才能办好；用 LaTeX 写简历；机会很多且无处不在，早做准备才能好好把握；信息获取时注意其来源的权威性，如北京新东方应优于合肥新东方；提前在时间上规划好科研和英语学习；不建议 GT 考试纯粹以“刷分”为目的，因为用处不大；英语水平是靠长期积累的，而 GRE 的单词量、阅读速度、写作字数与思路可在假期集中高强度训练；考前复习建议不要在寝室，时间要整块化；关心学术动态；“科研是摸着石头过河”“不要过分追求细节”；“保持勤于思考的习惯”“不怕犯创新上的错误”；暑期交流比较重要，需要早考虑；交流请教时注意礼节；请教前做好功课，邮箱用户名、发件人姓名、收件人姓名、PC 客户端发出的邮件格式等细节应规范得体；有意识、有逻辑性地规划大学生活；注意 TOEFL 成绩的有效期；稍注意只要雅思成绩的英美学校院系，如 MIT DMSE；有的学校申请时需要把所有课程以及课本列一遍，挺耗时；动机函（SoP）应体现学术性而不要个人化，有些人第一遍会写成诗歌，这样不太好；申请学校匹配度很重要，比如在 SoP 里面谈对科研的理解时就能体现出个人思路与项目是否匹配；个人主页与学术报告应简洁朴素、大方明白，网页可移植性和兼容性要

2018

好；利用 Skype 面试时注意网速问题，考虑好出问题或信号差时如何应对（还是相当常见的）；开阔视野，与同学多交流，不同的人常常有不同的思考方式，思路决定出路，眼界和境界要高一些；参考清华、北大的同学。

再次，将大学期间我所经历的各重要事项的安排罗列如下，供学弟学妹们参考。我在大学期间始终坚持学业第一位。大二下学期开始准备进实验室、进行知识储备，之后一直做计算。大一学期开始前的暑假及之后的寒暑假准备 GRE，至大二下学期初考完；大二下学期与大三上学期“裸考”TOEFL，成绩较理想，未再次准备。大三结束的暑假去牛津大学 Mc Grady 教授组继续做计算。大四初考 Sub，花一个月准备评奖，之后是申请学校、“套磁”、校园参观、考驾照。

最后是我做出各种选择的想法。做科研是由于我自己感觉比较合适。出国是做科研的要求，但是也不绝对。选择学业第一或者全力做研究要看个人，我自觉比较适合前者。从事凝聚态研究是因为我比较喜欢研究看得见摸得着的实在的东西，做计算是因为觉得“预测”比较好玩、自己不适合做实验。英语的时间安排是基于先 GRE 后 TOEFL 的模式以及 TOEFL 成绩的有效期。是否全力以赴完全看个人。

感谢大学期间老师、同学们和学长们的帮助。个人的建议与做法仅供学弟学妹们参考。祝所有在校同学的大学生活过得精彩！

我的科大四年

张子怀

PB12000369

2014、2015 年度国家奖学金获得者

1978

2012 级

作者简介

张子怀，中学毕业于安徽淮北第一中学。2012 年获优秀新生奖学金铜奖；2013 年获优秀学生奖学金银奖；2014 年获国家奖学金、中国大学生数学竞赛安徽省二等奖、校大学物理研究性实验竞赛二等奖、校大学生物理学术竞赛一等奖，同年被评为暑期招生优秀志愿者；2015 年获国家奖学金、美国大学生数学建模竞赛 Honorable Mention 奖。

时光如白驹过隙，转瞬即逝。在科大的四年也已渐近尾声，现总结我在科大四年的经历与感悟，与各位师弟师妹共勉。

大一是我最痛苦、迷惘的一年。我是一个喜欢安静、热爱学习的人，大一刚进校军训时就开始驻守二教，这一驻就是四年。因为没有参与很多社团或学生会的活动，我有更多可以自由支配的学习时间，但同时也使我的大学生活缺少了很多色彩。关于学习，大一上学期我只知道做大量的题目，如吉米多维奇的习题集上的难题或偏题，每天晚上独自在二教苦读到十一点，回宿舍的路上感觉又过了充实的一天。然而，不是付出了时间或者努力就一定会有回报。在前两次数学分析月考中，我的成绩很不理想，连续两次低于平均分。我一度情绪很低落，曾怀疑自己的能力是不是真的很差？是不是真的不适合上科大？幸运的是，父母非常善解人意，不仅没有批评我，还鼓励我、开导我："毕竟山外有山，人外有人，同学们都是全国最优秀的高中生，总会有很多人比你强。"在调整心态的同时，我开始改变自己的学习方式，

2018

不再一味追求学习时间和做题数量，而是多参与讨论，在对基础知识的理解上多花时间，逐字、逐句、逐个公式地去分析，养成了研读课本的习惯，把课本从薄看厚，再从厚看薄，每看一遍都有不同的理解和感悟。大一上学期，我虽然自感痛苦难熬，但经历多次打击后，我逐步摸索到了合适的学习方法，并渐渐适应了科大高强度的学习节奏，也为以后的奋起直追打下了基础。

大一下学期我给自己定下了一个目标：每一个学期结束时总GPA都要有所提高（目前已顺利实现目标）。在那个学期的学习过程中，值得一提的是电磁学课程，系统默认安排的老师是徐春凯老师，当时听说他被评为“杀手老师”：考卷难，学生分数很低，周围同学纷纷换班，自己也担心被“杀手”斩落。我听了几节课后，感觉徐老师课讲得很好，态度认真，思路清晰，逻辑缜密，应该会学有所获，我便没有换班。当然其中也有想挑战“杀手”和自以为是的成分，最后课程结束时确实取得了不错的成绩，且自认为电磁学学得很好。现在很多同学选课时关心的是老师给的分数的高与低，而不是教得好与差，似乎有些本末倒置。考试分数只是一个短暂存在的数字，而学到知识才是长久的、有意义的。平时不努力，基础不扎实，“书到用时方恨少”，实在是得不偿失。

大二是我重新认识自己并明确未来的一年。因为自己一直对物理学有浓厚的兴趣，加上大一时物理类课程学得还不错，于是我义无反顾地选择了物理专业。大二也是大学四年里压力最小的一年：没有大一刚入校时的挣扎，没有大三面临人生选择的迷茫，也没有大四申请出国时对失败的畏惧。学习之余，我开始参加各种各样的竞赛活动，开始背单词准备出国所需的英语考试，开始慢慢接触科研。在大二下学期，我有幸认识了大学四年里对我影响最大的李传锋老师(那段时间他常有很好的研究成果发表)。我鼓起勇气与他联系，想了解他的研究组和他的科研项目。第一次见面，我就被他的人格魅力和科研素养所吸引。他搬了个小板凳坐在书柜旁边，一口气和我聊了两个多小时，聊他的科研，聊他对科研的理解，聊他小时候从看星星培养起来的对科学的兴趣，聊他的工作状态，聊我该做什么、该怎么做。他是我近距离见到并深入交谈的第一位真正的科学家，与他的交谈也进一步坚定了我立志成为一名科学家的决心。

在科大的第三年是我收获最大的一年。凭借前两年的努力与积累，我顺利进入了“严班”，结识了许多“大神”级的同学。在与他们相处的过程中，我更多地认识到了自己的不足和与他们的差距。最明显的不足就是我的物理思维很窄，经常跟不上大家对物理问题进行分析和讨论的思路。很多时候，我知道怎么用公式、怎么解题，但是对题目背后的物理思想理解不深入，对物理学的总体把握有欠缺。为了弥补存在的不足，我经常梳理学过的知识，查阅相关文献，了解不同人的想法与观点，最后整理出一套便于自己理解与记忆的知识体系。在科研中准确把握物理图像蕴含的意义也尤为重要。刚接触科研时，我需要把所有结果都计算出来才能知道结果是什么样的，而有经验的师兄和老师在早期仅凭物理直觉就有一个大致的分析，就能知道最后结果应该是什么样的。因为在大二下学期和暑假提前看了量子力学与量子信息方面的书籍，有了一些理论知识的积累，所以我在大三上学期开始跟随李老师研究组的陈耕老师开展课题研究。他手把手地指导我做实验，耐心地讲解光学实验的技能要点和注意事项，同时给我一些重要的文章或者组里的实验方案让我去计算模拟，理解实验的理论并验证他们的实验结果。通过这种方式，我很快把课本上的物理学知识和实际的科研联系在一起，学以致用，同时掌握了实验技能，拓宽了思路，也培养了兴趣。大三那年的 12 月和次年 2 月，我把出国所需的 TOEFL 和 GRE 考出了尚可接受的分数，4 月份申请到去密歇根大学 Deng Hui 老师研究组交流的机会。大三的暑假，我在密歇根安娜堡度过了异常充实的两个月。Deng 老师安排了一个美国师兄指导我做计算模拟方面的课题。这个课题和我以前接触到的实验方面的课题差别很大，需要透彻理解文章中的每一个细节后才能开始自己编写程序模拟。因为不擅长编程及数学性很强的推导，开始时我觉得非常痛苦难熬。Deng 老师和师兄每周都会抽出半天时间与我讨论，解决我遇到的各种各样的问题，讨论新思路。经过两个月的摸爬滚打，我对这个新领域有了较为深刻的认识，从零开始编写了一套可扩展的程序，算出了许多有趣的结果，收获颇多。同时，这两个月的交流经历也让我变得更加细心、更加有耐心，体验了国外的科研氛围和良好的生活环境，更加坚定了我出国深造的信念。

暑期交流回来，大四的学习也拉开了序幕，我开始查阅瀚海星云上的关于出国申请的经验介绍，向师兄师姐请教申请文书的写法，积极准备出国申请材料。从9月初到申请截止日，我一直在反复修改申请材料，经常会感到无助和忧伤：明明感觉很糟糕，却经常半天或者一天都改不了几句。时常会怀疑自己：没有亮点，对方怎么可能会选择我呢？在这里我非常感谢实验室的老师、师兄，以及周围的同学和我的父母，是他们在申请阶段一直鼓励我，让我不要有太大压力，不要对自己要求太高，不失学就是胜利。在大家的帮助与支持下，我平稳地度过了煎熬期，修改申请材料也渐入佳境，在1月15日提交了最后一份申请。点完“提交”键，我的心情十分复杂，好像大学里的一个奋斗目标消失了，又好像前三年的努力都凝聚到这寥寥几页纸、几千字里了，而这几页纸、几千字是我最满意的答卷吗？很幸运，1月底我拿到了密歇根大学的Offer，2月初收到了加州理工学院和普林斯顿大学的Offer。虽然申请过程崎岖坎坷，但总算有所收获。在收到“梦校”的Offer时的兴奋消退之后，我平静心情，寒假回来恢复到正常工作状态，争取在毕业之前再多学一些知识，多出一些成果，也为自己在科大的四年学习生涯画一个圆满的句号。

在科大学习的日子即将结束，我想说：非常幸运能够来到科大，非常幸运能够遇到这么多优秀的老师和同学，尤其感谢我的班主任代镭老师以及室友的关心与陪伴。我们应时刻保持良好的心态，相信花都有自己的花期，或早或晚终将绽放。毕业，或者继续深造，对我们只是新的开始，未来的路还很长很长，需要我们坚定目标并为之不懈努力。我想我会牢记自己科大人的身份，以此为动力，全力以赴，不求辉煌灿烂，但求无怨无悔。

大学生活回顾

陈哲晖

PB12001115

2015 年度国家奖学金获得者

2012 级

作者简介

陈哲晖，中学毕业于浙江宁波慈溪中学，校排球协会成员。2012 年获新生奖学金铜奖；2013 年获国家奖学金、大学生数学竞赛安徽省三等奖；2015 年获丘成桐大学生数学竞赛的概率统计单项优胜奖、国家奖学金。

回顾自己的大学生活，我只想说，我过了自己想过的生活，对得起自己，将来也不后悔。毕竟出国不是唯一的选择，保研和早点就业也是非常不错的选择项。出国读博也要承担一定风险，因为有不少人在追求 PhD 的路上选择了退出，只是大家很少提起。而且博士毕业也不意味着将来一定成功。认清自己想要的，制定适合自己的目标，奋力追求！在追求 PhD 的路上，对学科的兴趣可能会成为你坚持下去的唯一动力。

入学时的自己，曾对大学生活充满美好的憧憬和向往，一如以前高中的学长、学姐甚至某些老师所说的，大学生活是多么的轻松、自由。于是我带着只要不挂科、不被退学的想法来到了科大。初时的目标是每天多认识几个班上的同学，提升自己的交际能力，扩大自己的交际圈，为将来步入社会做准备。但这个目标随着我从数学学院转入少年班学院，又入选了“华班”，所以没搬宿舍而不了了之。于是乎，大一过得十分开心，周一到周五每天下午参加排协的社团活动，周末陪着高中同学去西区东门的“九教”

玩。新学期班会课上，班主任请来的几个助理班主任的讲话，让我认识到了 GPA 的重要，开始在意自己的 GPA，在选课的时候开始向学长学姐们咨询，寻求“最优解”，听从班主任的建议，把公选课放到大四上学期再选（这个成绩，自己不好控制，不像必修课那样有具体的给分方法），尽管此时我对出国的想法并不强烈。

第一个转折点出现在大一下学期的统计专业出国经验交流会上，当时我只是怀着凑热闹的想法去听，那时连统计是什么都不知道，但是还是去听了，只是觉得统计专业出国的情况似乎不错，统计专业做的事情好像也有点意思。但当时并不是很在意，只是和室友开玩笑说，如果数学专业读不下去了，就去转统计专业，没想到最后成为了现实。对于专业选择问题，我觉得如果已经确定自己想读某个专业了，就应尽早确定，早点学习该方向的专业知识，然后找个老师尝试着做点研究，这对个人是非常有帮助的。之后，在和数学学院一些学长的交流中以及自己在学习某些数学课时，我觉得有些课程实在是太困难了，于是乎，向统计专业转行的想法越来越强烈，最后在大二暑假退出了“华班”，把专业定为了统计。由于大二上学期纠结于出不出国，因此，便在大二寒假和同学们去了北京新东方学习 GRE。现在回想起来，感觉并没有太大帮助，感觉去报微臣教育的线下或线上班或许更好一点。现在的我觉得当时先考 TOEFL 可能更好一点，原因很简单：交流一般需要的是 TOEFL 成绩而不是 GRE 成绩，一个好的 TOEFL 成绩感觉应该能加不少分。总体来说，大一和大二我还是过得十分轻松、愉快的，甚至和小伙伴们一起参加“科西杯”校内电子竞技比赛。那个时候，自己参加的社团活动也比较多，但是到后来，真的一心想要出国了，就把社团的事都放到一边去了，说得直白一点就是不运动了。现在想想有点后悔，因为现在感觉在大学中一件很重要的事就是找一项自己喜欢的运动，坚持锻炼身体，而不是长期坐在自习室里学习，或者待在寝室里面打游戏。

对于选择统计专业或者数学专业的同学来说，大二下学期和大三上学期的课业应该是比较繁重的。有好几门课要花很多工夫去学，所以，如何合理分配在英语学习上的时间需要自己把握。

如果大三暑假想出去交流的话，应该在大三下学期之前（最好是大三上学期的期中附近），已经有了一个理想的TOEFL成绩。在我印象中，UCLA的交流项目是在大三上学期就开始提交材料的，之后又陆续会有一些其他的交流项目。由于我们学校官方的交流项目并不像清华、北大和南大那么多，所以很多想在假期出去的同学并不能拿到名额，好在学校设有优秀学生国际交流资助计划，这样同学们可以自己联系国外学校的导师，然后拿着部分学校的补助出国交流。这里，给大家介绍一个暑期项目REUs（research experience for undergraduates，本科生研究项目），这里有很多大学，感兴趣的同学可以自己去找找。大三暑假还有一个对学数学的同学比较有用的比赛——丘成桐大学生数学竞赛，如果能去北京参加复赛的话，就可以看到很多大师，若能拿到奖牌就更好了。不过现在感觉出国交流的经历可能更好一些，一是能证明你能在国外正常地生活，二是可以找导师写一封推荐信。我在大三暑假参加了概率和统计单项考试。在面试中，我直接被问懵了。我的建议是：要参加复试的话，好好看测度论和条件期望知识。

最后再讲一些最近申请学校的事。我英语比较差，TOEFL考试被拖到了大四上学期，如果没有10月10日（4战）那场取得的97/22的成绩，我可能会直接准备去香港了。后来我感觉寄材料的截止日期（邮寄TOEFL成绩好像要10～15天）就要到了，自己也实在是考不下去了，所以4战TOEFL之后的5战就接着“裸考”了，最后就拿着97/22的成绩去申请了。现在感觉当时如果自己再坚持一下，5战的成绩考到100以上或许自己的申请结果还会好一些吧。另一个拖延导致的缺点是没时间写文书，也没时间仔细找一些学校的项目。文书这个事情即使交给中介处理，你也需要提供一份初稿。初稿的好坏很大程度上会影响你最后的文书的质量。这里推荐一个修改文书的机构My Documate。今年数院排名第一、准备去斯坦福大学的周正清和我都选择了这个机构，个人感觉这个机构还是不错的。我选择了佐治亚理工学院的工业与系统工程专业，欢迎你们将来来这个系（这里有很多校友，师资队伍里就有好几位）。关于“套磁”，每场经验交流会都提到这个，都说它很重要。然而我并不会套，感觉有时候套了比不套还糟糕，关于这方面，你们可以上“一亩三分地”（论坛）多看看。前阵子我参加了佐治亚理工学院的参观日活动，感觉学校很棒。我突然觉得，世界这么大，趁着年轻出去看看，真的是一个正确的选择。最后，祝大家都有适合自己的目标，无论是出国深造、国内读研，还是去企业上班，都能在毕业时实现。

大学四年的学习梳理

段博言

PB12000725

2014、2015 年度国家奖学金获得者

2012 级

作者简介

段博言，中学毕业于陕西师范大学附属中学，校芳草社、天文爱好者协会成员。2012 年获海外校友优秀新生奖学金；2013 年获优秀学生奖学金铜奖；2014 年、2015 年获国家奖学金。

在科大的时光是十分具有挑战性的。我在此分享大学期间大致的学习经历，希望对各位学弟学妹有些帮助。

大一第一学期我主要在适应大学的自主学习和宿舍的集体生活。经过一学期的摸索，我终于基本弄清楚了自己什么时间该做什么，可以做什么，最好做什么。个人感觉，保持生活有条理、有计划是确保自己保持高效率的一个重要条件。当然执行计划时尽量不拖延也是十分重要的。惰性确是人之常情，但我觉得最起码也要有自知之明，在最后期限到来之前留够时间。底线应该是有质量地完成计划好的事情。

接下来便是解决学习中的问题。纵观大学四年，大一第一学期投入到专业课程学习中的时间最多，结果却也是最不好的。所以在第二学期，我学会了如何考试。乍听之下，这是一个投机取巧的屈服于 GPA 的行为。但事实上，在揣摩老师究竟想考什么内容的时候，自己其实也是在梳理本门课的知识脉络，提炼知识的核心思想。进入大二，我

选择了统计方向。大二一整年我的主要任务就是提高 GPA，这段时间我参加了一些学校的社团活动，很有益于我的身心。

大三的重点在于考到合格的英语成绩和积累科研经历。

先说英语。我曾经听过一位学姐建议：英语考试的战线最好不要拉得太长，个人十分认同。在大二暑假，我开始正式准备 GRE 考试。在大三那年的 10 月份我参加了 GRE 考试。之后，在 11 月份第一次考 TOEFL。通过实战，我及时发现了自己在写作方面的方法性错误。考虑到此时已进入大三上学期的中期，须以课业为重，我的 TOEFL 2 战定在了大三下学期的开学初。考前两周积累单词，熟悉题型，保持手感，然后参加考试。我的英语考试就此结束。当然，如果自我感觉英语基础比较薄弱，那就最好随时给自己创造学英语的机会。这样等真正需要正式备考 GRE、TOEFL 时，就会感觉轻松一些。事实上，在我看来，只通过几个月的突击，一个人很难在这些英语考试中有质的飞跃。正常情况下，成绩都是在自身真实英语水平周边浮动。一些 TOEFL 成绩很高或是口语很好的人，大多平时就经常练习英语。而这里所说的练习英语不是做听力、口语题目，而是真正运用英语，浸入到以英语为表达方式的氛围里。每个人的方式不同，或追美剧、英剧，或看 ABC 新闻，或读英文原版名著。虽然后两者的娱乐性低一些，但提高英语运用能力的效率却高一些。

再说科研。相对于物理和化学，统计专业似乎较少有实验室招本科生的消息。所以学统计方向的学生可能更需要自己主动地去联系老师，找实验室。在实验室工作，让我接触到了比较热门的研究领域，学会看论文、实现算法。总体而言，学习了在实验室工作的最基本技能。

大三下学期，我选修了一些其他专业，但它们都和统计课程相关，比如数学建模、运筹学。这些课都比较偏向于解决实际问题，介绍一些实用的算法和思想，同时有大量编程的训练，我觉得这些对之后的实验室工作比较有帮助。

大三暑假，我参加了伯明翰大学的暑期交流。其间比较独立地解决了一些实际问题，并且由于加入的是计算机学院的实验室，我在短期内学习了一些软件和编程语言。这些工作使之后导师在给我写的推荐信中，对我的科研能力、学习能力的高度评价更有说服力。我自认为导师在这封推荐信中对我不遗余力的好评，是我申请 PhD 取得较好结果的主要原因之一。而出国交流的意义并不仅止于丰富科研经历，我幸运地结识了一个十分友好的室友。与她的交谈在一定程度上锻炼了我的英语表达能力，更重要的是体验了不同文化的交流碰撞，这些经历十分有趣，让我印象深刻。

尽管以上大多是关于学习的严肃话题，我还是希望大家在科大学习、做科研的同时，也能享受生活、开阔眼界，收获精彩而有意义的四年。

FAQs for USTCer

陶雪成

PB12000714

2015 年度国家奖学金获得者

2012 级

2018

作者简介

陶雪成，中学毕业于安徽芜湖第一中学。2012 级理科试验班 1 班安全委员，校学生教育微视频协会会长、唐仲英爱心社成员。2012 年获新生奖学金金奖；2013 年被评为暑期社会实践先进个人、优秀青年志愿者，获优秀学生奖学金金奖；2014 年获国家奖学金；2015 年参与大学生研究计划被评为校级优秀学生，获国家奖学金；2016 年被评为校“优秀助教”，同年通过校第四届荣誉等级学士学位评选。

时光匆匆，奈何荏苒而过。从当时懵懵懂懂的年纪一路跌跌撞撞，科大在我人生的轨迹上确实留下了浓墨重彩的一笔。我算是一个典型的例子：被浓厚的气氛感染，因科大而走上了科研这条道路。行将毕业，思索良久，还是把这篇总结写成问答的形式，借我的经历聊聊大家关心的问题，也希望能稍稍启发优秀的学弟学妹们。

Q：周围的同学都比我优秀，我觉得压力很大怎么办？

A：刚入学时我就感到自己视野狭窄，而周围的同学都很优秀。尤其那些通过竞赛保送的同学不需多花心思就能对所学知识有很好的理解，这使得有一段时间我一直被深深的紧迫感缠绕。仔细想想，必须以恰当的心态正视这个现实：那些同学在各门课程上早就下足了工夫，这是对他们努力的回报。但起跑得快并不意味着接下来一切顺利，对于通过高考入学的同学，大学一年级是你们打好基础最重要的时候，不要因为一时的压力放弃自己努力的机会。对于数学分析、线性代数或化学原理之类的基础课，可以多读些外文教材，多花些时间钻研知识背后的本质思想。等到完全沉浸其中的时候，就能感受到因自己的进步而获得的成就感了。

Q：我很努力地听课和做题，但考试成绩却不够好，有什么解决思路吗？

A：以大多数同学的体验来说，高中和大学的学习生活有着较大的差异，所以适应课程的节奏相当必要。我一年级的时候，因为力学课要用到的数学知识不够，经常听不懂课程内容。还记得学"万有引力"那一章，模模糊糊地好像知道轨道方程是什么，但把研究情境稍微变换一下就完全不会了。这样下来，考试结果当然是一团糟。这种问题的根结是并未领会老师想传达的观点，比如上文所说的例子，重要的是模型化建立的过程而不是最终结论或是数学推导。想通了学习的目标，就会慢慢找到适合的学习方法，对知识的掌握也会更深刻，更不用说取得好成绩了。实际上，科大大多数的考试临时抱佛脚都能得到高分，但是博览相关资料汲取营养与仅有好分数相比有着巨大的差别。所以，不必羡慕那些"大神"，也不必斤斤计较 GPA，能学到东西才是关键。

Q：我想努力学习，也想积极参加社团和班级活动，总觉得时间不够用？

A：坦率地说，这个问题我没有特别好的答案。因为我意识到自己在人际交往方面存在不足：在前几年我还挺积极地参与志愿活动和负责社团管理，待到活动和组织都有所涉猎后，我逐渐发现其实自己并不擅长安排和组织多人参与的活动，相比之下更倾向于读读书，享受思维灵光一闪的乐趣。人的精力是有限的，所以能在微小的领域里付诸实践，满足自己的小小心愿，我就已经很开心了。

Q：为什么你会选择理论化学方向？能否介绍一下该方向的专业内容？

A：一是我一直对化学方向比较感兴趣，从入学开始我就把两边的课程都选上了。二是经过低年级课程的实践，我对实验和理论的工作有了亲身体会。比如大家做实验时进行同样的反应，我却经常检测不到产物，或是实验装置出了纰漏导致手忙脚乱；另一方面，我很擅长写实验总结，对遇到的现象进行逻辑分析。

课程方面也是一样:化学课上有许多经验性的结论和不确定的描述弄不明白,一度让我很沮丧,倒是物理课严谨的逻辑推理和思考模式让我受益良多。综合之下,我选择了交叉学科理论化学,以现代物理为工具描述复杂的化学现象。

理论化学是化学物理方向的一个分支,和同枝干下的计算化学有着紧密的联系,相辅相成。相比于计算化学多描述实际体系,指导实验进行或发现新的实验事实,理论化学更倾向发展新的计算方法描述反应体系,主要的工作集中在电子结构理论(这部分与凝聚态计算有重合)、动力学(量子动力学、分子动力学等)和统计力学(平衡和非平衡理论)方面。这一专业要求具备良好的抽象思维、数理基础和编程能力,化学物理系的同学尤为适合。

Q:我对科研有点兴趣,但我不知道是否应该一直做下去?

A:要对一座城市有所了解,亲自去旅游一趟比查看千遍地图都更详尽。在做任何选择之前,最好都亲身实践尝试一番,科研工作也是如此。科大浓厚的科研环境正如未掘的宝藏给本科生提供了珍贵的机会。如果你对实验化学感兴趣,低年级时就可以进入课题组,从简单的课题入手。实验多要求技能娴熟,而不需要基础课程做支撑。理论方向的同学会稍晚一点,可以适当提前修读量子力学和统计力学课程,但我更赞成的是在研究中持续学习。像刚开始接触级联方程方法时,即使有先修课,我仍旧时常对文献的推导和意义感到茫然。后来进入了实际研究,做推导,写代码,遇到不懂的地方查文献和书籍,慢慢地我也会导出漂亮的结论了。我想,经历了较长时间的科研,通过自己的摸索,你就能找到自己想做的东西。当然另一方面,如果因为科大专业的局限性而忽视了科研外所有的选项,也是不可取的。毕竟科研也只是一份工作,不比其他选择更优越,如果从中得不到实现个人价值的成就感,尝试一下计算机或是金融这种偏应用的行业也是不错的选择。

Q:我想参与暑期境外交流乃至申请出国读博,应该怎么准备?

A:在讨论这个问题之前,我希望你可以再确认一下上一个问题的答案。你做科研只是为了能有更好的读博机会,还是真的想全心投身这个领域?对自己的了解和对今后道路的规划直接影响你该如何进行交流或是申请。境外交流是很好的开阔视野的机会，大家最近也都开始积极报名学校和英才班组织的项目，但我更希望看到同学们能够抓住这个机会和国外心仪的课题组建立联系，比如完全可以给感兴趣的教授发邮件询问是否愿意指导暑期研究，然后通过学校的项目报销费用。申请方面，目前的趋势是 GPA 和英语考试起到的作用越来越小，而学生对科研的理解和把握在材料审理中处于核心地位。个人认为若之前的时间能规划好的话，申请并不需要费很多精力，有满意的去向是水到渠成的事情。就我自己来说，能拿到 Caltech 学院理论化学方向的 Offer，个人比较具有优势的地方可能有三点：首先是暑期交流中与教授有良好的交流，拿到了有力的推荐信；其次是恰巧"套磁"到了方向契合的教授；最后是有一份漂亮的成绩单。

絮絮叨叨说了这么多，颇有点不知所言的意味，只希望对学弟学妹们能有些帮助。最后，无论现在你身处何处，是在五教的夜里做着繁琐的习题，或是在理化大楼里核对着代码，抑或是在寝室里和室友争辩着定理，我相信"精诚所至，金石为开"。祝愿你们毕业回头看留下的足迹时，能够微微勾起嘴角，然后把科大的回忆作为前行的动力，不竭地奋斗下去。

我 的 科 大

王文槊

PB12000846

2013、2014、2015 年度国家奖学金获得者

2012 级

作者简介

王文槊，中学毕业于河北衡水中学，2012 级少年班学院宣传委员，少年班学院学生会副主席，芳草社少年班学院中队副队长，科大留学交流协会宣传部副部长。2012 年获杰出新生奖学金；2013 年被评为优秀学生会干事、优秀青年志愿者，并获国家奖学金、第五届全国大学生数学竞赛（数学类）预赛一等奖；2014 年获第五届全国大学生数学竞赛（数学类）决赛二等奖、"高教杯"全国大学生数学建模竞赛二等奖、国际遗传工程机器设计竞赛（iGEM）金牌、国家奖学金；2015 年获美国大学生数学建模竞赛（MCM）二等奖、国家奖学金。

大四的一天晚上，我路过第二教学楼的一间教室的时候，发现我的室友在讲台上讲习题课。我从后门走进去找个位置坐好，看到黑板上密密麻麻的公式和推导，仿佛又回到了大一的热学课上。然而当时坐在我旁边的室友现在却站在讲台上。我深刻地感觉到我们要毕业了。在即将离开学校之际，我想借这段文字梳理一下自己大学四年的生活，同时也向学弟学妹们分享自己的感受和经验。

大一最重要的是调整自己的心态。刚到科大，在军训时我就发现自己的同学都是同龄人中最优秀的一批人。大学前自以为金光闪闪的经历，在这里都算不上什么。然而，更不能走向另一个极端——妄自菲薄，打击自己的自信心。举个例子，数学分析、线性代数，这些数学课对于绝大部分新生来说都是第一次接触，所以一开始学起来会感到吃力。也会有少数同学之前自学过一部分内容，从而暂时占得先机。我用我自身的经历告诉大家，前一部分的同学请不要怀疑自己，后一部分的同学也一定不要骄傲、掉以

轻心，因为这完全不能决定你在大学四年中所能获得的成绩。因此，进入大学要做的第一件事就是忘掉自己过去的经历，无论辉煌还是不尽如人意，要意识到自己和其他同学已经站在了同一条起跑线上，自己的大学四年要靠自己书写。同时，不要觉得分平台是一件遥遥无期的事。大部分同学到大一结束选择方向时都会觉得自己还没有进行周全的考虑。为了做出最适合自己的选择，应该尽早发现自己的兴趣，提前做好选专业的准备。说到这里，我有一点建议：永远不要觉得任何事情现在开始做还太早。你的大学四年只会越来越忙，把事情都堆到后面是一件很不利的事。

大二分了平台，我终于可以把更多的时间放在自己喜欢的科目上了。这一年学习的知识是为自己的专业打基础，重要性可想而知。同时，在大二时有很多同学已经决定出国，并且开始为之做准备了。我认为这时找个老师谈一谈，稍微学点东西、做点东西还是很好的（当然学业成绩不能丢），一方面接触科研可以看看自己是不是真的喜欢，另一方面可以为申请时积累经验。我大二下学期参加了许斌老师指导的大学生创新计划，开始读书、参加讨论班，这也是我的第一段科研经历。关于英语，想出国的同学这时开始准备已经不算早了。我建议英语底子好的同学先考 GRE 再考 TOEFL。我个人的经验是，GRE 只要背单词就能考出能用的分数，可以突击；而 TOEFL 的听力和阅读需要长久的练习，建议早点开始准备。我在大二暑假开始背单词，大三上学期考了 GRE 和 TOEFL，所幸都考出了不错的成绩。GRE 成绩只要达到 155+170+3.5 就不必再考，TOEFL 可以追求高分，但是如果已经超过 105/23，请你权衡是继续考 TOEFL，还是将精力放在别的地方。数学方向的同学如果想参加“丘赛”，可以在大二结束时就参加，如果赛出了好成绩就可以避免与大三暑期科研发生冲突。

大三是申请出国前的最后一年，一般也是最关键的一年。由于这是成绩显示在成绩单上的最后一年，同学们可以适当地选修一些其他专业的课，或者研究生课。但是由于同样的原因，这一年的课已经没有重修机会了，所以课内成绩要更加注意，不能舍本逐末。在大三刚开始的时候，我认为大多数同学已经可以参加 GRE Sub 的考试了，因为这个考试在中国大陆一年只有一次，早考出成绩早放心。退一步说，即使没考好也没关系，大四可以再考一次。我就是在大三上学期参加的 Math Sub 考试，成绩也很满意，大四没有再考。大三也是可以担任助教工作的最低年级，所以我当时联系了陈发来老师担任了线性代数课程的助教。我觉得这段经历还是很有意思的。大三的寒假，我参加了 Mathematical Contest in Modeling（美国大学生数学建模竞赛）。参加这个比赛可以不必纠结于拿奖，因为我认为这个比赛最大的意义是让人意识到查找英文文献和用英文进行学术写作的重要性，理工科的同学都可以参加一下。另外，很多计划出国的同学这一年若要开始找暑期科研机会，可以留心关注教务处官网的最新通知。除了教务处网上的校级项目，很多专业还有很多其他交流机会，可以咨询本专业的学长学姐。我有幸通过了 UCLA 的初审和面试，参加了 UCLA 的 CSST 项目，在 UCLA 进行了 10 周的科研活动。这个项目所有专业的学生都可以申请，入选后可以在全校范围内任选导师（双向匹配）。10 周的时间里除了做科研，还有很多讲座和讨论班可以用来开阔视野，可以帮助你初步决定自己博士期间想要研究的方向，同时在这一项目中还有机会认识来自全国的优秀同学。UCLA 的导师给我写的推荐信也是我申请学校过程中对我帮助最大的一环。暑期科研可以说是申请学校中最重的砝码，各位想要出国的学弟学妹一定要争取最好的暑期科研机会。

大四上学期基本就是每天选校和写 SoP，我这里就不详细展开了。简单地说，我认为到了这个阶段硬件条件基本定型，要做的就是把自己“包装”一下介绍给学校的招生委员会，完全可以不用太担心。最重要的还是踏踏实实走好前三年的每一步，在申请学校时能交出漂亮的成绩单和有强有力的推荐信。

每个人的大学生活都是独一无二的。回首自己的这四年，我也曾经因为数学竞赛决赛没有拿到一等奖而惋惜，因为背单词而厌烦，因为周围的同学开始选修高年级课程而紧张，因为担心自己找不到好的暑期科研机会而不安。然而，也正是这些经历构成了我独一无二的大学生活。所以，无论遇到怎样的困难，永远不要对自己丧失信心。遇到问题多和老师、同学、父母交流，努力解决。我相信一句话：For everything in life there is a reason, and we can always figure it out.（生活中的一切皆有其原因，没有什么解决不了的事）祝大家都能有丰富多彩的大学生活！

大学四年回顾总结

王芷路

PB12000325

2015 年度国家奖学金获得者

2012 级

作者简介

王芷路，中学毕业于河北石家庄第二中学。2012 年获优秀新生奖学金；2013 年获优秀学生奖学金；2014 年获 CUPT（中国大学生物理竞赛）校内选拔赛一等奖，同年获优秀学生奖学金、大学物理四级实验二等奖；2015 年获国家奖学金。

大学四年即将结束，回顾这四年，有喜悦也有遗憾，申请出国的结果虽不能说十分满意但也算可以接受。在这里总结一下这四年中参与各种活动的时间表，选课、课程学习、各类考试竞赛、选专业、实验室研究、出国交流、跨专业出国申请等方面的经验教训和个人体会，以及给学弟学妹们的建议。

一、时　间　表

时　间	活　动
2012 年 9 月	入学，开始大学生活
2013 年 6 月	选择物理专业方向
2013 年 11 月～2014 年 3 月	参加 CUPT，获校一等奖
2014 年 2 月	北京新东方寒假 GRE 强化班学习
2014 年 3 月～2014 年 6 月	第一次实验室经历，低温物理（凝聚态）方向
2014 年 6 月	专业选择：物理电子学
2014 年 6 月	加入核探测与核电子学实验室

续表

时 间	活 动
2014年10月	参加数学建模国赛,违规,无成绩
2014年10月~12月	在光晶格实验室开展大学物理四级实验,获二等奖
2014年12月	GRE 1战
2015年3月	TOEFL 1战
2015年3月~4月	暑期交流申请(1.西澳大学;2.伯明翰大学)
2015年1月~9月	学期大研
2015年7月~8月	英国伯明翰大学暑期交流,引力波计算(天体物理)方向
2015年9月	TOEFL 2战
2015年11月	TOEFL 3战
2015年11月~2016年1月	出国申请:文书准备,选校,网上申请,寄送相关材料
2016年2月4日	第一个Offer:EE PhD, Stevens Institute of Technology(斯蒂文斯理工学院电子工程专业)
2016年2~3月	面试:ASU(亚利桑那州立大学)、Manchester University(曼彻斯特大学)、Pitt. University(匹兹堡大学)、UCR(加利福尼亚大学河滨分校)、Waterloo University(滑铁卢大学)
2016年2月16日	第一封拒信:Phys, Umich(密歇根大学物理专业)
2016年3月26日	接受UCR的Offer,等待I-20表格,准备签证,申请季基本宣告结束

二、成绩介绍

科 目	成 绩
GRE	146+170+3.0
TOEFL 1战	91: R27+L26+W20+S18
TOEFL 2战	92: R26+L27+W20+S19
TOEFL 3战	94: R26+L24+W22+S22
GPA	3.85: 3.78, 3.79, 4.16, 3.85

三、申请汇总

学　校	专　业	结　果
Umich	Physics PhD	Rejection（被拒）
Stony Brook University（纽约州立大学石溪分校）	Physics PhD	MS Admission（理科硕士许可）
UCD	Physics PhD	
Pittsburgh University	Physics PhD	Interview + Offer（面试 + 录取通知书）
Manchester University	Physics PhD	Interview + Admission
Purdue University（普渡大学）	EE MS	
Umich	EE MS	
UTAustin（德克萨斯大学奥斯汀分校）	EE MS	
UW Seattle（华盛顿大学西雅图分校）	EE MS	Rejection
OSU（俄亥俄州立大学）	EE MS	Admission
Toronto University（多伦多大学）	EE MS	
Waterloo University	EE MS（提供）助学金	Interview
USC（南加利福尼亚大学）	EE PhD + MS	MS Admission
TAMU（德克萨斯 A&M 大学）	EE PhD	
NCSU（北卡罗来纳州立大学）	EE PhD	MS Admission
Rice University	EE PhD	Short list（候选）
UCI（加利福尼亚大学欧文分校）	EE PhD	

续表

学校	专业	结果
ASU	EE PhD	Interview
Iowa State University(爱荷华州立大学)	EE PhD	
Northeastern University(东北大学)	EE PhD	MS Admission
WUSTL(华盛顿大学圣路易斯分校)	EE PhD	Rejection
UCR(加利福尼亚大学河滨分校)	EE PhD	Interview + Offer 最终接受录取
Stevens Institute of Technology(斯蒂文斯理工学院)	EE PhD	Offer
Houston University(休斯敦大学)	EE PhD	

四、课程学习

我的观念一直是,在有既定任务要求时,能尽早完成就尽早做。大一、大二的时候没有太多杂事的干扰,就应把毕业要求里的那些课程的学分尽量修了。大一上学期参加天文英才班,选修一门天文学导论;大一下学期选修两门公选课以及一门生物自由选修课(培养方案要求);大二上学期选修一门公选课以及一门机械制图自由选修课。这样前三个学期就已经将培养方案要求的公选课、自由选修课完成,为后面几个学期的英语考试、实验室研究、交流申请等事宜空出时间。

五、英语考试

一方面自身英语基础不算很好,另一方面对英语学习一直提不起精神,这也导致了我在准备 GRE 和 TOEFL 考试的过程中没有足够努力。2014 年寒假参加完 GRE 培训课程后，一直拖到 12 月才参加考试，而且考试结果也并不尽如人意。之后为了申请出国交流，在 2015 年寒假自己简单准备了一下 TOEFL，并在 3 月份 1 战。此时我发现口语和写作能力急需加强。在英国两个月交流回来后 2 战 TOEFL，然而只有口语有 1 分的进步。这时已经到大四了，申请季还有两个月就要开始。我紧急报名了 11 月初在宁波举行的 TOEFL 考试，原先再考一轮 GRE 的计划只能作罢，而且由于错过了 Sub 报名时间，只能放弃考 Sub，专心准备最后一次的 TOEFL 考试。我借来同学的新东方 TOEFL 强化班的教材，对口语和写作进行强化。最后一次 TOEFL 考试虽然总成绩依旧没到 95，但好在口语、写作都达到了 22 分，满足了大部分学校的申请时的最低要求。

所有人都在说英语考试要早准备，但真正落实到个人的时候却又总是会拖到最后，在今年的申请季里，像我这样到大四的 11 月份还在考试的人大有人在。我在申请季中的体验就是：

(1) TOEFL 成绩达到 95～100 分(口语 22～23 分)是大部分学校的安全线。尽早把 TOEFL 成绩考到 100 分(口语 22 分)将会为申请节省很大一部分精力。在申请时，要仔细检查每所申请学校的英语要求，因为还是有少部分学校将 TOEFL 成绩最低线设在 95 分甚至 100 分，例如 UIUC(伊利诺伊大学厄巴纳-香槟分校) EE 的 TOEFL 最低要求就是 100 分。

(2) GT 最晚 11 月考。最早的一批学校的申请截止时间是 11 月 30 日，虽然这些学校里的大部分学校接受 GT 成绩晚于截止时间送达(因为即使 11 月底截止，真正的材料审核一般也会在圣诞节假期后才开始)，但由于准备 GT 考试与准备文书、填网上申请均要占用大量时间，因此较迟开始 GT 考试会对整个申请季产生很大的影响。

(3) 对我来说，GRE 算是最不重要的一环，因为大部分理工科学校 Verbal 的要求确实不高(此处说的是排名在 20 名以后的学校)，一般没有最低线。若 Verbal 成绩较低(比如我 146 分)，将申请的学校向后推 5～10 名即可(例如，我本来可以申请排名 Top 50 的学校，由于我的 Verbal 成绩较低，我选择申请排名 10～70 位的学校)。

(4) 相比较而言,Sub重要得多。对于物理专业(包括一些应用物理专业),Sub和General都是强制要求的,除非你非常确定所申请的方向不要求Sub成绩,否则参加Sub考试是非常重要的。美国物理专业排名前60的学校,大约只有10所不强制要求有Sub成绩,但他们对Sub成绩也是"强烈推荐"。最终我基本放弃申请物理方向,没有Sub成绩是一个重要原因。

(5) 如果觉得自己没有很强的英语基础,对于GT我还是推荐参加专业的强化课程。虽然我们反对应试,但这种专业的培训课程对提高成绩确实有极大的帮助。

六、竞赛与研究经历

大学期间有很多竞赛,如物理实验竞赛、数学竞赛、数学建模等等,我所参加过的竞赛包括CUPT、数模国赛、大物四级实验、"大研"。对我而言,参加这些竞赛比赛的结果其实并不重要,重要的是感受比赛过程中的团队协作、研究创新精神。对于本科阶段以课程为主的情况,参加这些竞赛都是宝贵的科研经历,在申请中可以展示出成绩单上无法显示的科研能力、潜力、团队精神等。我认为,时间越长的经历越有价值。在我参与的竞赛中,数学建模属于最不重要的,因为3天时间完成的项目过于简短,缺乏说服力。

然而不重要不代表没必要去参与。我这篇文章中有大段篇幅都在说如何在留学申请中取得优势,但如果你把大学生涯看做是实现出国申请的工具,就太狭隘了。大学阶段是我们人生中收获最多最重要的阶段。大学中的每一个活动、每一次比赛都是人生中极为宝贵和不可多得的经历。曾经有那么3天,3个人在图书馆大厅的沙发旁,从早晨8点到晚上11点一直在讨论、计算,经历过无数次的失败、错误,最后得出正确结果,在最后一天凌晨1点坐在图书馆门前的台阶上,完成论文并提交。此时,结果怎样,早已不重要了。大学四年,总要给自己留下一些不一样的记忆,而不是整天在自习室里奋笔疾书,只为了成绩单上小数点后面的两位数能稍大一些。

回到正题,我有着比较丰富的科研经历,除了大二参加的

CUPT 竞赛外，我在大二下学期就已经进入实验室，大三的四级物理实验在光晶格实验室做了一个完整的研究项目。大三进入核探测与核电子学实验室后我开始独立开展课题，这一课题也与其后的“大研”、毕业设计一贯相通。再后来进入伯明翰大学引力波组进行暑期交流。虽然最后两个项目由于时间关系或没有写文章，或仅作为第二作者发表了文章，但这几段研究经历在我进行跨专业申请时很好地体现了我的全面性。

尽早加入实验室，不仅是为了丰富自己的科研经历，更重要的是实验室可以让我们对相关学科领域有进一步的了解。仅从名字与介绍，你很难从字面上去理解这些专业具体在做什么，以及判断你是否适合这个专业。大二下学期在凝聚态实验室 3 个月的经历使我改变了对专业选择的看法，相比较而言，凝聚态方向可能并不适合我，最终我决定选择物理电子学。

七、境外暑期实习交流

对每一个同学而言，暑期的境外交流都是一次难能可贵的人生经历，但这次经历对个人发展起到的影响具体有多大就因人而异了。对我而言，虽然在英国两个月的学习使我的学术能力、英语交流能力以及视野有了很大的提升，但是在即时效果上很有限。我个人认为，在交流项目与所学专业以及未来可能从事的专业方向几乎无关时，同学们应该谨慎对待境外交流。

以我为例，我的专业方向为物理电子学，申请方向为实验粒子物理或电气工程，但由于学校暑期交流项目中很少有对口项目，因此我申请的是我一直很感兴趣的天体物理方向。虽然在交流过程中，由于我有坚实的基础物理与计算基础，完成项目并不至于吃力，但在申请时，由于撰写推荐信的老师并非出自于本专业，所以并没有起到很大的作用。而这段研究经历由于过于偏离主要方向，虽然我以第二作者发表了一篇论文，也未受到关注。但是由于此次交流只有两个月，前期的申请、签证、准备等等消耗了大量的时间，致使实验室研究项目基本停滞，而暑假离开前为保证项目进度，只得将项目转交他人继续进行。所以最终收获并不理想。

当然，如果能在自己的专业领域有境外交流经历，并且表现积极，当然能够在申请中获得极大优势。

八、跨专业出国申请

前文都在介绍申请出国的问题，如 GT 考试、研究经历等，其实都是围绕申请出国在分析。这里，我想专门谈谈跨专业申请，尤其是物理专业/物理电子学专业申请美国电气工程方向的硕士/博士项目。由于我并不认识相关物理电子学专业申请 EE 的学长学姐，所以一切都是自己在摸索，有一些经验，更多的是教训，想在这里一并分享。

首先，所有物理电子学专业申请 EE 的同学需要注意，虽然我们专业有“电子学”这三个字，但我们所学所用，与 EE 方向几乎没有任何相似之处，物理电子学申请 EE 方向是跨专业申请。如果想申请本专业方向，可以选择申请实验高能物理（粒子物理）或其他实验方向的物理学科。如果倾向于集成电路方向，可以选择微电子专业方向；如果倾向于光子学或光电子方向，可以选择光学或光学工程方向；如果倾向于光电材料、半导体材料方向，凝聚态方向更为适合；而网络、信息、信号处理、无线传输等信息学院对应的方向则更为适合。国外 EE 中也有很多老师在做生物医药方面的课题。

其次，尽早了解申请方向即 EE 方向的具体研究内容。跨专业申请难度要大于本专业申请。而 EE 又像物理学一样有着很大的范围，如果在申请前再做准备将会非常被动。EE 申请与物理方向申请有所不同的是，物理方向招生委员会具有较大决定权，而 EE 方向则主要由相对应的导师决定，这就意味着在 EE 申请中“套磁”尤为重要，你需要让对方老师知道你不但申请了他们学校，还对他这位老师的研究项目感兴趣，这样你也能够得到这位老师今年是否有经费招生等信息。几乎每所学校 EE 专业中都有 50 位甚至更多的导师，如果没有办法将申请方向细化，就无法定位导师。我的 EE 申请几乎没有“套磁”，全靠对方老师在申请的学生中找出我的申请表再联系我。这样大大降低了我被录取的概率，也直接导致了很多学校即使我申请的是博士项目，由于没有老师主动联系并提供经费，只能收到硕士项目的录取通知书。

最后，至于定位、选校、申硕还是申博的问题，EE 尤其是其中偏工程方向的专业申请难度确实要比物理大些。定位时要根据自己的 GPA、GT 成绩、科研经历综合分析：如果你认为你的成绩申请本专业（物理）方向定位在排名第 10～40 位的学校，那跨专业申请时可将范围向后扩大，例如排名第 10～60 位的学校，这样基本不会有问题。同时参考这些学校的招生信息、历年面向华人的招生状况等进行考虑，选择适合自己的学校。比如，许多学校的 EE 方向都会说明欢迎有物理、材料、数学背景的学生申请。

而申请硕士项目还是博士项目则要看自己的职业规划，但不建议像我一样硕博混申。我申请时考虑到博士的申请难度要大于硕士，因此对于排名较前的学校就申请硕士以保证不会失学。而其实很多学校的 EE 方向会在博士不录取时酌情发硕士项目，因此如果有意读博，就应全部申博，只要申请时选校合理，文书认真准备，无论申硕还是申博，都不会出现失学的情况。当然，我身边也有很多优秀的同学选择直接读硕，这并不代表他们无法申上博士，他们更多的考虑是以后从一个顶级的大学硕士毕业后进入优秀公司工作。读硕还是读博，并没有本质的优劣之分，更多的是要看自己的职业规划与选择。

九、结　　语

本文主要从申请留学的角度总结了我的大学生涯的不足之处，希望学弟学妹们能够有所收获。当然，我认为人生道路没有什么对与错，没必要非得跟随他人，每个人的人生只要自己不后悔就好。祝学弟学妹们大学四年生活愉快、充实。

我的四年流水账——方向比速度更重要

谢方明

PB12000603

2013、2014、2015 年度国家奖学金获得者

2012 级

作者简介

谢方明，中学毕业于安徽马鞍山第二中学，校芳草社特教部成员。2012 年获新生入学英才奖；2013～2014 年校芳草社特教部优秀志愿者，2014 年获国际遗传工程机器大赛(iGEM)金奖(团体)，获 UMich REU 项目奖学金资助；2015 年被评为 UCLA-CSST 项目最佳学术报告者，获 UCLA-CSST 项目科研奖学金；另多次参加全国及美国大学生数学建模大赛并获奖。2013 年、2014 年、2015 年连续三年获国家奖学金。

我想了很久该在这里写些什么，可以对师弟师妹们有些启发。对我来说，大学四年的经历精彩得超乎想象。可这些经历也让我体会到人和人之间有很大的不同，与其把下面这些话当做自己走向“成功”的圣经，不如只把它们当做一个庞大“人群系综”里的一个仅供参考的小样本。“郭奖”“国奖”本身不值得成为一个人奋斗的目标，因为这些头衔的价值本质上是前任获奖者们集体创造维护的。获得它们，也许仅仅说明自己获得了一个消费利用这个价值的机会。可归根结底，消费价值总比不上创造价值更让人开心。毕竟，可能每个人还是要在外在评判标尺之外，学会感受自己的节奏，经历自己的人生，创造自己的故事和价值。

以下罗列的四年来的经历和感受都是我的感悟，供大家参考。

我进入科大的初始目标非常单纯，就是出国留学，去尽量好的学校。这个想法从未动摇过，但它的来源却非常幼稚：想出国的主要原因仅仅是高三下学期突然接触到当时热播的美剧《生活大爆炸》。正好当时我喜

欢英语，热爱物理，又觉得剧里的几个物理学家的生活很简单、很充实、很快乐，于是我就很自然地对那种文化和生活产生了向往。另一部分原因是觉得出国留学这件事听起来很酷。当时的我根本不知道什么是物理科研，也不知道 PhD 意味着什么。现在回想起来，这是我个人在信息不对称的情况下产生的一个很天真的目标。然而幸运的是，这个目标在当时给了我很大动力去"好好学习"，而且随着实际经历的丰富而越来越坚定。

大一的主题是"学习"。我整个大一的生活非常简单，几乎把大部分时间花在了课程学习上，把其余的时间花在了学英语和准备暑期交流之类的事情上。现在我回想起来，都觉得当时的我对学习专注得不可思议，至少"不正常"，好在这样的专注于"只学习"只持续了一年。那一年我最大的几点收获是：① 适应和享受一种自学的状态；② 发现大部分数学、物理、计算机的基础课很有意思；③ 找到了一个在理解和享受学的内容与应试做题、拼 GPA 之间的平衡，做到了兼顾；④ 有一些志同道合的小伙伴能互相支持互相鼓励。也许我想对学弟学妹们说的是，这些收获不是刻意"训练"得来的，而是想出国的外部压力和觉得基础课有意思这个内在动力，再加上刚好遇到一群志向差不多的小伙伴，这三重因素相互作用的结果。

大一的暑假我申请了加利福尼亚大学伯克利分校的暑期项目。做出这个决定的过程也是很偶然的，但是我后来深受启发。一切源于大一上学期期末前，我在宿舍楼下的宣传栏偶然看见一个留学中介发布的伯克利分校暑期项目的宣讲会通知。我去参加了宣讲会，认识了之前通过留学中介去交流的某大二师兄。师兄很好心地告诉我几点信息：① 你可以轻松绕过中介自己申请；② 想做什么事就趁早，你应该大一就出去看看；③ 这虽然总体是个很平常的项目，但是你还是可以从中获得扎扎实实的经历。我向来是一个循规蹈矩、偏于保守、谨小慎微的人（这可能也代表了一类善于考试的人的性格）。所以我一开始心里很排斥打这种充满不确定性的"无准备之仗"……"英语够好吗？考试能过吗？来得及赶上今年的申请吗？准备好独自出国了吗？要不等大二稳一点？"我很感谢那位我不知姓名的师兄在那一刻怂恿我尝试了对我来说很新鲜、很刺激的东西，并且后来一路为我提供帮助。

那段时间的自己真的像“打了鸡血”，每天既紧张又兴奋，不知不觉地完成了一个个人意义上的“壮举”。在伯克利分校的交流只有短短的一个月，上一些英语文化类课程。然而这段经历给我带来的体验是颠覆性的：① 发现一个人在美国独立生活学习原来并不难；② 发现原来自己可以在陌生环境里很快认识一些朋友；③ 发现美国的留学生活虽然和想象的不一样但是还是很喜欢；④ 消除了“名校”的神秘感和对其的无限崇拜；⑤ 发现自己轻松完成了很多自己之前觉得很困难的事之后自信了许多；⑥ 变得倾向于尝试冒险，体验新事物……总之，这段经历给我打开了新世界的大门。

大二的主题是“团队”。我从学习之外分出了很大精力参加了一些组织，认识了很多有意思的人，并且屡次深切地体会到能主动地结识一群人，为了一个共同目标一起努力是多么快乐。我参加了一学期的特教活动，参加了一届 iGEM 实验队，参加了 CUPT（中国大学生物理学术竞赛），尝试先后加入了两个实验室。大致罗列一下这一年我的几点收获：① 发现加入一个团队一起合作会让自己很开心、很有动力；② 发现在这些过程中可以认识最好的朋友；③ 初步体验了一下科研是什么。

大二下学期的时候我参加了学校的 UMich 暑期科研交流活动。作为意外入选的唯一一个大二学生，我很开心地受到一路同行的三个师兄师姐的照顾。在密歇根大学，我第一次用两个月时间专注于科研，从与实验室师兄的交流、合作和反馈中初步建立起对科研的感觉和自信；第一次直观了解了 PhD 留学生生活中的快乐和艰辛；第一次认识了一群同龄的美国物理专业本科生（来自同一个项目），了解了他们对于科研的热情和迷茫。

大三的主题是“思变”。经历了密歇根大学交流（材料应力模拟方向）、iGEM（生物建模、玩具模型方向）、本科第一个实验项目（纳米材料合成方向）、“大物”四级实验项目（纳米材料器件制作）之后，我终于体会到科研和学习的巨大差别，以及了解到未来走学术道路的艰辛。我逐渐发现我对做凝聚态实验及需要动手的东西都提不起兴趣。以“大物”四级实验为例，我们小组的每个成员几乎都很拼，一天几班倒保证不断有产出。但每次完工得到产出的时候，我却没有任何兴奋的感觉。在这之后的寒假，我做了个简单调研，了解了科研学术道路的现状、PhD 的工作状态、转行的可能性，以及凝聚态实验之外的可能的科研方向。在调研的同时，我回顾自己的几段科研经历，模糊地觉得自己更喜欢从事一些定量的建模工作。纠结了一番，我大致形成了对自己未来的预期：PhD 期间做计算模拟方面的工作，之后看形势或进工业界写代码或继续留在美国从事学术研究。

于是我做了两个改变：① 参加了 UCLA－CSST 暑期科研项目。由于该项目可以自由选导师，我选了一个从事软物质、生物物理计算模拟的老师，确定了暑假科研的方向；② 在完成了某阶段性任务后从原实验室完全退出，了解了一些科大做理论计算的组，最后去了一个二维材料 DFT 计算小组。在那里，我学习了一些机器学习的概念。我特别想提醒学弟学妹们的一点是：找到自己未来的方向也许是本科阶段最重要的任务，我很遗憾自己到大三才意识到这一点（虽然也不算太晚）。对我来说，这是一个很难的过程，因为很可能我们对一个领域最初的向往是在信息极度不对称的条件下基于自己的幻想得来的。真正要了解一个领域，还要亲自进去看看，一时找不到就多试几次，多用排除法逐渐缩小范围。这些轻松且低成本地尝试不同领域的机会，刚好是本科生的“特权”，也是本科阶段最重要的科研经历。

大四的主题是“取舍”。忙碌的申请季，考验所有人的执行力。关于申请的细节，在别处已有详细讨论和记录。这篇文章主题是“选择”，所以我想强调下，申请是一个逼自己思考规划未来的活动：你想在哪里，在什么领域，跟着怎样一群人一起工作 5～6 年。这样的思考在申请季中还要和现实相互妥协，做出取舍。关于如何取舍和选择得失，我没有什么好建议，只是觉得每个人重视的方面不同，你可能需要在尽可能收集足够多的信息的情况下做出自己的选择。我自己解决这个问题的方式是：参加校园的参观活动，尽量多找几个当地你感兴趣的教授和师兄师姐谈一谈，了解组里的状态和当地的生活，找到一个最有可能发挥自己特长的地方，而不一定是排名最前的地方。作为给大家的一个参考，我最终在重点考虑的康奈尔大学、西北大学、UIUC、CMU、UCSD 之中选择去了 UCSD，开始自己下一个 5 年。

记完了流水账，最后总结一下个人四年来最深切的感悟：

(1) 经历比考试重要(前提是你的考试成绩还不至于差到阻碍你获得经历这些经历的机会)。可能大部分成绩较好的科大人(包括我自己)总会在一定时期过分看重各种考试成绩。

(2) 方向比速度重要得多。大学里最重要的任务可能就是多体验多尝试,找到自己未来的方向(或者至少排除掉一些可能性)。

(3) 求知若饥,虚心若愚。前半句的意思不是节食减肥,而是主动获取、搜索、寻找、争取自己想要的东西;后半句的意思不是保持谦虚、称自己是傻子,而是尝试冒险,尝试自己想做但不擅长且有可能被人嘲笑的事。

(4) 融入团队,互相帮助,互相支持。

写得比较随意,就这样吧。

我的选择与感想

谢李岩

PB12000650

2013、2015 年度国家奖学金获得者

2012 级

作者简介

谢李岩，中学毕业于安徽砀山第二中学。校芳草社特教部、校乒乓球协会成员。2012 年获得校优秀学生奖学金；2013 年被评为暑期社会实践先进个人，获得第五届全国大学生数学竞赛安徽赛区三等奖，获得国家奖学金；2014 年获得优秀学生奖学金；2015 年获得国家奖学金。

能有这个机会跟学弟学妹们分享我大学四年的收获与教训，是我的荣幸。每个人情况不同，或许这些文字并不能解答你现在所面临的困惑，但我希望你可以在少年班学院这个大家庭中学会爱自己、爱他人，健康积极地成长。

我的大学有三个重要的节点：第一个是刚入校时学习上的困难，第二个是大二下学期选择专业时的迷茫，第三个是大三时在出国、保研和工作之间的权衡。我想肯定有人像我曾经这样困惑过，所以下面我从这三个不同时期叙述一下自己的经历以及体会。

少年班学院的学生在进大学之前一定都是各个学校里的优等生，我也一样。一直对学习得心应手的我，在大一上学期第一次觉得自己很笨。我当时数学课和物理课都听不懂，数学分析的月考也不及格，很是失落，甚至有点绝望。后来知道了吉米多维奇的习题集，这套科大人都耳熟能详的习题集，虽然有人说它不包含数学思想，不适合用来学数学，不过它的确拯救了我。可能是多做题的确对学数学分析有帮助吧，我这门

课最后成绩还不错。不过我的物理和化学的学习整个学期都很糟糕，所以为了让下学期能好过一点，我在大一寒假选了数学平台，大一下学期就直接在数学学院上课了，这样的确感觉轻松了一点。从我个人的经历来说，我建议大家在大一上学期尽早选好一个大方向，比如你是适合学数学、物理，还是计算机？少年班学院的课一开始很杂很多，如果你对某一学科实在是不感兴趣或者学不会的话，应该考虑尽早确定方向，这样学习起来会比较轻松，精神状态也会不一样。科大有很多学科可供选择，永远不要因为自己某一方面做不好就否定自己在其他方面的潜力。

众所周知，大二下学期是全校学生选择具体专业的时候。这次的选择比大一选学科时更艰难，因为它可能会决定你未来的人生走向。不过即使你不确定自己喜欢什么专业也没关系，就算选错了也没关系，你还有机会可以重来，我也见过连续换两次专业的同学。你现在可以不确定自己的兴趣在哪，但一定要对自己的短处有清醒的认识，不要选择一个不适合自己的专业。比如我自知不是一个特别聪明且有恒心的人，所以我选择了相对容易的统计专业。在选专业这件事情上，师兄和老师大多是向你介绍各专业的利弊，而不能代替你自己做选择，所以要学会对自己的选择负责任。如果选对了，就赞扬自己；如果选错了，就好好反省，然后重新再来。

在科大，是否出国几乎是每个人都不能回避的问题。我一开始来科大并不是为了出国，大一也没有想过这个问题，直到大二时周围有同学去上新东方、背红宝书，我才开始思考自己要不要加入他们呢？我是抱着试一试的态度开始准备 GRE 和 TOEFL 考试的，我想，如果考得还不错至少自己又多了出国这一种可能，如果考不好就选择保研。我在大二暑假考了第一场 GRE：语文 150 分、作文 3 分，大三上学期考了第一场 TOEFL：104 分。两个虽然都是不高不低的分数，但是最起码还能用，所以我才真正萌生了出国的想法。再加上我经过认真了解后认为出国的确有好处，比如最起码英语能力会有很大提升，眼界会更开阔，离开父母会更独立，对今后职业发展也会有一定的帮助，等等。所以我大三寒假开始认真背单词，大三下学期的时候把 GRE 和 TOEFL 又都多考了几分。我建议大家不要把这些英语考试拖到大四开学才考，甚至有可能的话大三暑假前就结束英语考试，不然总是想着这些也会耽误其他事情。我的整个大四上学期基本就是在选校、准备申请材料、等结果中度过的，申请季可能更多的是心累吧，尤其是一开始选校时的纠结和收到 Offer 之后到底选择哪个的纠结。从选平台，到选专业，再到选学校，对个人判断能力的要求越来越高，这也是深入了解自己的过程，我相信经历过这些事情你会更成熟。

回顾我这三年半的大学生活，并没有发生什么波澜壮阔的大事件，几乎每天都是平平淡淡地上课、自习、追剧、看小说、散步。如果要我给后来人一点忠告和经验的话，我觉得有三点：

第一，好好学习。当然这是老生常谈，大家已经是成年人了，不应该再像小学生那样对好好学习这样的叮嘱嗤之以鼻。如果你想要在期末考试前不那么焦虑，考试后不用担心挂科，其实很简单，你只要坚持每节课都去，上课多记笔记，把老师写的都抄下来。抄一本完整的笔记也是一件小有成就感的事情，不过这仅限数学课，其他课可能直接用课件上课。另外，作业一定要认真写、按时交，哪怕不会的题目你借鉴一下别人的也没关系。做到这两点并不会花太多时间，但是基本上足够保证你会有个不错的分数。

第二，爱自己。爱自己有很多方面，比如要经常锻炼身体。你现在所做的一切都是为了将来有好的生活，但是你需要一个好的身体去享受生活，不能因为年轻就有任意消耗健康的资本。

另外，要有一个好的心态。在科大这个强者如林的地方，有时候压力会比较大，但你一定要相信自己，因为既然能进入科大，就说明你已经是同龄人中的佼佼者了。而且有时候压力是自己给自己的，如果把目标放低会让你更幸福，又有何不可呢？另外，遇到困难的时候不要钻牛角尖，懂得变通会让生活更容易。

第三，学会感恩。从进科大以来，我得到过很多老师、同学、校友的帮助，这让我觉得科大很温暖。遇到困难的时候，可以与老师或者校友交流，听取过来人的建议，不过一定要有礼貌。更重要的是，别人帮过你的忙，你要记在心里，有机会的话要加倍回报。

大学四年是每个男生女生最青春洋溢的岁月，我祝愿你们都能够快快乐乐地度过这四年，靠自己的努力去自己想去的地方。

回首少年班学院学习生活

余辛炜

PB12000688

2015 年度国家奖学金获得者

2012 级

作者简介

余辛炜，中学毕业于江西师大附中。2012 年获新生奖学金银奖；2013 年获光华奖学金；2014 年获国家励志奖学金、大学物理研究型实验特等奖、“挑战杯”全国大学生课外学术科技作品竞赛校内三等奖、暑期社会实践活动优秀奖；2015 年获国家奖学金。

学弟学妹们好，我是少年班学院 2012 级 002 班的余辛炜，很高兴能够在这里和大家分享我大学四年学习和生活的感悟。回首四年的科大时光，从高考后选择科大，到大四申请出国留学，我一次次地选择着未来的人生方向。正是这一次次的选择，帮助我完成了四年前不敢想的到美国顶尖大学学习的梦想。身处少年班学院，相比其他学院我有着更多选择上的自由。然而，大一下学期的专业确定，大二下学期的专业方向选择，再到最后的毕业去向，这些选择对我们而言既是机遇，又可能是幸福的烦恼。在这里，我就个人的经历与同学弟学妹们分享一下大学四年的学习过程与感悟。

高考后，我们一成不变的学习生活就已经结束了。之后，我们将进入大学，掌握自己的人生方向。对我而言，选择科大的同时，我就已经做出了人生中最重要的决定——毕业后出国留学。相信大家已经听倦了出国留学的好处，我当时做这个决定的时候，其实也仅仅是因为我心中有一颗“世界这么大，我想去看看”的种子。但是这个决定却在无形之中成为了我之后四年的一座灯塔，一直给我一个明确的前进方向，尤其是我大一刚开始学习有些不顺的时候，给了我坚持下去的动力。现在看来，早早做好出国决定的另一个好处是我可以从大一开始规划未来四年，尽早地为申请出国做准备。

大一快要结束的时候，我选择了物理专业。做出这个决定对于我而言其实并没有什么难度。一方面，我一直对物理很感兴趣；另一方面，大一物理课学习的感觉也还好。其实，少年班学院的同学们在大一的时候已经接触了数学、物理、化学、计算机的基础课程，因此在选专业的时候可以根据在这些课上的感觉做出理性的选择。无论如何，在选择专业的时候最重要的还是要符合自己的兴趣。

到了大二，除了继续基础课程的学习之外，我开始考虑选择合适的实验室以及具体的研究方向。一开始，我们对物理的各个方向可能还是模糊的，在这样的情况下做选择可能还是有些迷茫。但是，科大的教授们对学生都很好，如果对他们的实验室以及研究方向感兴趣，我们大可以直接联系教授和他们一对一地交谈，这样的交流可以让我们在短时间内了解他们的研究内容，并根据自己的兴趣选择合适的实验室。我在选择实验室之前也选了 4 个感兴趣的教授来了解他们的实验室。最后决定进入袁军华老师的生物物理实验室。选择生物物理，一方面是因为我一直以来对生命系统满怀兴趣；另一方面是看好生物物理这种交叉学科未来的发展前景。进入实验室之后就可以渐渐地跟着研究生师兄师姐做实验。虽然对于出国的同学们来讲，能够在实验室发文章对申请有极大的帮助，但是要想在本科阶段发文章，不仅要有足够的实力，还需要一些机遇。比如合适的科研课题、顺利的实验过程……作为刚进入实验室的本科生，我认为最重要的还是要抱着积极的学习态度积累实验经验。即使最后不能够发文章，你的那些实验经历与技能也能在个人介绍中让招生老师眼前一亮。

大三这一年对出国的小伙伴们来说是十分充实的，作为申请前的冲刺阶段，建议学弟学妹们尽早考出满意的 GRE 和 TOEFL 成绩。我个人是在大三上学期刚开学的时候考了 GRE，在大三寒假考了一次 TOEFL，寒假考 TOEFL 主要是为暑期交流做准备。关于暑期交流，物理方向的同学可以考虑学校的一些不错的项目，“严班”的同学也可以参加“严班”的交流项目。除了这些项目之外，我们也可以自己联系国外的导师，只要对方同意接收，就可在暑期去国外交流。去国外交流一方面可以在国外一些很棒的研究组学习；另一方面，如果可以拿到国外导师的推荐信，其作用可能比国内导师的要好一些。另外，暑期交流其实也是给国外老师一个了解你的机会。我在密歇根大学交流时的老师就曾指出，招生时通过审核学生的申请材料所获得的对这个学生的了解还是远远不够的，只有直接面对面交流、近距离的观察才能真正了解一个学生的潜质。因此，当我在密歇根大学的表现还算令人满意的时候，老师也会对我的申请有所回应。有交流机会的同学们一定要抓住机会在老师面前好好表现。交流回国之后可以再报考一次 TOEFL，在国外锻炼两个月口语应该会有一定的提升。

大四上学期是申请的最后阶段，同时也是计划出国的同学最辛苦的时候。选学校、“套磁”、写文书、填申请表、获得推荐信，无一不是费时费力的工作。大部分同学还要参加 GRE Sub 考试（需一至两周准备）。虽然有三四个月的时间，但时常还是会拖到申请截止日的前一天才勉强弄完。其实，最好不要拖延，早早地给自己设定一个申请的计划安排表，就可以有条不紊地完成申请工作，避免犯一些不必要的低级错误。

再过三个月就要毕业了，在科大的这四年，朴实而充实，总算是完成了最初的梦想，也算是无憾了。希望学弟学妹们在大学四年的时间里能够不忘初心，实现自己的人生目标。

大学杂谈

陈楚白

PB13000348

2016年度郭沫若奖学金获得者

2013级

2018

作者简介

陈楚白，中学毕业于浙江杭州第二中学，创新班2班宣传委员，校学生会干事、树之表演艺术社成员。本科期间发表科研论文一篇，参与申报专利三项。曾荣获2013年优秀新生奖学金铜奖，2013～2014年优秀学生奖学金铜奖，2014年中国大学生数学建模竞赛安徽赛区一等奖，2014～2015年刘丽领导力奖学金，2014～2015年优秀团员称号，2015年第十一届大学物理研究型实验论文竞赛一等奖，2015～2016年优秀团员称号，2015～2016年兴业社会责任奖学金，2016年郭沫若奖学金。

临近毕业了，我的大学本科阶段也将要告一段落了，在此我就大学的一些主要事件谈谈自己的看法，仅供学弟学妹们参考。

一、GPA/学业

非常惭愧，和其他学霸相比，我的GPA低了许多，颇有些拿不出手。作为一个数理基础不好的“化竞党”，当年报考科大创新班的时候，数学和物理老师都带着迷之微笑鼓励我，现在想想颇为有趣。不管怎么说，在科大学习，低年级时如果能掌握好数学和物理，GPA想低也是难事。对于数学和物理不太好的同学来说，在创新班学起来或许会吃力些。但不要怕，只要自己不随意放弃，就没有什么课会考不好。当然了，在科大GPA终究还是“硬通货”，在个人能够接受的情况下，多囤点总不会有错的。如果GPA不够理想，也不要因此否定自己的大学生活，生活还是有很多惊喜的。比如我这位GPA只有3.6的“郭奖”获得者。总之，享受在这里的时光吧。

二、英　　语

作为一个对英语无感的人，我深深了解被英语支配的恐惧感。但我还是要说学好英语确实很重要。有些人会觉得反正也不想出国，学什么英语呢？不是这样的。且不说一两年之后你的想法会不会变，哪怕在国内，英语好也是一个很不错的技能。这就是我所能给的全部的英语学习的建议了。至于学习的内容、步骤、技巧什么的，想必其他学长学姐会有更好的建议。我就不拾人牙慧了。

三、科　　研

进入大学以后，大多数人的生活不再是简单的三点一线。日常生活中，我们会遇到很多有趣的事情值得去尝试。既然来到了科大，那么，是否加入一个课题组做科研可能会成为大多数本科生遇到的一个选择。我想说的是，做科研只是本科学习生涯中的一个可能的选择。诚然，在科大，本科生的科研之路和 GPA、GT、出国一样，具有天然的正确性，然而所谓“大学之道，在明明德，在亲民，在止于至善”，进入大学之后，我们需要做的绝不仅仅是学习，更需要思考一下人生目标。说实话，科研终归是少数人的选择，最终也只有一小部分人奋斗在科研领域。磨刀不误砍柴工，认清自己，比糊里糊涂早早进入实验室要重要得多。如果你觉得科研真的很有趣，想去挑战一下自我，那希望我的介绍能给你带来一点帮助。

首先，什么时候该加入实验室呢？当你思考这个问题的时候，请相信这个问题的答案因方向而异、因人而异。个人而言，我觉得对于侧重于实践的方向，例如纳米材料、有机合成等，学完大一的课程就完全可以考虑进入一个实验室了。因为这些方向的很多真正重要的技能和思考方式与课本上讲述的并不怎么重合。本科生的低年级课程中教授的大多是千锤百炼、已经充分成熟的知识，这些知识是非常重要的。然而，充分的成熟某种程度上也意味着充分的落后，因此，对于这些方向，一心努力就可以了，不要担心什么也不会。例如有机化学这门课，教材厚厚几百页，很多人考前抱怨怎么也记不住某些知识点，但是真的去做一个有机方法学的课题，也许涉及的内容只有寥寥十几页，精通教材所能提供的增益实在有限，更多的还是应在遇到问题时去查阅前人的文献。所以，如果时间允许，早些进实验室好处有不少。可以及早接触真实的科研，例如有很多人本来对自己的专业很感兴趣，但是在进实验室之后就发现自己所谓的对专业的热情瞬间消失。此外，很多课题的完成都需要比较长的时间周期，通常是一学期或者一年。因此早开始课题也意味着在本科期间有更大的可能发表一篇论文。其实科大的本科生如果潜下心来，能发表论文的应该不少。很多人之所以在关键的时候少一篇论文给自己背书，最大的问题还是时间。还有不少同学喜欢换实验室，想多接触一些不同的实验室。这当然也不是不可以，本科嘛，多见识见识有益无害，但换实验室意味着要把之前的工作断掉，再从一个新的方向开始，还是挺花时间的，所以要好好权衡利弊。而对于一些理论性更强的方向，如化学物理、纯数、统计等，太早进入实验室并没有什么用，因为那时候连开始工作的基础也没有。与其在实验室傻眼，不如先把有限的时间投入到其他事情，例如高级课程的学习中，这样或许有比较高的性价比。当然，因为我自己不是学习这些方向的，或许我说的有些许偏颇。正所谓兼听则明，还是要多问问本专业的学姐学长。但不管怎么说，更重要的还是要对自己有清楚的定位。毕竟每个人的特质不同，没有什么大统一的公式可以用来指导所有人。如果你是高中时便已经精通四大化学的"学神"，一入校就去找导师也并非太早。而对于应付课程就已经筋疲力尽的同学，等到写毕业论文时再找导师也为时不晚。

除此之外，导师的选择也是非常重要的。刚进科大的同学在这方面的信息估计是一片空白，因此平时要做个有心人，多方去了解。有的教授很严格，会对本科生有一定的工作量的要求；有的教授相对比较随和，如果你有时间就多来，没时间少来也行；有的教授对本科生完全无感；有的教授却对本科生特别关心……总的来说，科大导师的水平普遍很高。但选导师在某种程度上跟谈恋爱一样，还是要看方向和性格适不适合。不论能不能做出好的结果，强扭着的瓜总是不太甜的。还是要多多考虑才好。另外，各院系主页上的师资队伍里有老师的姓名和联系方式，虽然很少更新，但是看看老师的研究方向还是可以的。如果真的对某老师产生了浓厚的兴趣，也许谷歌学术会给你更详细的资料。当然，有很多不同的方法来寻找满意的老师，通过谷歌搜索只是其中常用的一种而已，大家可以积极寻找。

最后，我觉得值得一提的是科研过程中总会遇到各种各样的不顺利，忍耐和坚持都非常重要。行百里者半九十，有的时候坚持下去确实需要具备一种"迷之自信"。

四、海外交流

海外交流是"出国党"的一个可选项目，相比于前面的几个，虽然也很重要，但并不是必须的。交流的好处有几点：首先，可以体验一下国外大学里的生活状态。另外，也可以拿到一封比较有分量的推荐信。最后，也可以和一些老师当面"套磁"。当然，你也可以乘机去旅游或者在国外考 TOEFL。总而言之，海外交流是一个不错的体验。

很多人有个误区，就是认为学校的项目很少且很难申请。这是没错，学校的公开项目质量大多一般，或是名额超级少，除非你是超级学霸，否则基本与项目无缘。英才班里倒是有一些不错的项目，可惜难以申请。绝大多数同学如果想出国交流，还是要自己动手，丰衣足食。另外，据我所知，近年来科大对于自行联系暑期交流的同学的资助力度是逐年上升的，大家赶上了好年景，还请多多努力，不要浪费了这样宝贵的机会。

五、申　　请

我最终跟随苏州联合培养项目去了伯克利大学，因此申请的过程显得有些虎头蛇尾，对于诸多申请的细节也不甚清楚，但科大历年的《飞跃手册》都写得非常详细，而且每年也都会组建飞跃群，使大家可以互通有无。我认为这是我们学校很好的一点，也是宝贵的资源，善加利用，必大有收获。最后，祝各位学弟学妹前程似锦，大展宏图。

我在科大的四年

郭贺侠

PB13000375

2016年度郭沫若奖学金获得者

2013级

作者简介

郭贺侠，中学毕业于安徽阜阳第一中学，创新试点班2班团支部副书记、组织委员，唐仲英爱心社成员。2013年获优秀学生奖学金银奖；2013、2014、2015年获"拔尖计划-卢嘉锡英才班"奖学金；2014、2015年获希捷奖学金；2016年获郭沫若奖学金。

不知不觉大学生涯已经进入尾声，过去的三年半里我收获了很多，也有很多惨痛的经验教训，在此想和学弟学妹们分享，希望能帮助你们少走一些弯路，正如我一路走来也得到了很多学长学姐们的帮助一样。

一、GPA/课程学习

虽然我是高二时通过自主招生获得创新班高考A类资格进入少年班学院的，但是我对物理、化学竞赛一无所知，更别说大学的基础课程了。因此，在大一上学期的数学分析、力学和化学原理[我在第一学期就加入了卢嘉锡化学英才班（简称"卢班"），按照化学学院的培养方案上课，但当时自己比较幼稚，把微积分换成了数学分析]课程学习中都很吃力，处于一种虽然上课听得懂，但是下课就忘，不会做题，也不能系统地理解一门课的核心知识的状态。尤其是化学原理课程，这门课是张祖德老师教的。张老师是化学学院的元老级人物，也是安徽省化学竞赛的培训老师，班上很多同学都听过张老师的竞赛培训课。张老师教授英才班化学原理课程，我当时既感到荣幸也感到“压力山大”。为了能让总评成绩高一些，我基本上是对于每一门重点课都提前一周开始复习，自己重新将知识点过一遍，摘录出重点，写一写加深印象，尽量用多花时间和重复次数来弥补基础知识差和忘性大这些短处，尽量去理解所学的知识点。在复习的过程中真的会有恍然大悟的时候，突然发现某个模糊的知识点原来就是这么回事啊，那种兴奋和自豪感让自己感觉努力是会有进步的。经过一个学期的努力后，虽然 GPA 不是特别拔尖，但那些付出过很多心血的课程总评结果都还不错，这也让我对自己有了信心。此外，被“学霸”“学神”们碾压一个学期后，高中时期残留的一定要第一、不能落人后的傲气也逐渐褪去。我认识到学习不只是和别人比较，量力而为，比过去的自己有所进步就好。

在学习中，选课要选具有自己比较喜欢的风格的老师，更重要的就是平时认真学习，期末认真复习。我在大一时对班级工作、社团、学生会参与较多，到大二之后变得对这些“无感”了，也就渐渐退了出去，只是偶尔参与一些志愿活动。我觉得大学生活如何过得精彩，四年之后如何给自己一个满意的答复，一定要根据自己的能力决定，并做出取舍，不要勉强自己，不忘初心。

在选择专业前我研究过不同专业的课程体系和研究前沿，最后选择了据说课程体系难度较大的化学物理专业。选择这个专业可能是因为我的专业基础扎实，以及老师说转其他专业比较容易。之后在上专业课时感觉就像打通了经脉一样，学起来比较轻松，可能是因为在上课听懂的同时，下课花了些时间自主把作业做了一遍，巩固了对知识的理解，也有可能是之后学的内容比较对我的胃口，喜欢的课程学起来不累。大三我的 GPA 总评是 4.2，这是努力之后自然而然的结果，不像低年级时那样对 GPA 斤斤计较，这样的结果反而很好。

另外想说的一点是，选课要慎重。除了遵循毕业要求，你还要考虑所选的课自己是不是喜欢，对自己有什么用，需不需要预修课程。大二时和男朋友一起选了电子技术基础课（他必修，我选修，全班就我一个非物理方向的学生），上课、写作业都还跟得上，但不太提得起兴趣，也不知道为什么要学这门课（这一系列课程物理方向的同学要学三个学期)，最后这门课就拿到了大学四年中的最低分。虽然也付出了很多，但是结果不好，这大概与一个老师所说的“方向比速度更重要”是一致的吧。

二、GRE & TOEFL/英语

先自报一下英语成绩:GRE 考了两次，分别在大二下学期和大三下学期考的，成绩分别是 V154+Q168+AW3.0 和 V157+Q167+AW3.5，申请时用的都是第二次的成绩。两次数学都没考满分，可能真的是数学变难了吧。GRE 一般不会成为申请时是否能被录取的决定因素，除非是特别可观的成绩，否则 V+Q>320，AW>3.0 的成绩对于理科生来说足够了。GRE 的重点就是背单词，《GRE 核心词汇 3000》比较与时俱进些，结合 Magoosh 词汇就够了。其次是 Verbal 训练，推荐在线练习网站 Magoosh，分别有几百道 Verbal 和 Quantitative 题，出题思路与 ETS 相符，有模考和计时、不计时练习模式，还会根据你做题结果给出估分，一般估分和最终成绩挺接近的。至于 AW(分析性写作)，第二次考 GRE 时分数有所提高也是因为压中了部分题型，写作思路考前就想好了。我在每次考试前，都只练习两三篇 AW，学弟学妹要踏实准备，多练习几篇，当然有关机考的经验介绍也是可以看看的。

TOEFL 我一共考了四次，考得也比较晚，首战都已经是大三下学期了，而且我是在考完 GRE 之后才开始考 TOEFL 的，所以阅读毫无压力，再把新老 TPO TOEFL 模考的听力练习了大半，听力也基本没问题，我的瓶颈一直都是口语。首战成绩是 101 分，但口语只有 20 分;二战成绩是 102 分，口语还是 20 分;第三次信心满满，考完感觉非常好，结果成绩是 105 分，口语成绩是 19 分，我不死心，觉得成绩有问题，最后还多花了几百元复议口语成绩，最后的结果还是没变。这时已经是 7 月中旬，还有两三个月申请季就要开始了，我第一次因担心考不出合格的成绩而感到绝望。这里要感谢大家对我的支持和鼓励。第三次考的时候是在暑期去 UCLA 的前一天，我一直感觉这次就能和 TOEFL 说再见了，也没有打算暑研期间在美国考 TOEFL(暑研时间紧张，也抽不出时间准备考试），也没有报名回国后的考位，一直拖到口语复议结果出来才赶紧去定9月份的考位。8月份定9月考试的考位已经很难了，科大的考位一直紧张，只好就近到其他城市考。最后在9月底在南昌考出了申请出国所需的成绩：105分，口语还是20分，但我已经不想再考了，只好安慰自己，申请MSE口语20分也就过线了，大不了不申请口语要求高的学校。如果考TOEFL的过程能重新来过，我想我一定要准备充分再去考试。每次考试我都是提前几天才开始准备，而且明知问题出在口语，但是出于畏难情绪，练习时还是练阅读、听力，挑自己擅长的练习，可能是想给自己找点成就感吧，学弟学妹们要引以为戒。TOEFL是块硬骨头，要想搞定它，还是要挑难的练习，以发现自己的问题，并解决问题。GRE靠前人的资料和练习就够了，对于基础不太好的同学，TOEFL倒是可以考虑上许锐的课，他在科大小有名气，我没报过但周围很多同学都去过，效果和反响似乎也挺好的。

至于GRE Sub，对于申请化学专业的同学来说是必需的，很多学校都要求Sub的成绩。对于申请MSE的同学来说，有物理的Sub成绩也会是加分项（我是大三考的化学Sub：920、98%，后来升到了99%，而且我开始打算大四时再考物理Sub，但是最后并没有考）。Sub考试在内地一年只有一次考试机会，基本上是在10月底考试，11月底出成绩。所以如果大四考试的话，成绩单的寄送占用一部分时间，将令申请较为紧张。我建议大三时就去考专业课Sub，一是万一没考好大四还能再考一次（但是不要抱着侥幸的心理去考试，否则就是在浪费报名费，去考试就要想着考好）。二是大三时参加考试，这样寄送英语成绩的时间很充裕，也不用多交一次GRE成绩寄送的费用。三是大四时早已把前面学过的内容忘记了，复习起来比大三时痛苦多了。大三时Sub的考试内容基本都已经学过了，化学Sub里少量量子物理的内容也正在学，而且所占比重很小，稍微复习一下即可，所以大三考比大四考在准备时间上成本会少很多。四是大三考过之后，大四还能再考一门其他的，比如物理Sub等，虽然用处也不大，性价比不高，但考好了可能是加分项。

三、暑期交流

我在大二和大三的暑假分别参加了"卢班"的康奈尔大学暑期交流项目和科大的 UCLA - CSST 暑期交流项目，这里和大家分享一下这两个项目特点和申请流程，希望对学弟学妹们申请暑期交流项目有些帮助。

卢嘉锡英才班暑期交流项目（以下简称"英才班项目"，其他方向的英才班也有类似项目，物理方向的"严班"保证每位英才班同学都能获得海外暑期交流的机会）相对起步较晚。自 2014 年至今共举办了三届，我参与的是第二届的交流项目，感受到这个项目在逐步变得成熟，联系到的海外导师也越来越好。英才班项目里海外导师提供的暑期科研实习职位是由科大化院一些老师利用自己的人脉联系到的，因此每年的项目可能会有所不同，一般会以 Northwestern University、UT Austin、UW - Madison、Ohio State University 等美国学校为主，也会有一些新加坡学校的项目，但是由于一个老师的研究方向相对较窄，所以选择老师的空间也比较小。比如你想去美国西北大学，但是对西北大学的那个老师又不感兴趣，这种情况就比较尴尬了。我建议大家根据老师定学校，毕竟暑期交流最现实的目标可能是丰富一下自己的简历，方便申请出国时拿一封海外老师的推荐信，感受一下海外做科研的情况，拓展一下自己的人脉，所以选个对口的老师很重要。

英才班项目允许大三和大二化学方向的同学申请，以大三同学为主。而且现在申请英才班项目的人并不仅限于"卢班"，其他学生也可以报名申请，只是在资助方面非英才班同学需要单独向教务处申请，这些在春季学期教学秘书或班主任都会通知。英才班项目中 TOEFL 成绩不是必须要提供的，但有 TOEFL 成绩会方便很多，建议想申请暑期交流的同学都提前考一次 TOEFL。英才班项目一般是在秋季学期末报名后参加学院面试。报名时需指出感兴趣的导师，通过学院面试后，会协调匹配一位导师，这时需要提供一份成绩单和一份 PS 给海外导师审核。导师确定接受后，交流项目就很顺利了。如果没能匹配到最感兴趣的导师，也可以协调分配其他导师。

项目确定后就要向导师询问课题、索要邀请信、准备办签证。美国的暑期交流一般 B/J/F 三种签证类型都可以，需要咨询导师后确定。英才班项目一般是 B/J 类型，B 签证属旅游商务签证，拿到邀请信后就可以填 DS160、预约面签了。签证应尽快准备好，避免遇到被查或者约不到面签的情况。

签证顺利办下来就可以及时买机票、准备课题参加暑期交流了。交流期间可以留意下学校 ISSO（International Scholars and Students Office，国际学者学生办公室）或者类似部门推出的针对访问学生、学者的一些活动，可以参观周边景点、参与一些社区活动。当然做课题才是最重要的，多向导师汇报工作进展，多和学长学姐讨论问题，组会多参与、多发言，不要仅局限于自己的课题，多与其他人交流。学校提供的暑期交流机会不易，一定要利用好这个机会提高自己，有所收获。至于花费方面，学校给予的资助力度很大。机票等旅费会在交流返校后四周内报销，生活费大约 1200 美元一个月（消费水平不同的地区略有差异），在交流开始后一个月之内进账。除保险、签证费用外，其他主要花费学校都能报销。

UCLA－CSST 项目每年会从中国内地 20 所高校和日本早稻田大学招 100 个人左右，只招大三学生（或五年制的特殊学科的大四学生），项目涉及的学科也很广，从数、理、化、生到工科、人文社科都有，而且录取的学生可以在 UCLA 全校范围内选择自己感兴趣的老师，跨专业也都是提倡的。

一般 UCLA－CSST 项目科大能通过初选的有 20 人左右，最后一般录取 8～10 人。总的来说，UCLA－CSST 是一项很正式、具有影响力和认可度的项目。从网申材料的准备，到面试、录取结果通知、匹配导师、F1 签证准备等都和 PhD 申请流程很吻合，尤其对于准备出国的同学们，可以参与一下这个项目，顺便熟悉一下一年后的 PhD 申请流程。

UCLA－CSST 项目的花费较大，课程费用、注册费、保险、旅费、吃住费用总计需要 1 万多美元，UCLA－CSST 奖学金会涵盖课程费用 5000 美元，学校教务处对这个项目的资助也越来越大，2012 级只报销了 1 万元，但我们这届的学生学校报销了机票和住宿费，共计两万多元，剩下的保险、注册费和生活费自行负担，大概两万多元。后来我们这届由新创基金会提供奖学金覆盖了注册费和部分生活费，但是这项奖学金可能不是每年都有的。具体的资助额度由教务处根据当年筹集的交流资金总量而定。

此外，学校还有一些其他优秀的暑期交流项目，如斯坦福大学的 UGVR 项目、牛津大学的项目等，申请时间一般是 10 月份，这时候要多关注并订阅教务处的通知，免得错过项目申请的截止日期。我之前觉得暑期交流方面学校做得不太好的一点是，对于自行联系暑期交流的同学的支持力度不大，像清华、北大很大一部分暑期交流机会都是学生自己通过“套磁”获得的，然后由学校资助。现在学校也会对自行联系暑期交流的同学给予一定的资助，通过选拔后，能够获得往返旅费和大约每月 1200 美元的生活费。学校对于暑期交流的投入将越来越大，希望学弟学妹们能够珍惜暑期交流的机会，努力学习，在国外为学校树立良好的形象。

四、实验室/科研

我一共加入过四个老师的实验室，分别是化学系马明明教授、物理系许小亮教授、两次暑期交流的 Cornell University BEE 的 Prof. Minglin Ma 和 UCLA MSE 的 Prof. Yang Yang 实验室，尝试过六七个课题，涉及领域从光催化、电催化、太阳能电池到生物材料。最早一次进实验室是在大二上学期快结束的时候，我联系了马明明教授实验室，这时候进实验室不算早也不算晚。同年级有的同学早在大二开始就进实验室学习了，晚的也有大三才进实验室的。但据我观察，学弟学妹们进实验室的时间越来越早，有的在大一的暑假就开始在实验室学习了，这要看个人时间安排，如果兴趣明确，不妨早些进组学习一下。对于比较迷茫的同学可以先联系老师听几次组会看看是否真的感兴趣，如果不感兴趣一定要尽快换，不要不好意思，免得后期进退两难。我是在大二寒假看了些文献，大二下学期

2018

开始着手做课题的，课题与非贵金属电解水产氢、产氧催化剂相关。这个课题做了大二下学期整整一个学期，刚开始上手多看看文献和参考书，开始做实验时也是由师兄带着做的，慢慢地能独立帮师兄做些实验了。之后大二暑期由于去Cornell大学进行暑期交流，这个课题就暂时中止了。刚开始进实验室，要调整好自己的时间，课程、英语、实验室三个方面要统筹兼顾。

由于大二时对生物化学挺感兴趣，因此暑期交流我选择的导师是Cornell University BEE的Prof. Minglin Ma，他主要从事生物材料研究。暑期的课题是基于小鼠心肌细胞的生物驱动器研究，由于缺少生物实验的基础，我在暑期交流开始前就阅读了相关文献，对课题有所了解，到美国之后通过实验室安全考核后就立即上手了。这个课题暴露了生物实验周期长的特点，由于实验需要新生小鼠的心肌细胞，而Cornell大学培养生物实验室要20天才能提供一批新生的小鼠，因此整个交流期间仅做了两次细胞实验。这要求在开展细胞实验前期一定要将其他条件优化好，从而达到最高的效率。我回国后没有再继续跟进这个课题。此外，暑期交流期间要多和师兄师姐交流，多向老师汇报，多学习一些知识，避免走冤枉路。

我回国后继续在马老师实验室做协助蛋白质穿越细胞膜的跨膜小分子的课题。同时由于专业课需要，我还在大学物理四级实验中加入了物理系许小亮教授实验室，和其他三位同学一起做可见光催化分解有机物的异质结材料实验。虽然这只是一个课程的课题，但对于一些同学来说，可能是第一次接触一个完整、独立的课题。如果实验结果很好的话，可能会拿到大学物理四级竞赛的奖项，甚至发一篇文章也是有可能的。虽然在实验过程中可能会经历挫折、打击，但从这段经历中能够学到如何与他人合作、如何向别人介绍你的研究成果以及如何处理实验中一些很实际的问题，如预约实验仪器等。

我觉得本科科研最重要的不只是出成果、发文章，更重要的是一步一步发现自己的研究兴趣。我从开始的跨生物膜分子、定向输运生物驱动器材料，到电催化分解水产氢、产氧和光催化分解染料、水，再到UCLA－CSST项目中在太阳能电池领域著名导师 Yang Yang 的指导下从事钙钛矿太阳能电池的研究，最后在申请 PhD 项目时将主要研究兴趣方向定在能源材料，并据此选择要申请的项目和感兴趣的老师，为 PhD 阶段的科研先定好了大致的方向。

五、出国/留学申请

我出国的决心算是比较坚决的，一直想出去看看。不管是在语言环境还是在文化习俗上都想尝试一下新的环境，当然最重要的还是想体验一下美国的科研、教学模式。两次短暂的暑研期间，我也很喜欢美国的工作氛围和生活环境，最后就顺其自然地申请出国了。

申请结果：我申请了 17 所学校、19 个项目。UW－Madison 一份申请费可以申请三个项目。申请项目以 MSE 为主，MSE 申请结果出来得比较晚，截至目前申请结果如下，很大可能去 UC Berkeley。

Offer：MSE，UC Berkeley；ChemE，Purdue University；Chem，Duke University；MSE，UPenn；MSE，UCLA；MSE，Cornell University（申 PhD 给了 Master）；MSE，Northwestern University.

Rejection：MSE，Stanford University；ChemE，UW－Madison；EE，Princeton University；MSME，Harvard University；MS，Caltech；ME，MIT；MS，Brown University.

Waiting List：Chem，Gatech.

Interview：Purdue University，Video interview－Northwestern University.

总体而言，我今年的申请是有惊无险。惊是指“六大”拒信拿了五个，并且被最心仪的斯坦福大学拒了，无险是指之前并不抱希望的伯克利大学却最早地给了我 Offer。有一点可以确定的是，现在的申请决定因素越来越多元化，不只是 GPA 定天下，像科研、“套磁”、暑研都很重要，尤其是“套磁”。虽然“套磁”成功的概率小，但这也是努力提高录取概率、尽早拿到 Offer、多了解内部信息的重要渠道，“套磁”唯一不好的就是比较麻烦，但希望学弟学妹们能以我们这一届为戒，克服惰性。我身边很多同学开始都觉得靠自己的硬件（加上些许的侥幸心理）就能拿到很好的Offer，又嫌弃“套磁”麻烦，就错过了暑研时当面“套磁”的大好机会，也没有发邮件“套磁”。而另一些同学硬件条件虽然没那么好，却积极“套磁”以弥补短板，最后反而是这些同学很早就拿到了很好的Offer。

申请季前期选校、准备材料任务繁琐，但后期等待的过程也是很难熬的，而这时候也是除了“套磁”之外无事可做的阶段，把“套磁”工作做起来，也能缓解等Offer期间的焦虑感。

此外，我的申请方向相对中规中矩，专业是化学物理，但本科科研基本都是与材料相关，所以最后申请的项目也大多数是材料方向。申请季时一些老师是否招人、系里的招生倾向这些内部信息可以多咨询在读的学长学姐，请求校友帮助。申请季一些出奇制胜的方法还包括有一些会优先在科大招生的校友导师可能会向学院发布招生意愿，所以要多留意学院类似的通知。学校也会发布些联合培养项目等，不过可能需要CSC（国家留学基金委）的资助。

面试分为现场面试、电话面试、视频面试以及录视频等多种形式，我申请的学校中只有普渡大学和西北大学要求面试。普渡大学面试在刚过完年那几天，和一个老师通过Skype进行面试，提前确认好网络状态和视频效果就可以了。面试时长大约十几分钟，内容关于科研经历、兴趣和化工方面的课程准备等。西北大学的面试最开始是让申请人录一个一分钟左右的自我介绍视频发过去，我第一次发过去的视频对方因文件格式问题无法打开，改了格式之后没有用对方所用的播放器试听，结果在第一批Offer发了之后去问老师，才知道我发的视频质量很差，根本听不清在说什么，所以招生委员会就把我放在候选人中了。在询问老师之后，老师提出电话面试，面试聊的内容也是科研经历、兴趣和专业匹配与否，叙述自己的科研部分时老师不停地提问题，面试时间在15分钟左右。所以在进行视频面试时一定要确认自己的视频质量，仔细看清对方对视频格式的要求等。

关于留学咨询机构，个人意见是因需求而异。如果只想找学长学姐修改一下文书，可以报名参加科大校友会举办的“飞跃指路”文书指导活动，就能够满足需求了。如果想要全面的指导，从选校、填网申、改文书、指导面试到“套磁”等，可以关注一下咨询机构。不论如何，申请季都不要自己单干，可以和几个同学组团，互相分享资源、帮忙修改文书、避免选校撞车等，这对自己和整体的申请也都是很有帮助的。

学弟学妹们在申请中，把自己能做的做好就问心无愧了，我相信付出努力是会有所回报的。

一份不太文艺的大学生活总结

刘 通

PB13000808

2014、2015 年度国家奖学金获得者，2016 年度郭沫若奖学金获得者

2018

2013 级

作者简介

刘通，中学毕业于吉林大学附属中学，2013 级少年班班长，校英语社副社长。2013 年获外研社杯全国大学生英语写作竞赛安徽省赛区一等奖；2014、2015 年获国家奖学金；2015 年获全国大学生数学建模竞赛二等奖；2016 年获 COMAP Honorable Mention 奖项、郭沫若奖学金。

刚刚在输入学号、姓名的时候，我才意识到，自己能用到这个学号的次数已经不多了。最近自己常常说话奇怪，明明记得前几天才发着烧、哑着嗓子硬撑着喊完了分列式的口令，怎么转眼间就要和大学生活说再见了。回头想想，匆匆四年留下了太多感触，这里选取一些可能对各位学弟学妹们有些帮助的“干货”，各位姑且听之。

一、GPA/学业

虽然目前我的 GPA 是全院第一，但其实我这几年 GPA 一直在单调递减。大一、大二时一路高歌猛进，到了大三，反而显得有些力不从心。这里面固然有客观原因，但也和自己后期的个人因素有关系。结合我这几年来的经历，和大家分享以下经验。

首先必须要承认的是，基础好确实很重要。虽说一定会有学长学姐给你们灌各种“鸡汤”，但是我个人的经验是，如果在高中打下了良好的基础，在大学开始的一两年里确实会对你很有帮助。我个人的经历就是这

样，高中时候竞赛底子极强，所以来到大学以后普通物理的几门课程都没怎么费劲就拿下了，也空出了时间来学习其他一些课程。到了大学，大家并不是真的都站在了同一起跑线上，在同等努力的条件下，有相应学科竞赛经历确实会占到不少便宜。刚开始时基础一般的同学一定要正视这个现实。这并不可怕，也有很多刚开始基础不好的同学通过自己的努力赶了上来，但是如果一直自欺欺人，是一定要吃亏的。基础比较好的同学也要戒骄戒躁。

其次，想要有好的成绩，努力还是最重要的。尤其是理论性比较强的课，如果想要取得好的成绩，一定要把老师上课的内容都推导一遍。大学课程和高中不一样，不是题海战术能解决的。只有理解了理论知识的核心，才能够真正掌握。而最好的办法莫过于自己把理论“建立”一遍。老师上课讲的东西，课后自己一定要从头到尾推导一遍，合上书也知道书里讲的是什么，才能够继续往下进行。

最后，你要结合自己的定位，想好 GPA 对自己到底有多重要。同样是出国，对于年级第一、第二(尤其是追分很紧的那种)和 3.7 左右的同学来说，GPA 波动同样的数值，意义也完全不同。除了年级第一、第二，GPA 的意义基本上是用来分档的。一个档内高一点或低一点并不会造成很大的影响，所以不如安排好时间，打理好其他方面。“保研党”更是如此，如果你的 GPA 达到 3.5+，那么接下来 GPA 基本上就没什么作用；如果你正处在保研线上(这两年少年班学院都是 2.8+)，那就要抓紧把成绩提一提，别到只剩几个月时再仓促准备考研，搞得狼狈不堪。

二、英　　语

在科大谈论英语基本上就是说 GT。四、六级基本上大家都可以无压力“裸考”，也就不多说了。

我自己考了两次 TOEFL，大二下学期一战，成绩：106 分(27+28+24+27)；大四那年的 11 月二战，成绩：115 分(30+29+26+30)。懂行的人应该能看出来，其实第一次分数就不低。那为什么还要再考第二次呢？因为成绩过期了。临近申请季，在看学校主页时我才发现这个问题，只好匆忙报名再考一次。这就涉及我想和你们说的第一件事情：规划好时间。TOEFL 一般有效期是两年，但是有的学校会提出更加严格的要求。比如斯坦福大学，会要求你提供 18 个月以内的 TOEFL 成绩；有些则要求申请前一年 6～9 月以后的成绩（比如 Harvard 大学和 Berkeley 大学）。所以，一般来说，建议把最后一次 TOEFL 放在大三以后考，省得出现这种情况。当然，很多同学都需要不止一次考 TOEFL 来“刷分”，所以需要根据自己的英语基础，适当地进行安排。

关于具体的应试技巧或准备方法，我觉得最好还是切实提高自己的水平。多读、多听、多写、多说，把英语真的当成和汉语一样的一门语言来用，才能够大幅度提高自己的能力。即使是纯从应试角度来说，这也应该是最快的办法。用阅读来举个例子：第一次考 TOEFL 之前，我基本上没有进行过规范的英语阅读。所以，当时读阅读文章虽然说不上举步维艰，但也是磕磕绊绊。在考试的时候，第一篇文章就花了我 22 分钟，并且还没怎么看懂，答得晕晕乎乎。两次考试中间，我考了超级拼阅读量、词汇量的 GRE，阅读了大量的英文论文和教材，在海外交流过程中的邮件往来和各种材料也都是用英文，人生中第一次真正把英语大规模投入应用。等到第二次再考，看 TOEFL 的阅读文章就几乎和刷朋友圈没什么区别了。别的单项也都是一样，多多应用成绩自然就好。当然，这不代表技巧不重要，但是再厉害的技巧也都只能是锦上添花，不可能起到决定性的作用。

当我们在讨论 GRE 的时候，一般讨论的都是 General Test。这个我不想说太多，因为我分也不高。在此和大家分享一个我在美国“面套”时候的对话：

老师：“How did you do in your GRE?”

我：“Well ... I can only say that I did fair — which is 156 — in the verbal tests, but ...”

老师：“Er ... in fact I meant the subject test. We don't actually care much about the general tests, I mean, the verbal and writing is not that relevant, and the quantitative is too easy ...”

我：……

至于 Sub，各科就都不太一样了。别的科目我不太了解，我认识的物理专业的学生 90%的物理 Sub 都是满分。好好准备，做一遍题目，问题都不大。

三、科　研

下面谈谈我自己的科研经历。我在大学期间的主要科研经历是在周宏岩老师组里进行的活动星系核（AGN）方向的研究。周老师是我大一下学期的热学老师，在上课的时候，听他讲过自己的科研方向，我觉得很感兴趣，就在大二的时候和另外一个同学约好了，去找他聊聊，准备进组。和他聊了聊，觉得他研究的东西比较好玩，就决定在他的组里进行科研。周老师给我分配的任务是对一个个源的吸收线外流性质进行研究。研究过程中，其实也没有用到太多高深的知识，主要就是根据光谱的特征线，结合地面实验室数据判断外流气体的速度等。具体碰到的理论知识，也都会有师兄帮助讲解。这里要多说一句，大家不要对科研抱有什么畏惧心理，只要题目看对眼了，就大胆地去尝试。不要怕失败，因为大家都是在经历失败后才成功的。可以多到几个实验室逛一逛，觉得不喜欢还可以换，什么时候又喜欢了，随时可以回来（当然前提是你得有精力、有时间）。

科研方面我也仅仅是个新手，没什么经验，也希望自己以后能够尽快步入正轨，与大家共同进步。

四、海外交流

海外交流其实也是一个科研项目，你可以联系一位国外的导师，进行一段相对独立的科研。其间你几乎可以与之前的一切琐事断绝联系，全身心地投入到项目中，是一次不可多得的好机会。感谢“严班”提供的项目，我在大三暑假有幸赴美国劳伦斯伯克利国家实验室（Lawrence Berkeley National Lab）进行了暑期科研。在这期间，我完成了一个有关 Lambda_c + 粒子在 RHIC 探测器中接受度标定的项目。除了在学术上的经历以外，暑期科研给我的感受主要有两个：第一个是需要彻底地独立。在国外，没有食堂保证你的一日三餐，什么事情都要自己来，对于还没出校门的学生来说，真的是挺苦的。但提前适应一下，对以后出国有帮助。第二个就是文化包容性。在美国街头，随处可见各种肤色的人种，大家都各自保持着自己一定的文化印迹，但是也汇在一起也形成了一个独特的文化景观。交流多了你会发现，其实文化和文化之间的距离并没有想象中的那么大，只要愿意去沟通，人和人的距离很快就会缩小。

五、申　　请

我本来自以为 GPA 第一，TOEFL 是强项，科研也有一篇文章（虽说只有一门 arxiv 没通过），至少被“六大”中的一所录取应该没问题吧。然而事实证明自己还是盲目自信，申的太少且“套磁”力度不够，导致全部被拒，好在申请季后期又补了耶鲁大学以及 CSC 丁肇中 AMS 组的项目，才没全军覆没。

先报一下目前的结果：

Rejection：UCLA；MIT；Stanford University；Princeton University；Harvard University；Caltech；UCB（私下“套磁”面试）；Michigan University（Interview）；Chicago University.

Offer：Phy，Yale；Phy-AMS，MIT（via CSC）.

Interview：Astro，Oxford.

下面就我能想到的内容，对出国申请（尤其是物理方向）的经验进行一个总结：

（1）所谓的“硬件”越来越没用。GPA 和 GRE 分数高的人太多了，尤其是顶级名校，人家看得都腻了。你自以为很厉害，在人家那可能就很平常。TOEFL 就更别提了，英语再厉害也比不过人家本国人。只有发表文章，尤其是数量、质量至少有一个过硬，才会有很大帮助，其他的因素的作用在于不在第一关被学校刷掉，不能作为被录取的决定性因素。

（2）既然话说到这，那就不得不提科研了。今年我们和清华、北大相比，一个很大的劣势就是我们的科研做得不够。相信大家也都从各种渠道听过了类似的评论，这里就不再赘述了。

(3) 专业身份对申请有影响。比如“六大”一级的学校，有的时候真的会发生某个方向不招人、某个方向却破天荒招很多人的现象，每年还不完全一样，所以只能靠大家事先搜集情报。

(4) “套磁”“套磁”“套磁”，重要的事情说三遍。今年有个北大学生申请到 Caltech 大学的 Offer 就是靠着和老师建立起了比较强的联系，然后就被录取了。在大家实力普遍一致的情况下，人脉关系就显得格外重要。当然也有生源出现缺口的情况，但这要看运气。我给大家的建议是，先广撒网(当然每一封邮件都还是要认真写)，再对回复积极、方向也相对比较喜欢的几个老师重点联系，一定要把话题引到学术层面上，才能够让老师对你印象深刻。

(5) 老师发的通知一定要看。少年班学院配备的班主任大都是专职的，临近申请季，发的东西肯定都是和大家息息相关，抽空看一眼班级群发了什么，也许就会改变你的走向。不用多说，我就是明证。最后获得 CSC 的项目就是唐宁老师在群里发了通知，我看到后才申请的。

六、碎　碎　念

大学几年，除了以上的主线任务，也有不少支线任务。当了四年班长，领着几个班委为大家组织活动；在学生会干了三年，认识了一帮有意思的人，做了不少有意思的事；临危受命带了大半年英语社，几乎可以说把社团从死亡线上拉了回来，从新生里挑人，组建了一个可以持续运作两三年、可以把社团真正带起来的班子；姻缘使然，也谈了一场恋爱，虽然不知道多年以后再看到这篇文章时那个人还能不能在身边，好歹也算是尝了尝爱情的滋味。有人说，这些事情太占用时间了，如果你能够专心下来学习、开展科研，成绩也许能更好。但我不这么认为。且不说这些事情能锻炼自己的能力，至少他们也在我的青春岁月里面留下了烙印，虽没法过得像“别人家的孩子”那样“惊世骇俗”，过几十年后再回忆起来，这段日子也不算单调乏味。我想说的是，上面说了那么多可能比较功利的事情：学习、科研、考英语等，但是大学生活真的不止这么多。我认为本科阶段最重要的，其实是学会如何生活。相信大家都有体会，高中以前学校会把你在校的日程安排得满满当当，而父母基本也会安排好你其余的时间。到了大学，脱离了他们的庇护和安排，你要学会安排自己的时间，在完成好学习、各项工作任务的同时，也要对自己的生活质量负责。毕竟人生那么长，除了心中那个比自己生命还重要的理想，也要有属于自己幸福快乐的个人生活。

现在想想，当年来到科大雄心勃勃立下的目标，基本上也都算实现了。最后一个学期如果能健健身、减减肥，为以后几年的学习和生活攒点健康的本钱，再利用空闲多旅游、多读书，大学也算是圆满了。这个结果，也算是对得起当年纠结了两个多月才艰难做下的决定吧。希望各位学弟学妹像我这样回首自己大学四年的时候，也能得到一个差不多的结论吧。

祝好。

我对大学的些许认识

唐　榕

PB13000618

2016 年度郭沫若奖学金获得者

2013 级

作者简介

唐榕，中学毕业于湖南长沙第一中学，少年班学院学生会技术部成员，唐仲英爱心社、书法社成员。2014 年获国家励志奖学金；2015 年获国家奖学金；2016 年获美国大学生数学建模竞赛 Honorable Mention 奖项、郭沫若奖学金。

申请季差不多已经结束了，虽然没有去成梦想中最想去的学校，但也算有了一个结果。回想整个申请的过程，我觉得还是有很多不足。正如很多同学所提到的那样，成绩包括英语的分数已经不是那么重要，不再起决定性作用了，很多时候要好好规划自己，无论是出国交流还是拿得出手的科研经历以及一直被强调的“套磁”，都要提前做准备和规划，这样才不会焦头烂额，才能用心地好好申请。

成绩虽然不是决定性的因素，但仍然值得我们重视。上课十分重要，虽然这是老生常谈，但课堂教学的确需要我们重视。上课不去或者不听，一般来说课后需要花更长的时间去学习课上所讲过的东西。除此之外，课上还有很多东西是书本上没有的，有老师自己的一些理解和精髓。并且在我的印象中，很多书中的内容衔接可能会跳过一些步骤，自己可能在短时间内被蒙住了，但老师上课时说过的某一句话就会对你产生极大的点拨作用。所以哪怕上课时有些云里雾里，总归能听出个框架，如果记笔记影响理解，就尽量少记或者和同学合作着记。对于课后，自然是要好好解决问题，解决上课没懂的问题，誊抄错过的笔记。如果不及时巩固，听课的那一部分记忆会越来越淡。这时候把问题记下来，再去看书就和自己独自看书大大不同了。上课时建立的框架会让你再次看书时不那么迷茫。如果我知道这节课讲的是什么概念和定理，那么我至少知道它是从什么角度说的。我们课后需要自我补充的是定理的证明等，但课后修补的过程是万万不可少的。对于课后问题的总结，如果我们实在想不明白，一定要多和同学讨论，这没有什么丢人的，不同的同学可能在不同的方面会有不同的理解，其他同学可能会从很独到的角度去看问题，有时候会有一种“听君一席话，胜读十年书”的感觉，可能会提升你对这个学科的感觉层次。当然，也不用害怕去找老师讨论和交流问题，科大的老师都很和蔼，而且功利地来看，当你找老师写推荐信时就不再那么惶恐，担心老师不认识你或不帮你写。这也是自我推荐的一种方式。总而言之，一定不能放任自己的疑问不管，不然日积月累会更加难以解决。而我觉得，除了学考试要考的，其他学科相关的内容一定要自己找书看，当然是在学有余力的情况下。一个学姐对我说不要给自己找借口说没有时间学习，很多时候自己去深造的时候发现自己和别人存在差距，此时已心有余而力不足了。多看一些书，看科学的眼光就会不一样些。对于科研工作者而言，为什么“大牛”能一眼看出这个问题能不能做、怎么做，为何你不行，这就是积累和眼界的差距。你可能还在细节中挣扎，人家就已经将大框架建立完了。所以多看书，尤其多看英文原著，看不懂就“死磕”，一定会有别样的收获。

对于英语考试，我觉得我是反面教材。我在大三下学期快结束时才开始考，结果怎么也考不过，甚至到大四上学期还没考过。记得在同学保研期间我英语没考过，那种焦躁和紧张让考试更加艰难。所以要早准备，在自己心态比较轻松的时候考过它。英语对于出国交流的重要性大家都知道，所以一定要把握住机会。我因为英语的问题没有出国交流，这也是一个很大的劣势，所以具体的出国流程我也不太清楚，但是能出国交流就一定要抓住机会。

总而言之，我认为最重要的是一定要早点想清楚自己想干什么，自己未来想走一条怎样的路，千万不要觉得自己处于大一、大二还年轻，一定要好好规划，不要盲从，更不要在保研还是出国中间纠结，想清楚之后一定要坚定地向着目标前进，多用心收集信息，无论走哪条路都要好好学习，错过了也很难重来。最后希望大家加油，把握住每个机会！

我在大学的各方面

王子丰

PB13000649

2014、2015 年度国家奖学金获得者，2016 年度郭沫若奖学金获得者

2018

2013 级

作者简介

王子丰，中学毕业于江苏徐州第一中学，理科试验班学生。2013 年获优秀学生奖学金金奖；2014 年获国家奖学金；2015 年获国家奖学金、华罗庚奖学金、丘成桐大学生数学竞赛团体铜奖、第六届全国大学生数学竞赛（数学类）预赛一等奖；2016 年获郭沫若奖学金。

一、GPA/学业

本人的 GPA 经历了好几次大起大落，只是平均起来还勉强可以，所以这一部分我还是少说点好。实际上对于成绩这块，我觉得只要弄懂了上课老师讲的和教材的内容，想考个高分并不难。对于数学类的课程，我认为最重要的是抓住各个定义、定理之间的联系，掌握整体的逻辑和结构，做到当别人问起为何要引入这个定义或定理时能够回答得有理有据。对于数学分析和线性代数等基础课，每个定义、定理都一定要吃透，学有余力的还应该做习题集，这些基础课学得好坏决定着你今后有没有能力学习更难的课程。在基础打好之后，后面的一些课程能把课后题都做完就不错了，相比于在某些课程上“死磕”，我认为不如把这些时间用来开阔自己的视野，选修或旁听几门其他方向的课程或者参与一些科研活动都是不错的选择。

此外，或许大家身边都有这样的学霸，他们每天和你同一个时间甚至更晚睡觉，但

是比你早起几个小时还精神抖擞。每个人都是有差异的，我们保持自己的节奏就可以了，不必强求自己也要早起或是熬夜看书。

二、GT

我是个反例，本来英语就差考得还迟，TOEFL 总共考了 4 次才拿到勉强能用的分数。因为 TOEFL 很晚才考过，导致后面的申请时间略显紧张。这里推荐大家在大三上学期尽量考出一个差不多的成绩，这样也有利于申请去国外开展暑期科研。提早考也是因为考试中有可能出现各种突发事件，导致无法评分，如果离申请时间很近的话就很麻烦了。我曾经有一次连续换了 3 台电脑，最后 ETS 仍告诉我说系统故障没办法给我评分，虽然这种情况会提供免费的补考机会，但是会浪费时间和精力。

三、科　　研

我是从大二暑假开始陆续参加一些科研项目的。从写程序、做实验开始，到自己做一些调研，再到最后提出算法、给出证明并撰写论文投稿，感觉自己确实在其中收获了很多。基础方向的科研可能需要更深的知识，对此我不是很了解，但是我认为对于非基础方向且学有余力的同学，在大二结束后就可以开始找导师、进实验室了。刚开始或许只是写写程序、打打杂，但是从中可以看到一个真实的科研项目是如何开展的，借此来判断自己究竟要不要走科研这条路。

对于导师的选择，我的看法是根据自己当前的兴趣选，并不一定要选同一个院系的导师。有些导师事情很多可能没有时间来指导你，有些导师可能会愿意花时间、花资源培养你，这些需要大家平时多接触相关的信息，问学长学姐也是一个不错的渠道。

和学习一样，科研也不一定只局限于一个方向，多涉猎一些领域对今后自己研究方向的选择会很有帮助。我认为本科生科研的价值也体现在这里：从科研中找到自己真正感兴趣的点。我参与过计算机图形学、3D 打印、深度学习和优化方面的科研项目，最后选择了优化方向，因为经历过这些项目后我发现这个方向最适合我，同时我也对它很感兴趣，也确实做出来了一些成果。参加多个科研项目也有助于多结识老师，之后申请出国时方便找人写推荐信。

对于大部分的方向来说，科研成果其实就是看有没有发文章。本科生要想发文章是很难的，大家不用过分追求，享受科研的过程并在其中学到一些东西就足够了。真正的科研总是伴随着很多失败，能不能经得起这些失败也是判断自己是否适合科研的一个重要因素。但是一旦出成果对于留学申请帮助是很大的。本人有幸有一篇作为第一作者发表的文章，在面试某个学校的时候，面试官告诉我在他面试过的人里对我的印象是最好的，因为只有我发表了文章。

四、出国申请

今年数学方面的申请情况我并不是很了解，自从有了保底 Offer 之后就没怎么关注过了。所以这里只报一下我自己的申请结果吧。

Offer：ISyE，Gatech；Applied Math，UCLA.

Rejection：ICME，Stanford University；ORFE，Princeton University；CS，UW-Madison；CMS，Caltech.

拿到 Stanford 大学和 Princeton 大学的拒信及 UCLA 的 Offer 后，除了 Caltech 以外，对于其他的学校就撤回申请了，在 Caltech 的候补名单上挂了一个多月最后还是收到了拒信，最后决定接受 UCLA 的 Offer。

总体来看，我今年的申请情况一般吧，最心酸的是最想去的 Stanford 大学连面试机会都没给就被拒了。我感觉申请的随机因素很大，经验真是不好谈，只能给一点简单的建议了。

首先是选校选项目，每个学校都有很多项目可以申请，尤其是跨学科的同学，选择的范围很广，因此挑起来也很麻烦。除了直接搜索外，还可根据自己看过的一些论文，直接找作者，甚至是其中引用的参考文献的作者，个人感觉这种方式也很好用。此外还可以通过导师联系，如果自己申请的方向和导师的研究方向一致最好。我在申请过程中就得到了凌青老师的很多帮助，在这里再次表达一下感谢之情。最后，还有不少校友会通过院系和老师直接来招人，同学们也可以关注一下。

然后是准备阶段，文书这一块我报名参加了科大校友基金会的“留学申请飞跃指路”活动，它会根据你的情况帮你联系一些有意向的国外的学长学姐帮你修改文书，个人感觉还是挺好的。同学之间也可以合作，不仅可以避免项目申请撞车，还可以相互修改一下文书。注意有的学校的 SoP 和 PS 是不一样的，要单独准备，不过对大部分学校来说这两个是同一个东西。文书这个东西反反复复要改很多遍，还是趁早准备比较好。还有些学校需要寄成绩单之类的东西，也需要提前准备一下。

之后就是“套磁”之类的事情了，不过我怕麻烦所以没怎么做，同学们有看中的老师的话最好还是试一下比较好。根据我的经验，科研经历是必问的一项，“你为什么申请这个项目”也经常被问到。

关于硬件条件这块，有文章的话是最好的，面试的老师知道你有文章后一般也会要过去看一下，其他的硬件条件个人感觉作用并没有那么大。

最后，申请中有很多随机因素，为了尽可能不失学，申请十几所学校还是很必要的，而且这里面应该有一两所保底的学校和一些与自己水平相符的学校。

总之，希望学弟学妹们吸取我的经验和教训，都能拿到令自己满意的 Offer.

Simple Bright Man

姜昊茗

PB13000422

2016 年度国家奖学金获得者

2013 级

作者简介

姜昊茗，中学毕业于广东深圳中学，创新试点班 2 班学生，少年班学院学生会宣传部干事。2014、2015 年获优秀学生奖学金金奖；2014、2015 年获全国大学生数学建模比赛安徽省一等奖；2016 年获美国大学生数学建模比赛 Honorable Mention 奖项、国家奖学金。

清明将至，樱花盛开。申请结束，毕业在即，不是尘埃落定，是发轫之始。要说在前面的是，大学不是工厂，学长学姐留下来的也不是名牌大学 PhD 的配方，每一个人要走好自己认为对的路，做一个精神明亮的人。简单介绍下自己吧，我是少年班学院 2013 级创新班的姜昊茗，数学平台，即将到佐治亚理工大学攻读 ISyE 的 PhD。希望我的经验和想法能够给学弟学妹们带来些许收获。

高二的时候，学校张贴了一个创新班招生的公示，白底黑字，相比那些绚烂的学生活动的海报是那么的不起眼。本来是希望能够依靠物理竞赛闯出一条路的我也没太在意，不过有个机会能够提前参加高考何乐而不为呢？然后是自招、面试、高考，一关关过来了，没想到就被录取了。当时正值竞赛集训，我很是纠结，因为我的竞赛成绩很好，在我们年级排名第二。是继续坚持竞赛进冬令营集训队，还是趁这个机会提前一年来科大念书？我十分纠结，想想就要和自己的同学分开，放弃自己在竞赛上的努力，总觉得十分不舍。当时我还不知道大学意味着什么，物理又对我来说意味着什么。当时只是觉得自己物理还不错，听师兄和老师说科大的物理在国际上都是数一数二的，科大出国率也是最高的，而且能随便转专业，更何况还能提早一年入学。于是，怀揣着对大学向往的我就来了。

做这个决定我后悔过吗？说实话，大一的时候看着当年的同学一个个进了清华、北大，我曾有些不甘。不过我想说的是学校的标签不是我们追求的，学校更不是囚笼，你也不要做一只抱怨的小鸟。而且我相信有这种心态的同学一定是不少的，尤其是刚入科大的时候。再加之每年对科大的非议总是那么生生不息。我觉得这只是一个开始，未来来自各个方面的非议肯定不止于此。我们不应当被这些议论掩埋，做好自己的事，充满自信地努力就是了。科大能够提供的资源绝对不差，能决定自己未来的不是学校，是自己。做一个精神明亮的人吧！

大一的时候我做了两个很重要的决定：一是准备出国深造，另外一个是从物理专业转去学习数学。对于是否出国深造这个问题并没有一个很明确的标准，也许有的人到了大三还在纠结。我相信继续读书还是大部分人的选择，若是得到了合适的创业或者工作的机会，早些脱离学校的氛围出去闯荡也未尝不可。不过个人认为这种机会在国内还是不多的，所以我自然就选择了继续深造。关于出国，因人而异吧。国外不是世外桃源，在国内也能生活得很好。国外的机会确实很多，不过国内的机会也正在变得越来越多。出国这件事越早决定越好，早些准备后期就不会太狼狈。当时想着既然能够趁着年轻有机会出国深造，又有这么好的平台，为什么不朝这个方向努力呢？就英语而言，这是一个国际化的社会，英文表达能力将成为一个人必须具备的基础性能力，何不趁这个机会好好学习？关于如何准备 TOEFL、GRE 这些标准化考试的经验，想必其他人已经介绍很多了，我就不再赘述了。第二个决定是在大一结束的时候做的，经过了一年的学习，我认识到自己虽然很擅长做物理题，但是自己并不是真的爱好物理，而做研究相比于课本上完美的理论更是不同。数学则是在一个严格的逻辑体系下，经过分析推导得到一系列数学对象性质的学科。数学将许多的现实事物抽象化为数学对象模型，对其进行优化求解，最后指导现实中的生产生活。这样的过程令我十分兴奋，所以我选择了数学。

大二的时候我选修了计算机的双学位。我一直认为学习数学理论是一方面，动手能力也是相当重要的另一方面。我博士阶段可能会选择的方向——分布式机器学习优化算法中就涉及很多在双学位选修中学习过的操作系统、计算机网络方面的知识。除了学习计算机的课程，能够动手参加一些项目也能获得较好的锻炼。在这样的想法下，我加入了刘利刚老师的实验室，动手做了一些项目。这些累积下来的知识经验和能力都是相当重要的。虽然做了这么多，耗费了不少时间，也没带给我什么直接的利益，甚至在实验室做的项目最后也没有发表文章。但是这些经历让我得到了很多，不仅是科研能力的提升，还认识到了很多很棒的小伙伴。更为重要的是让自己体会到了什么叫做研究，它需要你投入大量的时间，自主地去调研、思考，提出并实现自己的方案。研究和完成一个作业不同，老师只能是和你讨论并按照他的经验给你指导，也没有所谓的答案，自己的项目应当由自己去钻研。一开始总觉得老师没给出什么明确的指示，靠自己琢磨总感觉心里空落落的没个底。不过当自己有些想法后，实现、讨论、修改、一步步精进，自己的成就感和自信心也就累积起来了，也许这就是做研究的乐趣吧。

大三这一年我并没有太大的改变，忙于学习的同时陆陆续续考完了 TOEFL 和 GRE。同时在网上学习了机器学习的课程，大二暑假的时候也参加了裴健老师的大数据课程。我觉得这是一个很有前景的方向，决定转到概率统计的方向上来。在大三下学期的时候，通过学校联系到了伯明翰的姚新老师，获得了一次难得的暑假交流机会。姚新老师是第一届少年班的前辈，也是我十分钦佩的一位学者。暑假的时候我也曾一度纠结是申请博士还是硕士。硕士和博士的区别很简单，硕士是以就业为导向，博士是以学术研究为导向。没有一条是平坦的路。我觉得既然自己是少年班学院的，本来就有年龄上的优势，为什么不多花两年的时间拿一个博士的学位呢？找工作也不急于一时，既然自己还要花五十年的时间来工作，为什么不花五年时间追求一下理想呢？

大四我忙着写文书、填申请、联系老师写推荐信、忙活实验室的项目，这些成为了我生活的全部。要说有什么最值得分享的经验，我觉得是作为一个大学生，一定要有一个积极的态度，利用能够利用的人脉，如学校的老师、校友、朋友、师兄，很多时候机会都是自己争取来的，而不是等来的，包括暑研的机会和后面的留学申请。更重要的是要积极地生活，做一个精神明亮的人。最后我有幸收到了佐治亚理工大学工业工程专业的 Offer，也算给了自己几年的努力一个交代。希望以后也能有学弟学妹来亚特兰大。最后祝学弟学妹们在科大过得顺利开心。

大学回顾

陆星阳

PB13000356

2015、2016年度国家奖学金获得者

2013级

2018

作者简介

陆星阳，中学毕业于浙江桐乡高级中学，创新试点班3班学生，少年班学院体育部干事、科考社社员、天文协会会员。2013年获校“雏鹰杯”男子足球赛亚军；2015年获第十届全国周培源大学生力学竞赛个人赛特等奖、第十届全国周培源大学生力学竞赛团体赛一等奖、国家奖学金；2016年获中国力学学会全国徐芝纶力学优秀学生一等奖、美国大学生数学建模竞赛一等奖、国家奖学金。

回首大学生涯，无数记忆碎片于脑海中浮现，或黯淡，或斑斓，它们渐渐构成了一幅还算凑合的画卷。

为什么说还算凑合？先让我完整地回忆一遍整个大学时光。

一、大　一

也许你听过这么一个传说：“高中时辛苦一点，到了大学就轻松了。”当年单纯的我居然信了。初到科大的时候，看到课表后，第一反应是课怎么这么少，顿时感觉有一大把的时间可以花在有意思的地方了。我参加了各种活动，像“雏鹰杯”、新生排球赛，还给篮球赛当场监；无论“东活”有什么活动都会凑过去看看。通过此举，我认识了很多朋友，最开心的事就是和别人一起边玩边讨论和学习无关的事情了。现在看来，或许大一时期的我才像是一个正常的大学生。

但是问题也来了：很多比赛、活动都设置在中午，于是下午第一节课我常常在睡觉中度过，有时候比赛延时了上课还会迟到。那一学年，我的生活很精彩，但成绩很一般。所以大一新生们可得考虑好：是在各种活动中体验生活、结识朋友，最后面对一个一般甚至糟糕的 GPA；还是默默地在图书馆做题、背单词，然后顶一个学霸光环，继而留学深造；又或者你能合理安排，面面兼顾。

大一结束前有一件大事，就是选专业，我给的建议是：慎重！多去收集资料，了解这些学科的真实面貌，不要因为自己的决定后悔。本来，我想选物理方向的，因为我很喜欢探究自然界的奥秘，而且与物理有关的课我都拿了 A 及 A 以上的成绩，但是了解了物理之后，我忽然觉得它并不适合我，课程学得好又怎么样呢？学物理的目的可不仅仅是教育学生，更重要的是探究更深层次的物理，简单地说，就是搞研究，研究和学习是一样的吗？必须三思！每年各个高校要培育多少物理系的学生，他们又有多少真正留在物理学领域呢？国内的研究氛围一般，还得让连英语六级都过不了的我学英语出国不成？问题有很多，难以一一展开说明了，说实话，我当时感觉我配不上搞研究，缺少研究的精神，喜欢耍小聪明。

最后，我选择了工程科学学院。一方面是出于对机械的兴趣，另一方面这算是实业，中国是制造大国，但水平上赶不上发达国家，有提升的空间。

让大一学生来选择专业，即使你慎重再慎重，却永远脱离不了你的见识范围，脱离不了你的家长的见识范围。现在大四的我，也不敢说当年的选择是正确的，但是你不得不前进！又或许，十年、二十年后，回过头来，那不过只是一段青涩时光，让你回味的不是在课堂、自习室、实验室中的努力，而是课余和朋友们在一起的温馨时光。

我曾经问过一位回校访问的“工院”1980 级学长：“我们现在学习的知识和未来发展的关系究竟如何？如果大部分知识在将来都是无用的，比方说专业不对口，那么我们现在的学习究竟有何意义？”这个问题很重要，这关系到我能否获得学习现有知识的动力。还好，他没有敷衍我：“现在你们学习的不仅是知识，更重要的是学习的态度。如果我想要一个助手完成一个严谨的课题，我肯定会找成绩好的，这说明你态度够认真，学习能力够强；不过，若是我想找一个人给我提创意、提点子，我肯定不会看重你的成绩，我会看重你的其他方面，那是成绩无法体现的，我会通过和你长时间交流来看看你是否具有创造力。创造力这种东西很难琢磨，有的人天生就有，有的人厚积薄发，而成绩却是可以通过努力得到的，所以，你说现在学习是否有意义呢？”

二、大　二

专业已经敲定，大二也随之而来。很多没选数理化平台的少年班学院同学们可能要孤军在其他系作战了。其实这也是一个好机会，这意味着你将遇到不同的人，结交新的朋友，这可是难得的学习生活的重启机会。朋友会影响你很多，我为大家提供一些简单的技巧，想好好学习的同学，可以这么做——第一节课时坐到前排去，和同学搭讪，然后一起吃饭，这样你就和“学霸”们为伍了；再加入他们班群，参加一些他们的班级活动，很快你就融入那个专业了。比如我，还记得那节复变函数课是我大二的第一堂课，课间的时候搭讪了一个同学，他居然是“工院”GPA最高的。后来，跟前排的人就混熟了，然后我就转型了——沉迷于学习无法自拔。

转专业的同学还要面临一个新的问题，就是补专业基础课，这对于专业转变比较大的同学来说可要花费不少时间。由于学业加重，很多人开始抄作业了，我不反对这种做法，自己知道自己掌握的程度就好，我只是更享受独立问题解决的成就感罢了。大二下学期的时候，我课表的工作日安排中，只有某上午两个格及某晚上两个格是空着的。我采取了特别的方法才挺过了那段时间：

(1) 上午上课；

(2) 中午吃完饭来到下午上课的教室，写上午要求写的作业，然后躺在后排椅子上睡20分钟；

(3) 继续下午的课；

(4) 吃完晚饭，回寝室睡觉，不然晚上的课就要打瞌睡了；

(5) 上晚上的课(好像现在很多课不允许安排在晚上了)；

(6) 继续写作业，写到熄灯；若是第二天第一节没有课，打开我的充电台灯去寝室自习室(现在有通宵教室了)，写到凌晨1点左右。

即便是这样，周末还会剩下一堆作业，需要花周六一天写完。然后星期天放松一下。这就是我的精神依靠，放松 1 天，我可以拼 6 天。如果你感觉到学习令你很崩溃，去找个精神依靠吧，我觉得音乐、美剧、动漫都是不错的选择。

变成学霸之后，我拿到了大二学年的国家奖学金，但我也变“宅”了，对于以前一起去参加体育运动及各种活动的人我都不再联系了，因为我“沉迷”于学习无法自拔！我不知道这是正确还是错误，请诸位自己好好为自己考虑吧。

大二快结束的时候，力学协会举办了全国力学竞赛，工院要求所有学生参加。我的第一感觉是：力学系的参加不就行了，全体参加干嘛？结果，我拿了学校第一、全国第四；接下来代表学校去参加暑假的团体赛，结果拿了全国第三，创校历史最好纪录。事实证明，这种比赛是有好处的，写简历的时候两个全国最高级别的奖项，能使简历增色不少。其实各种大学生的比赛还是很多的，有兴趣可以去参加一下，不一定要专业对口，实在不行找到这方面的“大牛”，然后便可顺理成章地成为他的队友。比如我大三寒假里参加了美国大学生数学建模竞赛，我们队没人是数学专业，就靠写英文论文写得好的人和其他三个人的一些想法，照样拿一等奖（前 20%）。科大很多队都是我们这个层次的，就一个队比我们高，这比赛还是很亲民的，准时完成的队或大或小都拿奖了。这比赛结果往简历上一写，可是全球性的奖项啊！如果你不想在写简历的时候没什么可写，多参加些竞赛，最多费点时间，没其他坏处。如果你不屑于获得这些虚的名头，有着更高的追求，我只能说我佩服你，请保持下去。

三、大　三

大三开始了，最大的感觉是疲倦，学习的“套路”都掌握了，周围都逛遍了。可能很多同学都有这样的感觉，从上课率越来越低就可以看出来。原因有很多，比如发现自己的科研方向和自己现在学的课没什么关系，那么比起上课，还不如去看科技文献呢；再比如发现自己的专业很一般，毕业后不想干这行，那么学这些专业课有什么用呢？还不如去学学其他东西，甚至去公司实习。当然还有其他情况，但千万不要为了做毫无意义的事而放弃本专业的课。至于我是如何克服疲倦的呢？还是那句话：现在你们学习的不仅是知识，更重要的是学习的态度。即便将来不在这个专业发展，学习的态度也不会丢失，能够通过学习很快融入新的行业。

这个时期还有一件或许挺重要的事情：加入实验室。为什么说或许？因为我也不知道加入实验室的意义究竟有多大。试想，如果将来不搞科研，那么加入实验室的意义何在？放假回家的时候，很多亲戚会问我：你已经大三了，是不是快要去企业实习了？我忽然意识到，加入实验室就是实习啊！科大的初衷是培养科学家，又不是员工，更不是老板！可是你要当科学家吗？仔细思量一下吧！所以我建议，想做科研的人可以早点加入实验室；一般人到大四再考虑也不迟，毕竟毕业设计还是要加入实验室的。

我的实验室经历是在大三上学期的时候在实验室待了两个月，最大的收获是：拥有了克服自己英语短板的决心。之前考了两次英语六级都没考过，在科大算是垫底了。于是我在大三下学期苦学英语，克服我令人着急的记忆力，总算过了六级，还超出不少。对于英语底子差，记性又不好的同学，面对科大一群想出国的、早就将英语练到遥不可及境界的同学，确实很容易产生放弃英语的想法。想要克服，首先是需要有强劲的动力去学英语。当时鞭策我的动力有：① 做科研，英语文献看不懂总不行吧；② 想要去国内其他学校读研英语也要过六级；③ 想去福利好的外企，六级是最低要求，以后工作能力强了，去国外出差也不是不可能，这时要用到英语；④ 如果想出国交流，仅仅有六级水平都是不够的。

最后讲讲大三的暑假吧。这个时候会冒出一堆出国交流的机会。事实上，出国交流机会也主要是针对大三学生的，注意各种消息，甚至可以主动联系国外某个实验室。出国交流最大的好处就是可以开阔眼界，了解国外的情况，甚至使一些本来毕业后不想出国深造的同学也想出国了。中科大有个极大的好处，就是出国交流可以报销大部分费用，这在其他学校是很难实现的。不过我个人感觉，出国交流的机会主要是面向想出国的人，在此期间可以敲定将来的去向，而对于想在国内读研的人，还是多去夏令营吧，如果既能去夏令营又能去国外交流一趟当然更好。千万不要像我一样，去了国外两个半月，结果错过了一些国内的机会，还导致暑期一门课程考得不好，想想就后悔。有时候我甚至觉得，比起实力，可能抓住机遇更重要。

四、大　四

大四上学期的时候，想出国的同学都去申请出国了，想保研的同学也去申请了，要工作的同学都去听宣讲会了，考研的同学已经进入疯狂节奏了。我只了解保研的情况，其他的便不说了。

附一张保研（又叫推免）的流程图：

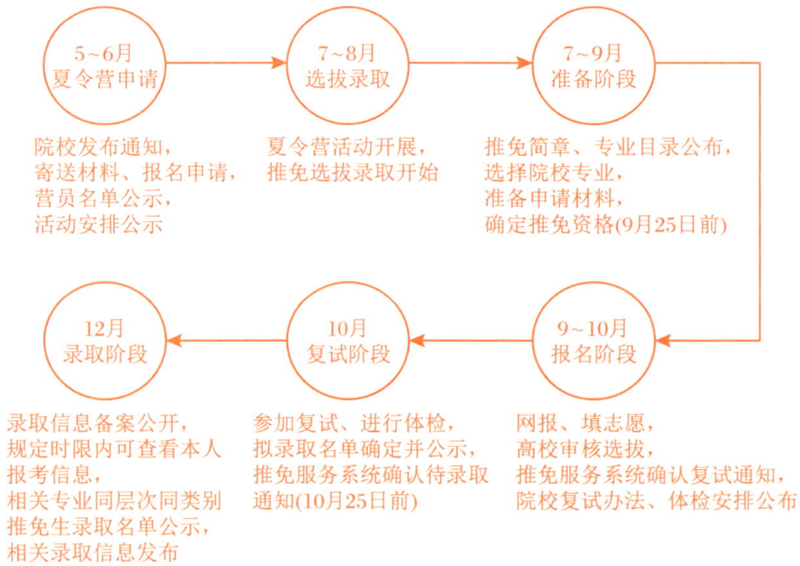

推免政策每年都会有点变化，上图是 2016 年的流程，详细情况可以在各种相关论坛了解。接下来讲讲一些注意事项：

(1) 专硕、学硕或博士？我自己也了解得不全面，毕竟没有亲身经历，都是道听途说，故不敢展开说明，请结合自身情况慎重考虑。

(2) 夏令营。夏令营相当于提前选拔，其间会带着你参观一些实验室，提前见识各个学校的研究面貌，这时候想要找导师直接面谈，非常方便。一旦通过夏令营内部的审核，你就获得了在这个学校读研的资格，即使之后有更优秀的人参加正式的复试，也不可能挤掉你！有的人就占据着好几个学校的资格。当然参加夏令营本身也是有要求的，比如英语六级要达到450分。

(3) 如果因为各种原因没有参加夏令营，那么提前联系学校和导师很重要。只要成绩达到要求，提前联系心仪的学校和导师，并且表明想去读博士，那么问题应该不大。如果想读硕士，大部分得走申请、复试路线。记住，对于学校而言，博士远比硕士重要，博士名额通常在导师手里，硕士名额通常在学校手里。

(4) 时间把控：通过网上申请后，很多院校都挤在同一段时间内复试（2016年9月22号～9月26号，我接到一共四所学校的复试通知：北大，9月22日；上海交大，9月23日；浙大，9月22日～9月24日；同济，9月26日），有的学校复试就是三天时间（如浙大），不同学校还分布在天南地北，这时候除非你会分身术，否则无法兼顾，只能选择性放弃。

(5) 机会只有一次，不要怕麻烦：不要因为需要三封由副教授以上职称的人撰写的推荐信而放弃申请一所学校，除非你的成绩单里面忽然出现一个F。

(6) 多打电话向各个学校的研招办询问情况，发邮件太慢。

(7) 夏令营！再说一遍。如果你参加并通过了夏令营的考核，可忽略事项(3)～(6)！

还有一些要注意的。教学秘书所给的你的班级排名是少年班学院转到你所在专业的人中你的排名，比如我是1/2；有的学校需要获得保研资格的证明，然而材料的提交限期在保研线划出来之前，比如清华。总的来说，想保外校的研究生还是会遇到一些阻碍的。

保研完成之后，接下来对于"保研党"就轻松了。有人天天去健身房、打篮球，一个学期瘦了20多斤；有人去打工挣钱；有人潜心科研；有人去找女朋友了；有人选了一大堆感兴趣的课，毕竟GPA再无太大用处。而我，找了个机构教小孩子做机器人，挣点外快。我大部分时间其实在学英语，动力持久不衰，哪怕我学一个星期，还不如别人学一天，我也乐此不疲，我还考了一次TOEFL看看自己的水平如何。平时我还看看专业书，熟悉工程软件，因为我保研的专业和自己的专业略有不同。我有时也会跟着"健身狂魔"去健身房，等等。恍恍惚惚大四上学期就结束了，我已经不需要激情，只是平平淡淡地享受剩下的大学时光。让我在研究生时期再燃起斗志吧。

此时，大四下学期还未开始……

五、总　结

为什么说还算凑合，现在可以简略回答了。拿画作比喻，我只是在画的中心画了些华美的图案，周围要么是随手几笔，要么是留了空白，庆幸的是，我没有乱涂乱画。

然而谁能保证学习就是青春这幅画的中心呢？从地心说到日心说，再到现在我们明白宇宙没有中心。或许我们终将明白，生活也是没有中心的。我说这话不是想让诸位轻视学习，而是希望诸位遵从自己内心的渴求，找到自己的优势所在，并想清楚它能给你带来什么，又会让你失去什么！

大学四年的一些思考和感悟

彭嘉宇

PB13000703

2016 年度国家奖学金获得者

2018

2013 级

作者简介

彭嘉宇，中学毕业于四川成都外国语学校，创新试点班 2 班学生，少年班学院学生会宣传部干事（2013～2014）、宣传部副部长（2014～2015）。2013 年获新生入学英才奖学金金奖；2014 年获张宗植科技奖学金，被评为少年班学院学生会优秀学生干事；2015 年获优秀学生奖学金银奖，获第十一届大学物理研究型实验论文竞赛特等奖；2016 年获国家奖学金。

接到约稿的时候，我还处于忙得昏天黑地的申请季。当时我觉得四年前刚进校的场景和大一、大二的懵懂生活仿佛还在昨天，心里还默默吐槽：毕业这件事似乎还很遥远呢。迟迟未动笔的我，在这中间的三个多月里幸运地拿到了理想的 Offer，认识了新的朋友，也慢慢地开始有了对未来生活的憧憬。这时我才突然意识到我的大学生涯已经接近尾声，也是时候来重新回顾一下这四年了。

构思这篇稿子时总感觉想说的不少，可真正动笔时却又欲言又止。对我而言写这篇文章也是一个自我反省的过程："如果可以重新过一次大学四年，我应该怎么过？"这是个很难回答的问题，我也没有把握让这样一篇文章完全记录我这四年来的点点滴滴，给出一个让我和读者都无比满意的答案。我想我能做的也就是从两三个我个人认为最重要的方面出发，写出一些我对于科大生活的思考和感悟，希望能对学弟学妹们有一些借鉴与参考的作用。

一、保持一个开放的态度

即使是对于科大这样一个体量较小、生活较为单调的学校来说，大学的生活也是可以很广阔的，能做的并且值得尝试的事有很多：学生会、社团、实验室、校园活动……但是很遗憾，根据我个人所见，身边有不少同学把自己的生活限制得太窄了。在科大，特别是在低年级学生群体中，一直或多或少存在着一种“唯 GPA 论英雄”的思想。刚入学时，身边有部分同学便有种“两耳不闻窗外事”的态度，试图过着“教室—图书馆—寝室”三点一线的生活。上课之余就在图书馆坐着写作业做题，选课时不太在乎“这个老师讲课怎样”，却更关心“这个老师给分如何”，期末总评成绩出来后对助教和老师软磨硬泡就为了一个更高的分数，似乎是想要把自己所有的经历都用在取得一个很高的 GPA 上。这样的态度有可能是来自高中备战高考的经历，感觉只要成绩够好、分数够高总会有满意的出路。但是如果将这样的思维模式带入大学生活，我个人认为是非常不合适的。

当然首先不得不承认，GPA 肯定是很重要的，因为它反映了你的知识基础和学习能力。可是学习成绩虽然重要，但是它也不能给你提供一切，更不必每一门课都给自己定一个 GPA 要达到 4.3 的目标。比起通过疯狂地做题来达到一个很高的解题熟练度从而在考试中取得一个高的分数，我觉得一个更好的方式还是认真听课、多读参考书（特别是各种教材）、多复习、多思考，对于大部分课程（特别是高年级课程），平时把课上布置的作业完成了就差不多了。这样你既可以较好地跟上老师的进度，也不必花费过多不必要的时间在这门课上。省下来的时间，完全可以用来体验大学阶段其他有趣或者重要的事物，比如社团活动或本科生科研。无论是在日常生活还是人际交往上，更为广泛的兴趣和勇于尝试的态度都能给你大学四年的生活带来很多珍贵的体验与收获。无论是加入学生组织参与一场非常精彩的迎新晚会，还是上了一门和自己专业毫不相关甚至颇有难度但使你收获颇丰的专业课，这都是一段无比宝贵的经历。这样丰富多彩的大学生活肯定比“谨慎选课、疯狂做题”的单调四年更有意义。

保持一个不错的GPA对大部分同学而言肯定也不只是为了积累知识，更多同学考虑的是无论他们最后决定出国、保研还是考研、工作，本科阶段的成绩都是一个很重要的评判指标，所以一定要有一个不错的GPA。此话不假，但是就个人出路而言，也不是GPA高出路就一定更好，未来的个人发展就更难说了。比如对于申请出国，你GPA比别人高0.1并不一定代表着就一定能比那个GPA比你低0.1的同学申请到更好的学校，这样的例子太多了。举个例子，外国学校的录取委员会看到科大两位GPA分别为3.8和4.0的同学的成绩单时，感觉并不会差太多，因为两人的大部分课程可能都是90分以上。但是如果GPA为3.8的同学有着更好的科研经历，他们最后很有可能会选择这位同学。同时，不同的学校有不同的GPA算法（比如浙大只要85分以上就是满绩4.0），所以其实很难对来自不同国家、不同学校的学生进行直接的横向对比。说这么多其实也就是奉劝大家在学习课程时，只要付出时间将自己提升到对知识的理解最深的那一档就差不多了，其实不必为每一门课都定一个GPA要达到4.3的目标，更不必为了GPA的数值跟同学、老师和助教斤斤计较。

另外，如果大家学有余力，不妨早点开始进行科研的尝试，因为科研实践确实是书本知识外的重要补充。首先，在本科阶段如果你主动接受较为系统的科研训练并进行初步的科研探索，你就可以更充分地了解到自己的能力与兴趣。这样在许多重要的人生选择关头，比如在需要做出诸如“是否读PhD”“是否出国”“选择什么领域”等重要选择时你便可以心中有数。同时，如果你打算出国（包括保研到国内最顶尖的学校或研究组），研究能力应该是大部分学校最看重的，毕竟基本上所有理工科的PhD项目都还是一个以科研为导向的项目。积累丰富的科研经历并不要求你在很多实验室参加各式各样的不同方向的课题，最好还是在一到两个相关联的领域里深入地参与一些课题。在实验室里不能只是作为研究生师兄或博士后师兄的“实验助手”，更重要的是积累在此领域的专业技能（例如核心实验技术的经验与熟练度）与洞察力（例如对领域内有潜力的小方向有自己独到的见解）。比起单纯地按照师兄师姐的指示做实验，你还需要通过和教授、师兄师姐交流，自己主动地阅读文献和大学四年中的思考与感悟建立起领域发展现状以及待解决问题的基本框架；通过主动积极参与想法层次的课题讨论，学习本学科的科学研究展开的普遍范式，并寻求、实现你个人对自己所参与的课题的贡献。不只是学习，如果你对于研究也能保持一个开放的态度，真正动手做一些事情并时常思考，能在一定程度上洞悉自己所在学科科学研究的真面目(并非许多同学大一时所幻想的那样)，从而意识到自己是否适合继续从事相关工作，这就再好不过了。

二、打败拖延、主动争取

相比中学，我其实更喜欢大学生活，因为大学生活更加丰富多彩，同时也没有许多不必要的约束。但是对不少同学来说，如果少了师长的催促、提醒和监督，很有可能各种拖延症就出来了。一个常见的例子就是不少同学(特别是在高年级的课堂上)经常因为“早起失败”而不上上午一、二节的课，或者至少晚到教室数十分钟。就这点来说，我还是建议大家不要轻易逃课，因为课下看书是无论如何也不太能取代课堂听讲的。而且听讲也是一件很有益的事情：一方面老师的讲述在许多时候都比较有启发性，可以帮助自己抓住课程内容的关键(尤其是对于参考书越来越少的高年级课)。另一方面听讲可以帮助自己克服学习的惰性，如果是第一次接受完全陌生的知识，门槛会比较高，很容易因为看不懂而放弃，听过一遍课，多少能有更多自学的勇气。其实，如果一个同学因为懒惰不想去上课，真的很难想象他在课后会花多少时间学习这门课。有时候自己可能会找一些名正言顺的理由来逃课或者不听课，包括“课堂进度太慢”“老师讲得云里雾里听不懂”，纵然不同的老师有不同的讲课风格乃至不同的教学水平，但是其实在很多情况下这些理由都是为掩饰自己的惰性。关于听课的话题，我觉得用一个师兄说的话来收尾比较合适：“没有特殊的理由，尽量不要不听讲；即便不听讲，至少要按时坐在教室里；如果上课是一件无法实现的事，千万不要拖欠作业；如果真的沦落到期末才交上一学期的作业，其中至少要有一半是自己完全弄懂了才抄上去的。”

怎样克服懒惰、克服拖延其实是一个比较难的问题。相信不少同学都有在截止日期前赶着干活的经历。结合自己的观察和亲身体会，我觉得可行的解决方案还是尽量列个待办清单，把你目前需要完成的事都列在一个地方，有什么新的待办事项就加上去，有什么事情完成了的就删掉这一项。记在什么地方完全是看每个人的习惯，我个人的习惯是把这个待办清单列在手机和电脑的备忘录中，一方面是因为可以很方便地打开查看，另外一方面也是因为它在修改后可以及时同步到云端便于统一。这样时常看看目前还有哪些事情需要解决，不会遗漏事情，也更容易分得清轻重缓急，明白哪些事需要或可以尽快解决，哪些事需要较长时间，方便你对自己的生活有一个更好的规划。在有规划的同时，当然也需要尽快把待办事项一件一件完成。其实我更喜欢早早地做事，主要还是因为拖延到最后往往很赶、很累，同时还做得不好。早点开始着手反而使自己更加气定神闲，早早完成后会有更多的满足感和成就感。想到这些，我有时候就开始停止拖延了。不过总的来说，对于惰性每个人肯定有每个人的态度，不能要求所有人都能做到意志坚定到完全战胜拖延。如果要求完全不拖延，至少对我来说是做不到的（不然我早就把这篇文章写完了）。我觉得比较现实的态度还是尽量有效地运用合适的方法做到自己力所能及的地步，尤其是在非常关键的事情上不拖延，这样也就基本足够了。

中学和大学的另一点差异是，从大学开始，有很多信息都需要自己去主动了解、收集和整理，而不能像在中学里那样总是被动地等待与接受。比如选专业、选方向乃至选择实验室，虽然学校（特别是少年班学院）会举办一些专业介绍会，院学生会也经常会组织一些学长学姐经验分享会和参观实验室的活动，但是这些活动由于是面向大众的，所以在数量、时间上都会相对有限，涉及的东西许多时候也都是泛泛而谈。其实，为了了解更准确的信息，不妨主动去联系一些相关专业的学长学姐进行一对一咨询或者联系一些相关实验室的老师当面去问一下他们研究的具体情况。虽然可能你们彼此并不认识，但只要你保持主动、礼貌的态度，相信大部分师兄师姐和老师都是很愿意在力所能及的范围内解答你的疑惑的，所以不必畏惧。

在其他方面也是，很多重要的资源和机会，只有主动地去探索和争取之后才可能得到。以暑期交流为例，许多准备申请出国的同学都希望能在大三暑假有一段长达2～3个月的时间在海外顶尖学校或顶尖研究组进行暑期科研。一方面它可以让你切身了解到国外最顶尖大学的科研大环境，体验海外PhD学生的日常生活，可以帮助你在“是否出国”这一问题上更好地做出选择。另一方面你也可以在这个优异的环境中提升自己的英语水平，积累研究经历。如果最后做得不错，你也很有可能收获一封来自海外教授的推荐信，这些都可能会对你的申请有帮助。科大固然存在许多不错的官方项目（如Stanford University－UGVR、UCLA－CSST），如果可以入选，这自然是挺好的选择。但是考虑到这些项目都有着“千军万马过独木桥”式的竞争，其实我们也完全可以考虑通过个人来联系暑期科研，主动发邮件去联系感兴趣的海外教授，介绍自己的背景和实力，询问他们是否愿意提供暑期实习机会，以此为自己争取更多的可能性。尽管这样做比起申请学校的项目的麻烦事更多，但是也会给你带来许多收获，比如你会学会怎么撰写学术型的个人简历、怎么和外国教授进行正式的邮件交流，等等。其实在我们这届之前科大基本上没有个人联系暑期科研的传统，但是从我们这届开始慢慢地有不少同学通过自己的联系找到了满意的暑期科研项目，我也如愿得到了意料之外的机会。我想说的是，尽管学校并不会主动引导我们去探索许多关乎自己未来的各种可能性，但它也不会去阻碍你主动地探索。如果善于利用身边的资源、珍惜身边的机会，其实从中可以得到的收获绝对超出想象。

我写的内容主要是一些关于学业的思考，希望我的这些感悟能让学弟学妹们少走一些弯路。最后我想提醒的是，大学的学业固然重要，但其也只是大学生活的一部分，还有许多很有价值的事情值得付出心血去追寻，比如运动、摄影、音乐、阅读等。在生活中培养一些爱好在我看来和刻苦读书同等重要。世界很大，未来也很长，希望学弟学妹们能把握本科四年的时光，深入了解自己的兴趣与能力，选择最适合自己的、最可能实现自己理想和价值的道路，并在自己选择的路上认认真真地坚持下去。祝福你们！

我 的 大 学

闫文檀

PB13000393

2016 年度国家奖学金获得者

2013 级

作者简介

闫文檀，中学毕业于安徽宿州萧县中学，创新试点班学生，校乒乓球社成员。2013 年获优秀新生奖学金铜奖；2014 年获优秀学生奖学金银奖；2015 年获优秀学生奖学金银奖、大学研究性物理实验竞赛一等奖；2016 年获国家奖学金。

时光荏苒，转眼间就要走完四年的大学旅程，回想起四年时光中的点点滴滴，有感动有欣慰，也有些许的遗憾。借这次梳理总结的机会，在这里留下对在科大学习生活的一些回顾与感悟。

得益于少年班宽松的培养模式，我在大一的课程中接触了多样的基础课程。除了延续自高中以来对物理的兴趣，我对首次接触的计算机编程也格外偏爱，每次历经艰难排除错误后，看着一行行指令编译运行正确输出，我的成就感油然而生；但英语以及政治课则着实戳中了我的软肋，课堂表现也只能说是马马虎虎。在大一这个过渡阶段最终拿到了 3.6 的绩点，因为当时无欲无求，所以对这个成绩还颇为满意。

大二、大三的课程安排比大一更为紧凑，新的校园环境带来的兴奋也早已消退，我开始逐渐步入有条不紊的学习生活中。由于缺乏自觉，我无意或者刻意地忽视了英语对未来的重要性，放松了对英语的学习，在考完六级后就草草了事，这也为后来种下了苦果。相信各位有志出国的同学必然不会疏忽对英语的学习,但即便对不打算出国的同学来说,在大学时期认真学习英语绝对有益无害。由于不用积极备考英语,我的时间更显充裕,选修了几门感兴趣的课程外仍有足够的时间用于学习和考试,虽然课程难度逐渐加大,但我的成绩反倒稳中有升,在大三时单年的绩点达到了 4,算是大学里面的一个小高峰。总结大学四年里的学习,虽然自己学习足够努力,成绩也并不落后,但其实也存在一些问题。比如对课程选择过于随性,把自由选修当做公选课来选,不问其他只凭兴趣,其实严格来说这也不算什么缺点,只是我兴趣太杂,多多少少分散了专业课学习的精力;再比如积极性比较差,和老师、同学交流不够充分,有时候我可以在课后听老师和同学讨论问题很久,却很少能说出自己的想法,浪费了锻炼思维的机会。

此外,关于专业,我在大三选择进入了等离子体专业。当时我受到了电动力学课程老师刘万东的影响,在接触到专业课程后,一方面感受到了等离子体行为的复杂和抽象,另一方面在感到困难的同时也不乏有趣,最终还是沿着这条路走了下来。

每次和亲戚朋友谈到科大,几乎总绕不过出国这个话题。当然出国不是唯一的出路,但国外优秀的学术环境却不能视而不见。但在大一伊始我对其毫无概念,只感觉出国离自己遥远、高不可攀;而到了大二、大三时,我有机会补足自己的短板,为未来做更切实的打算,但我既憧憬于未曾谋面的异域风光,又畏惧于出国准备的辛劳,纠结到最后也没能向前迈出这一步。直到大四才最终选择了本专业保研这个相对务实的出路。对于出国,虽然我很想用“没抓住机会”这种说法来形容,但这对那些付出大量努力准备出国的同学来说太不公平,也希望所有同学能在科大的氛围里找寻到给自己的定位,哪怕有所舍弃也能寻找到真正想追求的东西。

科大校园虽然不大,但留下的回忆很多:在自习室里一遍遍复习明天考试的考点直到天明,在橘黄的夜灯下久久徘徊,在课堂上抄写笔记时因为熬夜而昏昏欲睡,在考完试和朋友一起去胡吃海喝,因为几道数学分析课后的题目而绞尽脑汁……祝愿所有科大学子生活快乐、学有所成,收获精彩的大学生活。

关于科大学习生活的感想

尉讷敏

PB13000657

2016 年度国家奖学金获得者

2013 级

作者简介

尉讷敏，中学毕业于浙江绍兴第一中学，理科试验班学生，校天文协会会员、唐仲英爱心社社员。曾荣获唐仲英德育奖学金、2014 年优秀学生奖学金银奖、2015 年优秀学生奖学金金奖、第六届大学生数学竞赛预赛一等奖（非数学组）、2016 年国家奖学金，被评为“善行 100”优秀志愿者。

我很荣幸能有如此难得的机会谈一谈在科大四年里的心得体会。

科大最大的特点就是学风浓厚，四年来对我产生了巨大的影响，因此我首先来谈谈学习。由于在大学不像高中那样时刻有人催促、提醒，因此拥有优良的学习方法将极大地帮助我们。虽然我感觉自己仍有很大改进的空间，但还是有一些个人观点和从老师同学们身上学到的方法值得交流。

一、端正学习态度

今年申请结束之际，我在科大飞跃群和网上都看到了一些总结反思科大申请状况的评论文章。一大类观点是 GPA 已经几乎成为决定申请结果的最不重要的因素，“刷绩点”没有必要。我觉得这些文章中的观点有合理成分，但有些议论有意无意地把学习、打基础和“刷绩点”等同起来，难免误导学弟学妹们。首先要知道国外大学怀疑 GPA 的效力是因为学生的实力与成绩不成正比。所以我们需要做的就是提升自己的专业水平，使自己对专业知识的实际掌握程度配得上最后的分数。所以核心课程一定要花大力气学！选课要选讲得有启发性的老师，即使有时给分低或者任务重，同时课后务必阅读经典著作而不是限于几页课程讲义。就物理专业而言，我感觉科大的普通物理课程难度还是可以的，但四大力学对学生的要求则不高，作业量总体上也不多。总而言之，同学们，尤其是那些入校时基础欠佳但仍然有志于科研的同学，还是要提高学习标准，夯实基础，厚积薄发。

二、提高课堂学习效率

在大学里，老师课上传递的信息量很大，所以上课时务必要紧跟甚至超前于上课进度，最理想的状态是在理解各个要点的基础上举一反三，将听到的新知识不断和已掌握的知识相比较，探究不同方法的适用范围和优缺点。因此一节课下来，高效的学习者应当是十分疲惫的，但是课后则较为轻松。低效的学习方式是在课堂上一个劲地抄板书或者拿手机拍照却不听课，然后安慰自己下课再看。我平时也会遇到这种问题，即使下课真的会去看这些东西，也往往不知道重点在哪里，技巧性强的步骤一时半会儿也理解不了，结果经常对着笔记发呆。

三、善于交流讨论

如果学习只是一个人单打独斗，不仅进展缓慢，而且容易成为井底之蛙。因此，一方面，遇到不懂的问题时要及时向老师提问。学习中常常出现的情况就是觉得课后自己想想或许就能想通，这种独立思考的习惯值得称赞，但是如果发现自己课后根本没时间解决上课时产生的问题导致不懂的地方逐渐积累，就要及时请教老师。当然，所问问题的质量需要逐渐提高，不能总停留于不会推导公式、希望老师重复一遍的层次上，而是要带着自己的思考问出好问题。另一方面，更要学会和同学讨论。我是一心想学物理才进入科大的，但因为高中没参加过物理竞赛，因此刚入科大时相比于参加过竞赛的同学基础差了一大截。所幸班里的“大神”向我推荐了一系列的参考书籍，平时学习的时候又乐于和我讨论问题、辨析物理概念，因此收获良多，没有掉队。

四、加强自主学习

这一方面可能是我在学习上最大的缺点了。记得热学课上老师反复催促我们提前自学一些四大力学的知识，加深对普通物理课的理解。当时我觉得慢慢来不用急，根本没把忠告放在心上，如今后悔莫及。学有余力的同学一定不能按部就班地上课。自学的课程也不一定要先易后难，比如学完量子力学再高屋建瓴地看待原子物理，会有豁然开朗的感觉，有助于你把握物理图像。建议找有经验的同学问问哪些内容适合自学。以理论物理专业的同学为例，要趁前两学年没有其他事务操心，抓紧时间自学，最好大三就完成量子场论的学习。因为科大重视数理基础，课程设置时间都偏晚，如果不自学或提前选修高阶课程，到了大三准备科研的时候再补基础课程就有点晚了。

关于选课，无需等到所有预修课程都上完了之后再开始学真正想学的知识，很多课程都是自成体系，没学过先修课程最多影响对个别术语或公式的理解，并无大碍。志向明确又学有余力的同学可以勇敢地选学一些研究生课。就我所知，科大物理学院的研究生课挺齐全的，甚至比一些美国专业排名前 20 的学校开设得还多。

下面简要谈谈科研。虽然本人科研经历并不丰富，但还是有一些经验教训可以和大家分享。首先，我鼓励大家拓宽眼界和兴趣面。可以在低年级的时候多和学长学姐交流，多参观实验室。不过这个过程中有些事宜值得留心：

（1）有些领域门槛较高，同学也可以尽早地请求进组。一方面，虽然没法立刻开始做课题，但可以请教教授和研究生哪些专业课需要修，哪些课虽然很重要但其实和研究关系不大，这样可以少走很多弯路。另一方面，要频繁和老师、学长学姐讨论学术问题，勤于阅读文献并积极思考，争取找到适合做的小课题。如今申请出国的形势日益严峻，即便是纯理论的研究，能在本科阶段发表论文的也大有人在。我总觉得自己的专业——理论物理博大精深，本科生又能懂多少呢？所以一直没积极地开展科研，算是又一大遗憾吧。

（2）如果已经有了课题但研究中遇到了瓶颈，我的个人教训是不要轻易放弃或直接换实验室，要多和研究生讨论，最好先做出一些可以展示的阶段性成果再考虑换实验室，否则虽然进了好几个实验室但最后要推荐信以及写 CV 和 PS 的时候，没有一项研究经历能拿出手。

（3）很多领域并非科大强项，可以主动联系校外老师。英才班的同学要珍惜假期去各科研院所实习的机会。虽然时间很短，但是如果遇上好的导师，可以选择自费多待一段时间，争取做个小项目并在日后和导师保持联系。

如果科研并没有做出什么成果，那么申请的时候课程学业成绩和 GT 成绩要并重。以 TOEFL 为例，不仅仅是总分，各个单项的分数都要尽可能提高，不能有明显的短板。我感觉本科四年里自己在英语上花的时间真不算少，几乎每个假期都有一半的时间在学英语。但是很遗憾，成绩还是不理想。反复思考后，我意识到虽然考了好几次 TOEFL，但每次准备的时候在口语上花的时间都很少，所以一直到最后才勉强达到 20 分，也因为这个原因有的学校连申请资格都没有。尤其是口语，国外不少学校都要求达到 23 分或 24 分，甚至更高，因此如果初战不顺，一定要在平时多加练习，仅靠考前几天的突击很难取得高分。

至于申请，请务必给大四秋季学期预留充足时间并专心投入到申请之中。尽早开始准备，在大学前三年把握各种机会丰富经历（主要是科研经历）；尽早对申请的方向和相关的国外教授有深入了解；尽早考出满意的英语成绩；如果想当助教，我也建议别拖到申请季再去当，如果仅是为了简历上多一行字而申请做助教，其实不如用这些时间练习 TOEFL 口语更有帮助。另外，打算出国的同学大四上学期尽量少选课，大四的必修课和其他感兴趣的课都可以在大三提前选修。我可以作为典型的反面案例：9 月份上过几节必修课后感觉难度不大，于是不细想就多选了两门课。没想到后来课程难度逐渐加大，占用的时间越来越多，中间还穿插考了两次 TOEFL 和一次 Sub，等到 11 月底各学校截止日期纷纷公布之际，连修改 PS 的时间都捉襟见肘。大部分学校提交申请材料的截止时间都是 12 月 15 日，紧盯着北美各时区的时间，从东海岸的学校到西海岸的学校依次卡着点匆匆地提交，最后还有两所加州的学校错过了截止日期。不仅申请没搞好，各门课程其实也没花足够精力去学，外加交作业经常拖延，导致最后挂科一门，险些毕不了业。

其实刚收到通知写这篇短文时还犯愁到底有什么可写，一落笔不知不觉就已经几千字了。感谢少年班学院给我这次抒发感想的机会和过去四年来时刻提供的关怀。衷心祝愿学弟学妹们在科大度过愉快充实的时光，用汗水与天赋铸就辉煌人生。

大学生活梳理

赵一迪

PB13000843

2016 年度国家奖学金获得者

1978

2013 级

作者简介

赵一迪，中学毕业于山东聊城莘县第一中学，2013 级少年班学生，唐仲英爱心社社长、羽毛球协会会员。荣获国家奖学金、新生奖学金、唐仲英德育奖学金、基础学科拔尖学生培养实验计划奖学金、中国大学生学术物理竞赛校内赛二等奖。

四年的大学生活已经接近尾声了，我也将告别这段美好的时光。回想起四年前第一次走进科大校门时，我不禁感慨万千。在这里总结一下我在科大四年的一些经历和感悟，将我的经验和教训分享给大家，希望能对学弟学妹们有所启发。

刚刚进入大学时，我想最重要的就是调整心态，适应大学环境。我是一个很要强的人，刚入学的时候，我就被一种深深的紧迫感所缠绕。我觉得周围的同学都非常优秀，尤其是那些通过竞赛保送的同学，他们的知识水平好像早就远在我之上了。不过后来当我慢慢地沉浸到学习之中的时候，就更多地感受到了学习所带来的独特快乐，而渐渐不去与别人比较。同时，在不断地把一本本书从薄读厚再从厚读薄的过程中，我也逐渐找到了适合自己的学习方法，建立了自己的学习模式，为接下来两年的高强度学习打下了基础。另外，从大一开始，大家就要有意识开始规划自己的未来，包括以后的专业方向和毕业以后的去向，不要觉得分专业是一件遥遥无期的事，更不要觉得出国保研也是一件遥遥无期的事。

大二对我来说是非常重要的一年。大二的时候，我上了潘海俊老师的理论力学和电动力学课。在潘老师的课上，我被理论物理中物理思想的深刻以及推导的乐趣深深地吸引，从此对理论物理产生了强烈的兴趣。现在回首大学四年的生活，我仍然觉着上潘老师课的那段时间是我四年里面最快乐的时光。记得有一次课后我对潘老师说："我以后想学理论物理，可担心学理论物理以后申请 PhD 和读完 PhD 后找教职会很难。"他对我说："学理论物理呢，只要你好好学下去，不用担心没饭吃；但是，你不要跟别人去比。跟别人去比，你可能会觉得那些不如你的人挣的钱都是你的好几倍，但是只要你觉得你做的工作很有意义，过得很开心，这就行了。"于是后来我就选择了理论物理专业。潘老师的另外一句话对我影响也很大，在这里也与大家分享一下。潘老师说："学习最关键的是要找到自己的兴趣，舍得花时间在上面。科大的学生要有自己的看法，不能总是了解皮毛，而要独立思考。"另外，大二的时候，我完成了 GRE 的考试。在我记忆里，我一直是个比较笨拙的人，在准备 GRE 的时候，我前前后后把"红宝书"背了七八遍。现在我都不得不感叹当时怎么有这么大的韧性和耐力。对于 TOEFL、GRE 等英语考试，建议大家一定要提早准备，英语水平靠的是长期积累。同时也要善于利用假期的整块时间集中训练阅读速度、单词量、写作能力等。

在科大的第三年是我最忙碌的一年。这一年里，我开始接触科研，选修了很多自己专业方向的高级课程，考 TOEFL，还在学校的唐仲英爱心社担任了一年的社长。这一年的忙碌程度是我之前难以想到的，每天都觉得有忙不完的事要做，不过好在最后坚持了下来。大三暑假，我参加了"严班"的暑期交流项目，去伦敦的帝国理工大学做了两个月关于弦论的科研。我的导师 Amihay Hanany 以及组里的研究生、博士后师兄每周都会花很长的时间与我讨论，耐心解答我的疑惑。从开始的零基础，到最终得到有趣的科研成果，这次暑研让我开始熟悉弦论这个研究领域，也让我对以后的科研道路有了更好的规划。同时，这两个月的生活也让我第一次亲身体验了世界名校的科研氛围以及伦敦独特的风土人情。对出国申请来说，大三是最重要的一年，在考完TOEFL、GRE之余，一定要尽量多地丰富自己的科研经历，选修一些感兴趣的研究生课程，这些都是申请出国时重要的硬件。暑期交流也是出国申请重要的加分项，一定要提早准备，做好功课。有机会的话还是最好能去国外的学校做一些科研，可以依托学校的项目，也可以自己联系国外的教授；做得不错的话可以找教授为你写推荐信，一般来说国外老师的推荐信可能比国内老师的推荐信的作用更大。

大四上学期是申请出国的最后阶段，也是“出国党”最累的几个月。选校、写文书、获得推荐信、“套磁”，无一不是非常重要的工作。这里我认为最重要的是有一个明确的规划，赶早不赶晚，千万不要把所有事都拖到截止日期前，这样可以避免犯很多低级错误。TOEFL成绩不理想的，也要在这学期补救一下。顺便向大家建议一下，GRE的Sub考试完全可以放在大三去考，这样大四上学期就可以轻松一点；并且Sub考试在中国内地一年只有一次，放到大四再去考的话如果成绩不理想就没法补救了。

关于GPA，我的建议是不要过分关注GPA。认认真真地把每一门课学好，GPA自然也不会低。每一门课都是先贤智慧的结晶，都有它独特的美。在学习的过程中最重要的是学会去欣赏这种美，不要让成绩成为负担。另外也不要对自己要求太高，不要想着门门课都拿4.3。一位获得“郭奖”的师兄跟我说过的一句话我觉着很有道理，他说“4.0在人，4.3在天”。能够通过自己的努力拿到90分以上已经很不错了，是否能拿95分以上，很多因素不是自己能控制的。

关于选专业，我想最重要的还是追随你的兴趣。费曼曾收到过一位父亲的来信，为将要进入大学的孩子的前途问题征求意见。费曼在回信中说：“别考虑你想成为什么，考虑你想做什么。”任何一个学科都不是单行道，不要因为对出路的担心而过早地放弃你的兴趣。

关于科研，我想尽早进实验室对每个人都是有好处的，可以让你了解这个学科的人在干些什么，干这种工作是什么样的感觉，你是不是真的适合这个研究方向。不必太担心基础知识不够，因为所需要的大部分知识都可以在实验室或组里学习。尤其

2018

对想出国的同学来说，科研经历更是出国申请必不可少的。

我很幸运能够来到科大，很幸运遇到了很多好老师，很幸运结识到了很多志同道合、并肩作战的朋友；也有很多的遗憾，不过既然无法挽回了，就随它们去吧。每个人的大学四年都是独一无二的，祝愿大家在科大都能够收获成长，收获快乐！

不忘初心，奋力前行——一些来自大四学长的碎碎念

崔天一

PB14000202

2017 年度郭沫若奖学金获得者

1978

2014 级

作者简介

崔天一，中学毕业于天津市第一中学，2014 级创新试点班学生，计算机英才班成员。曾任少年班学院学生会技术部部长、校 Linux 用户协会社长、创新试点班 1 班副班长。曾获国际遗传工程机器大赛（iGEM）金奖、郭沫若奖学金、国家奖学金、新生奖学金、基础学科拔尖学生培养试验计划奖学金。

时光荏苒，白驹过隙，转瞬之间，我的大学生涯也接近了尾声。在这期间，有欣喜、有沮丧、有焦虑、有满足。在此，我向各位学弟学妹们提供一些我自己的小建议，供大家参考。

一、不忘初心——正确认识自己

对于刚刚进入大学的同学来说，我个人觉得最重要的也是最困难的事情就是正确认识自己。这其中包括了解自己的真实能力，建立自信，对自己的未来有一个大体的职业规划，了解自己所在的大学，了解自己的真实能力，进而规划自己的整个大学生涯。

中国科学技术大学作为“双一流”高校，其生源质量的优异程度可想而知。少年班学生作为中国科学技术大学的排头兵，同学们在其中自然也倍感压力。我在其中也颇有同感。有年仅十四五岁，理解力惊人，考试前一天下午依旧在打游戏，晚上突击一晚

便能取得优秀成绩的天才少年;有刚入校就博览群书,对量子力学颇为精通的各类“大神”;有“刷遍”吉米多维奇习题集的学霸,而我在刚入学时,对于量子力学一无所知。

随着时间的流逝,我发现,每个人的天资是有差异的。可能有些人很容易就能理解的内容,但我一下午也搞不明白;有些人能说会道,风趣而不失礼节,而我不出口则已,一出口就成为众人的笑柄。在这种情况下,我个人认为最重要的是学会承认他人的才华,学会欣赏他人,并认识到自己确有不足。

然而,在另一方面更重要的是建立起自己的自信。建立自信这件事情,说起来简单,但实际上想要做到颇为不易,尤其是在自己成绩不如别人,课外活动也没有其他同学玩得自如时更为困难。我真正想说的是,经过层层选拔,作为中国科学技术大学少年班学院的本科同学,你已经击败了全国99%的同学,偶尔转身回顾,便会发现自己也并没有如此的不堪。通常我们总可以从自己身上发现一些闪光点,或许是一两门课程,或许是一次小测验,或许是一项冷门的运动,从而由点及面地建立起自己的信心。我既然能做得好这个,为什么不能在那个方面试一试呢?

了解自己想要什么又是一个极其困难的话题。从长远来讲,这就是对于自己未来的职业规划。你是愿意追随主流,成为一名科研工作者,还是愿意找一份稳定工作,过上闲适而惬意的生活?是想和几个同学创业实现自己的理想,还是想安安心心地在一线城市找份工作?这些选择没有好坏对错之分,只有自己觉得合适与否,每一种选择都有独有的乐趣所在。每个人或许都有着不同的期待,而这些期待决定着每个人在大学中的每一个决定。大到少年班学院独有的专业选择,小到一门课要不要好好听讲或者要不要参加一个社团的例会。

但是,人不能两次踏进同一条河流。我们无法对上面这些人生规划一一尝试,选出自己过得最开心的那一种。但是,我们可以通过种种手段,了解身边的一切,从而做出最适合自己的选择。受自己父母的影响,我知道在一线城市找一份工作做一辈子是种怎样的体验;通过身边的同学,我了解到在国外读书是种怎样的体验;通过加入学校的实验室及和师兄师姐们接触,我知道做科研是怎样的体验;通过用一个暑假实习,我对目前的互联网企业、外企员工的生活状态有了一个直观的了解;通过学习各类课程及和各专业的师兄师姐聊天,我知道各个专业的生存现状如何。而这一点一滴组成了自己的人生规划,也为自己一次又一次的选择指明了方向,使我在面临各类选择时不会困惑、彷徨。我在这里由衷地建议各位学弟学妹,趁着年轻,可以到处走一走、看一看,了解一下世间百态,发现什么能使自己长久地快乐,活出自己的洒脱,而非一天天地紧紧盯着自己的一亩三分地,计较着成绩多一分还是少一分。

对自己的认识,虽然是一个逐渐修正的过程,但越能尽早认识自己,就越不会在大学生涯中感到彷徨和空虚。我因为对自己有了清晰的认识,仔细研究了学院的培养计划,所以才在大一下学期就选择了计算机作为自己的专业。才会在少年班学院学生会技术部历练自己的能力,才会加入校学生 Linux 协会与志同道合之人谈笑风生。我将自己能取得优秀成绩归功于对自己的未来有清晰的认识,知道自己想要什么样的生活,从而为之奋斗。

愿各位学弟学妹在选择专业时,能够不被时代所裹挟,不被各类言论所扰,不为就业形势所动,从而发现自己真正热爱的专业。可能有些同学会说,我觉得所有的专业都差不多,我大一时每科的成绩都差不多,没一门科目使我真正地热爱,也没一门科目让我真正地倦怠。那么,我建议你们勇敢地尝试,听上一两节高年级的专业课,看看专业书籍,再做出自己的决定。

二、奋力前行——造就自己的事业

谈完了最难以具体化的内容——了解自己,这一部分的内容便实用很多了。我首先想说的便是,做一个真正的行动者。

做真正的行动者这句话看起来很容易,其实是最困难的。比如,我在最后一天才熬夜开始写这篇文章。我相信大家都有这样的经历,说好一个上午要写完什么作业、发完多少邮件、做好多少实验、画好多少海报,结果却在图书馆玩了一上午的手机,其中还有一小半时间是在等待图书馆缓慢的网速加载页面。

一个简单有效的方法是为自己设立一个目标,再为目标设立对应的计划。例如,今天上午要完成什么,晚上要完成什么。计划切记要设得轻松一点，用自己所计划时间的80%便可以完成，留一些时间给自己消遣娱乐。如果完成了计划，晚餐就给自己加个鸡腿。

另一件事情我想说的是“立刻”。如今日对某个老师的某个工作很感兴趣，立刻发个邮件去问，或今日在食堂楼下收了张社团的宣传单，颇感兴趣，在扔掉传单之前先发个短信报名。切记不要违背本心，给自己留下遗憾。

作为一名大学生，不得不说，学习是十分重要的内容。有一个良好的学习成绩在毕业时可以拥有更多的选择，可以遵从自己的内心，选择自己所热爱的生活。此外，具有扎实的课业基础，也能为自己未来的职场生涯创造良好的开始。

大学的学习和高中不同，具有每学期科目多、科目杂、内容大及每学期结束后课程便告一段落的特点。少部分课程对理解要求较高，大部分课程会要求知道大量的概念。在这种情况下，期末的复习与总结便格外重要。此外，部分课程会有部分实践内容，通过对实践内容的参与，也能加强对课程本身的理解。对于少量要求准确理解的基础课程，我个人认为上课认真听老师讲课较自行阅读课本效率要高，尤其是带有大量抽象内容的课程，老师课上给出的具体事例有时能大大加深你的理解。此外，同学们切记要根据自己的职业规划合理地分配有限的学习时间，从而提升自己。

仰望星空，脚踏实地。唯有看准自己未来的道路，才是成功的关键。随着对于未来规划的逐渐清晰，大家切记要有意识地多了解相关知识，向对应的方向靠拢，而不要被身边的环境所扰。就拿计算机专业举例，如果自己未来的规划是本科毕业便找一份工作，那么大学期间便要努力学习好数据结构、算法，并积攒相关经验；如果自己未来的规划是出国进入世界IT企业，那么在上面的基础上还要加上学好英语。了解自己想成为怎样的人，并为之做准备才是关键。

此外，我的另一个小建议便是学会与人相处，学会享受生活。我自认为是一个普普通通的学生，很难几个小时一动不动地坐在图书馆中，一分钟不走神地全神贯注学习。所以，我通常在学习中感到累时，便走到书架边，随意地翻阅一些文学、历史类的书籍；经常在周末时约三两好友打打羽毛球，偶尔看场电影，或出学校探索一下有什么美食；周末去 Linux 用户协会听两场讲座，晚上有时去外语角和外教们聊聊天；在少年班学院学生会时，经常为各种活动出谋划策。而正是这些活动，让我学会了如何与人交往，如何以诚待人。或许课业的知识我早已忘记，而这些活动的点点滴滴串起了我整个大学最美好的回忆。

大学的生活是短暂而美好的。望各位同学勿负韶华，享受自己的青春岁月。最后感谢兰荣老师的约稿邀请。

我的大学四年

邱建祥

PB14000042

2017 年度郭沫若奖学金获得者

2018

2014 级

作者简介

邱建祥，中学毕业于湖南娄底市新化第二中学，2014 级少年班学生，校排球协会成员。曾获 2015 年“卢班”奖学金，2016、2017 年国家奖学金，2017 年获郭沫若奖学金，发表论文两篇。

在接下来的内容里，我将简单地将我三年来各方面的一些经验教训分享给大家，水平有限，很多也是拾人牙慧，希望对大家有一些启发。每个人有每个人的想法，文章里面如果有一些不合适的地方还希望大家包涵。

首先讲一下学习方面。我高中的学校很一般，也没有上过什么预科之类的，所以大一上学期学习还是比较吃力的，但是我一直在努力，自己也比较享受学习的过程，之后学习上才稍微出色一点点。大一上学期的时候，我身边很多同学有可能参加过竞赛或者自学过大学课程，对于大学的知识有一些了解，刚开始会学得轻松一点。像我这种没什么基础的学生学得很吃力，但是我一直都没有放弃。刚开始时肯定都会有一些挫败感，毕竟身边都是很厉害的人，但现在身处大学，无论学习好还是别的地方出色都是很厉害的，所以其实没有必要太在意别人和自己的差距，不断努力做好自己就可以了。无论是基础好还是基础一般的同学，我觉得大家需要明晰的一点是，别人学得怎么样，成绩如何，其实跟自己是没有任何关系的(尤其是每个人都有自己追求的东西，随便评价别人的学习成绩是不合适的)。如果你觉得你将来想要做的事情需要你的成绩拔尖，那就静下心来，认真地学习，做好自己的事情。要想取得好的学习成绩肯定是要付出时间和努力的。我个人觉得我还不算是最努力的，平时也会参加一些社团活动，但是这三年多来，基本上每天我都会在图书馆待到晚上 11 点闭馆(包括现在)。有的同学更加努力，从大一到大三都是在二教待到晚上 12 点才回宿舍。一分耕耘，一分收获。我记得我大一的时候特别爱惜时间，一个晚上要是只做了一门课的作业，就会觉得自己“吃亏”了。一定要做两三门课的作业，心里才会比较满足。要是一个晚上什么都不干，会有很浓的愧疚感，这种愧疚感也督促着我之后学习更加努力。大一、大二的数学课程确实是非常重要的，在后面的很多课程中都会用到，大一、大二一定要打好基础，这样学别的课的时候才会比较得心应手。尤其是当自己之前学的东西被应用于高级课程之后，心里还是会有一些满足感的。我也和一些已经毕业了的学长学姐交流过，我们都认为大学真的是非常适合学习知识的地方，要始终抱着对知识的渴求感，大学毕业之后很难再有学习的热情了。讲这些可能有些虚，但是要学会找满足感和新鲜感真的是非常重要的。可以举个例子，大一上力学课的时候，一开始我真的什么都不懂，但是到后面上到刚体力学的时候，每做完一个题都特别有满足感，会觉得自己能完全从数学的角度来解决一个实际生活中的复杂问题，这是一件非常美妙的事情，万事万物都能用解析的方式来表达。关于求知欲，我当时一想到下节课老师就要讲陀螺的章动了感觉好激动，它的运动方式这么奇怪，是怎么形成的呢？能不能用数学方程来描述它的运动轨迹呢？

关于考试或具体的学习技巧，我也没有什么特别的技巧可以分享，毕竟少年班学院是一个涵盖所有专业的学院，每个方向都有不同的学习技巧。我想说的是关于人生目标的问题。其实这也是困扰我们一生的问题，但是在上大学之前，大家的目标基本上是被社会和家庭选好了的——考一个好大学。然而，高考结束之后，所有的一切都要靠自己做决定。从你进入大学报到的第一天起，你就要开始思考这个问题。科大其实是一个价值观很单一的学校(跟各种各样的因素都有关)——努力学习、取得好成绩、开展科研、出国深造等。但是,如果你真的想一心做科研,实现数学、物理、化学和谐共进的话,你就按照这条路走就好了。但是大部分人不是这样的,大部分人是刚走进斗兽场的小羊羔,我们之前的教育没有告诉我们如何选择将来的人生目标以及要怎样实现这个目标。如果我们不去思考这些问题,而是按照前人的经验关注 GPA、考英语、去名校,那这一切又有什么意义呢?如果你哈佛大学博士毕业,却发现你所做的研究你一点都不喜欢,你学的专业无聊透顶,而你却把 10 年的青春浪费在这上面,这又是何苦呢?在你浪费青春的时候,你的高中同学也许自己创业已事业有成,或者从事记者行业采访过各行各业,或者当了摄影师走遍了大江南北。所以,如果不想以后后悔的话,就一定要利用大学四年想清楚自己的目标到底是什么,无谓地浪费时间故意选一些容易通过的课获得较高的 GPA 的行为是没有一点意义的。当然,我们很多人面对的最基本的问题是做科研还是就业,这也影响我们后面的职业生涯规划。纸上得来终觉浅,所以光是硬着脑袋想肯定是想不清楚以后要干什么的,要实实在在地去了解、实践。当学业压力小一点之后(比如大一暑假之后,总之越早越好),就要开始去了解你选的专业里的各个研究方向具体是干什么的,平常做一些什么事情,这个方向的研究主要集中在什么方面,瓶颈和挑战是什么。有了基本的了解之后,可以开始进入实验室了,当然也是越早越好。进去之后一定要主动学习、看文献,而不是单纯地完成师兄师姐安排给你的任务。如果觉得不合适的话,想好之后就可以换一个实验室。当然,培养知识的广度固然很重要,但深度也一样重要,所以确定好之后就朝一个方向钻研下去。当然,如果觉得自己真的不喜欢科研的话,那就要为自己规划其他的道路,比如暑假去各种企业实习,多积累一些将来需要的技能;积极参加社团的活动,提高自己的组织能力和人际交往能力。

这里我想多分享一些关于 GPA 的想法。其实,对于不想出国的人来说,GPA 并没有太大的参考价值和意义,选择保研的话 4.0 和 3.0 没有任何区别。而且,一个去其他学院选修了很多很难却很有趣的课导致 GPA 只拿到 3.0,比投机取巧地得到 4.0

有意义得多。关于就业这方面我不是很了解，就不班门弄斧了。

但是，科大有些学生会因为自己GPA高，或者自己选的专业比较出名，有一种莫名其妙的优越感，这一直让我很不能理解。因为每个人的追求都是不一样的，你想出国深造是你的事情，跟别人无关，而且这件事本身也没什么了不起的。因为科大的价值观比较单一，按照科大的价值观走下去的人可能在科大过得比较顺利。但是人生是一场漫长的马拉松，每一个阶段，只要自己觉得做了正确的或者想做的事情，以后都不会后悔自己的选择，那就可以了。

我觉得很重要的一点还有人际关系。社会是每个人之间的关系织成的网。无论你选择什么行业都是要和人打交道的，所以要注意培养人与人之间的关系（我自己在这一点上做得比较差）。对于科大很多人会选择的科研行业来说，无论是中国还是美国，都是讲究合作和人际关系的，像拉赞助、申基金、做报告、谈合作等都离不开人际交往。所以搞研究不是闭门造车，也要从大学开始就注重人际交往能力的培养。对于现阶段的我们来说，很重要的资源是师兄师姐。师兄师姐都是过来人，特别是同系的师兄师姐，基本上可以对我们职业规划的各方面提出有效的建议，如进实验室、出国交流、如何"套磁"、文书怎么写、英语怎么考，等等。当然，最最重要的一点是：帮你是情分不是义务。所以在向师兄师姐咨询问题前，一定要注意礼貌和感恩。我之前遇到过有同学想问我暑期交流的事，一上来就打电话，真的很不礼貌，希望大家清楚发邮件是陌生人之间最基本的交流方式。当然，如果觉得接受了师兄师姐的帮助很不好意思，我个人觉得也没有必要发红包来表示感谢，别人帮你不是为了你那几十块钱的红包。正确的方式应该是薪火相传，当自己成为师兄师姐的时候，积极地去帮助下一届的同学，这样师兄师姐之前帮你才有意义。

关于社团活动，我知道对于大一的学生来说，从高中枯燥的学习中解放出来，会发现大学各种各样的社团活动都非常有趣，对很多社团都很感兴趣。但是如果都参加的话会比较浪费学习的时间，从而落下功课。从我个人的观点来看，首先最重要的是你要想清楚你将来想要做什么，如果你将来想要出国，那么可能你要花更多的时间在你的功课上，所以你花在社团上的时间不能太多,因为到了大二、大三还要进实验室、考英语,等等。但是如果你想毕业后就工作,或者有其他的想法(换种方式来说,如果你觉得你能从社团活动上获得你想要的东西,而且比学习能带给你的东西更重要的话),你完全可以加入各种各样的社团,花大把时间来锻炼自己的能力。对于我个人来说,我觉得我的精力只够投入到一个社团里去,所以虽然大一加入了好几个社团,后来还是渐渐地都退出了,最后全身心投入到排球协会,觉得排球运动真的是自己的兴趣所在。很多情况下,很多同学大一加入了一些社团之后,会发现事情往往跟我们想象的不一样,有的东西听起来很酷,但是实际上并没有那么有趣,或者说自己并没有那么喜欢,最终还是会慢慢地一个个退出。所以,对于时间有点紧张的同学来说,我觉得可以在大一阶段初步筛选自己想要待下去的社团,然后就专注于这个社团以培养自己的兴趣爱好(没有必要等到自己成绩下滑到不可挽回的时候再选择)。

以下是对于出国的同学关于各种事情安排的建议。首先是实验室,现在出国的人越来越多,竞争也越来越激烈,由于科大的课程非常繁重,很多人往往没有太多时间来做科研,这对于出国申请是一个大大的减分项。这几年申请形势变化很大,仅仅是 GPA 好往往并不能在出国申请上获得想要的结果。毕竟我们申请的是 PhD,别人要看的是你做科研的潜力。所以提前做一段时间的科研,如果能够发表一些文章会非常有帮助。这些年国内其他高校出国的学生越来越多,竞争越来越激烈,国外的留学市场又趋于饱和,所以要全方位地提升自己的竞争力,尤其是在科研方面。科大的学生往往在科研方面做得很不够,当然很大一部分原因是课业太过于繁重,像复旦、上海交大等一些学校课业压力比较小,很多学生在实验室干的时间比较长,有的已发表了一些文章,对我们的"威胁"也越来越大。所以一定要努力花时间做科研,这对我们自身未来的规划也是很有帮助的。只有实实在在地去实验室做研究,才能搞清楚将来是不是想一直在科研这条路上走下去。若平常的时间比较少的话,就一定要抓住空闲的时间,像暑假是一个非常好的时期,可以全身心地投入科研。也只有花上一大段时间,才能够做出一些有意义的东西出来(比如可以发表的结果)。大一、大二两个暑假可以学到非常多的东西,一定要好好把握。大三的暑假则可以选择去国外高校交流，拿到满意的推荐信，等等。

关于英语考试，首先是关于分数考多少才比较合适的问题，我个人觉得越高越好。科大这方面风气不是很好，很多人的英语都考得很晚，甚至到了申请的时候还在考，对自己的申请结果影响非常大(包括我自己在大四上学期还在考)。而且有着一种只要上了 100 分就万事大吉的风气，清华、北大、复旦、上海交大的申请出国的同学很多 TOEFL 都是在 105 分甚至 110 分以上，如果时间和安排允许的话，英语成绩越高，选择的学校会更多，录取几率肯定也会越大。从录取委员会的角度来看，至少你的 TOEFL 成绩越高，越显得你在美国的生活能力强，肯定是偏向于分数高的学生的。尤其是一定不要养成赶截止日期的心态，大二就要开始准备英语，最好是大二下学期考完 GRE，大三一年考 TOEFL。关于顺序问题，我个人建议先考 GRE，GRE 最多考 2 次，分数要求也不高，大概可以就行了，虽然单词难度有一点大，但是毕竟只有阅读和写作，只要好好准备，考过还是问题不大的。但是 TOEFL 不一样，因为 TOEFL 有口语和听力，是非常看重临场发挥的，所以一般情况下，TOEFL 是要考很多次的(对于大部分人来说)。先考 GRE 之后，就可以安心地考 TOEFL。我自己是先考了一次 TOEFL，再考的 GRE，然后觉得 TOEFL 分不够，再继续考 TOEFL。这个重新考 TOEFL 过程是很痛苦的，相当于重新学了一遍，所以建议大家先考 GRE，再考 TOEFL。学习的时间可以选在暑假，最好是科研和英语同步进行，在学期中间上新东方的课也是比较可行的。

其次是暑期交流的问题，因为涉及获取申请出国的推荐信，所以暑期交流尤其重要。首先，申请暑期交流是比申请 PhD 要容易得多的，毕竟你只是自费帮别人去干活而已，“套磁”邮件回复率也是很高的。基于这个前提，大家可以把自己暑期交流的学校往“梦校”靠拢，一方面可以在“梦校”待上一阵子，体会“梦校”的生活，结识厉害的师兄师姐；另一方面，可以拿到“大牛”的推荐信，“大牛”的强推基本上可以把你送进任何一个学校(但是越厉害的越会谨言慎行)。首先要关注学校的交流项目，但大家可以不局限于学校的交流项目，现在学校给的补助力度很大，自己联系的暑期交流项目的费用大部分都是可以报销的。下面和大家说一下我个人关于校内交流项目的理解。英国牛津大学的交流项目要谨慎考虑,因为据以前去的同学说,虽然暑期科研非常棒也拿到了推荐信,但是因为英国那边基本不给奖学金或者奖学金给得很少,所以想要申请牛津大学的 PhD 的话还要走 CSC 的项目,推荐信最有用的地方肯定是“大牛”自己所在的学校。UCLA-CSST 的项目是非常正规程序化的项目,但是由于 UCLA 本身还不够强,所以我个人觉得,能够选上这个项目的同学完全可以自己联系找到更好的暑期交流学校。然后是 UGVR 项目,这个项目可以说是最好的交流项目之一,斯坦福大学地处硅谷中心,校友资源庞大,科技发展与工业生产结合紧密,从科研、就业等各方面都直追哈佛大学。项目费用全部由学校和斯坦福大学承担,项目含金量高,对留学申请的帮助也很大。加州气候宜人,硅谷华人、华裔特别多,所以伙食什么的问题也不大。这个项目的导师基本上都是各个领域的著名导师(包括我自己今年的暑研导师崔屹教授)。因为这个项目是和清华大学、北京大学一起举办的,所以竞争非常激烈。但是科大的学生申请这个项目的同学每年都并不多,尤其是 EE 和 CS 方向的同学,这个项目的大部分导师都是 EE、CS 方向以及生物方向的,但是因为每年都很少有同学申请这些方向,所以科大每年入选 UGVR 项目的同学都很少,所以我希望大家都能积极地申请这个项目,尤其是 EE、CS 和生物方向的同学。自己联系老师的话,联系上“梦校”的老师可能还是有一定的难度,这个时候可以找实验室导师或者已经出国留学的师兄师姐帮忙。

关于申请的文书和“套磁”的相关问题。首先是 CV 的书写,这无论对于申请暑研还是申请 PhD 都是至关重要的。在网上可以找到各式各样的模板来书写,不过如果有熟悉又经历相似的师兄师姐的话,可以借鉴他们的。这里要强调的是必须是熟识的师兄师姐,以及注意礼貌。因为 CV 和 PS 里面一般会涉及非常多的个人信息,以及一些正在进行的科研项目,师兄师姐是没有任何义务直接给你的,而且一般情况下如果不熟的话别人也很有可能直接拒绝你。在 CV 里面要注意强调自己的优点和长处,尽量避免自己的短处,如果成绩不理想可以写平均分,等等。如果有一些文章已经发表或者待发表的话，一定要在CV里面注明。PS一般来说是写一个故事，比较重要的一点是你为什么要从事这个行业（为什么选择研究），而不是一味地吹嘘你有多厉害。网上有许多PS的模板以及资源，自己要多看多想，而不是全部交给中介完成。

在这里提一下中介的事，我个人没有找中介，也不建议大家找中介。首先，中介能做的事情以及知道东西可能远远没你想象的那么多。中介大多处理的都是各个学科的出国申请，所以对于某一个特定的专业，或者一些具体的问题，他们经常只能给一个大致的建议，并不能解决你的问题。举个例子，一般来说，网申都是自己填的，但是他们一开始会给你讲一下一些填网申的建议，但是都是一些非常浅显的建议（可以说你自己试几个网申自然就知道了）。而当你问他们具体的问题，比如这里应该填什么，要不要填之类的，他们经常都无法回答。其次，关于文书的修改，据我所知，每个中介手里都积压了很多的文书，一般都存在压截止日期的现象，经常要到截止日期前几天才会给你把文书发过来，有时候特别耽误事，而且压截止日期是有一些风险的。实际上，我个人非常不喜欢压截止日期这种习惯，在截止日期前后不仅时间紧促，而且有时候还很容易出错。有些人自作聪明觉得自己什么都计划好了，实际上任何微扰都有可能导致完成不了任务（今年存在好几个学校在截止日期前几个小时就关闭系统的情况）。而且有的学校是你一提交申请，他们就开始审材料，觉得你有资格可能就直接发助学金，先到先得。实际上，所有的中介基本上都是从自己的角度考虑问题的，他们给你的选校单一般都是比你想去的学校低一个档次的。他们想要的只是你最好别申请失败，影响他们的声誉，他们并不在乎你是否能去更好的学校。而且，自己申请的话，最重要的一点是自己选校，自己看老师，这样就能够在不断阅读学校及老师简介的过程中搞清楚自己将来想要做什么。看不同的老师的主页（同时也阅读一定的文献），对于将来的导师选择是有巨大好处的，毕竟选择PhD是关乎5年甚至一辈子的事情。

我个人认为如果不打算以后从事科研的话，还是要慎重考虑出国留学，你在国外浪费5年最后只是换一个文凭，现在海归已经不是什么香饽饽了，但是在国内待5年是真的有可能成就一番事业（如果自己创业的话）。如果只是觉得大家都出国，我也不知道将来干什么，那我也出国好了，这种想法真的是非常错误的。其他的一些关于出国的信息，大家可以看一下今年即将编纂的化学学院的《飞跃手册》，也希望其他学院开始积极地编纂自己学院的《飞跃手册》，为同学们提供系统的帮助和指导。目前除了科大全校的《飞跃手册》以外，似乎只有化学学院自己编纂了化学材料方向的《飞跃手册》。全校的《飞跃手册》往往都只能给一些宽泛的建议，只有本专业的学长学姐的建议才是最有价值的，所以希望大家积极参与本专业《飞跃手册》的编纂。

大概就说这么多，疏漏之处还请多多包涵。

大学生活梳理——有关科研的看法

项一帆

PB14000291

2017 年度郭沫若奖学金获得者

2014 级

作者简介

项一帆，中学毕业于安徽合肥第一中学，2014 级少年班、“严班”学生。曾获郭沫若奖学金、新生奖学金、中国大学生物理论文竞赛特等奖。

四年的大学生活即将结束。在这里我想总结一下自己在大学中的经历，希望对学弟学妹们有所帮助。因为我获得奖学金的主要原因并不是 GPA，所以这里主要介绍一下我在科研上面的经历以及相关的感悟。

一、四年生活梳理

大一上学期，我们需要在繁忙的学业中找到学习与休息的节奏，为大学生活做好准备。我还记得刚入校时兴奋而懵懂的我的心情。刚入学的时候，数学分析、力学、英语等课程使我手忙脚乱，再加上社团招新、班级的各种活动，更使得我总有种时间不够用的感觉。我进的是“严班”，周围的同学一个个都很厉害，有不少同学获得过省级竞赛一等奖，甚至还有省队的。因此，我感受到了莫大的压力，不断地学习、复习、做题，并找到了适合自己的学习节奏与学习方式。

我建议学弟学妹们尽早确定自己的方向。大一下学期的时候，我认识了很多学长，在与他们的交谈中，我也逐渐开始了解科

2018

大的各个专业，比如研究方向、工作方式等。我曾听一位学长说过，我们的未来，不应该靠大二的一个月时间里听三两场报告、开三两个会来决定，应该是一个长期的深思熟虑的过程。因此，大一下学期的时候，我就开始不断地问自己，我想读什么专业，我想做什么研究。遇到大二学长参加的选专业的会，我也去参加。在不断的调研中，我决定自己未来从事粒子物理研究。

大一下学期结束的时候，发生了一件对我大学生活产生巨大影响的事情：韩良老师的实验室开始招本科生了。在深入了解这个项目以后，我发现这个项目是一个很重大且跟我想学的专业非常相关的实验项目。但加入实验室的风险还是比较大的。首先，其他同学都把精力放在GPA上面，如果我加入了实验室，必然会分出很大一部分精力，那我是不是还能跟上同学呢？其次，说到科研实验，就存在做不出结果的风险。如果我加入了这个实验，最终没做出任何的成果怎么办？最后，我当时也对自己未来是不是一定就做高能物理研究存在一定的怀疑，如果做到一半，我不想做了怎么办？

这里我想说一点我自己关于科研和GPA的看法：我觉得，既然我已经确定了自己对粒子物理的特殊兴趣，而且未来也想从事这方面的研究，那为什么不加入这个实验室看一看呢？大学本来就不是高中，成绩排名也没有那么重要了，工作能力才恰恰是我们这些应试教育体系培养出来的人最欠缺的东西。成绩虽然能够体现你的学习能力与知识掌握的水平，但决定一个人能走多远的，从来都不会是薄薄的一纸成绩单。抱着这样的信念，我加入了实验室，正式开始走上了科研的道路。

科研的道路并不豪华，也不美丽。没有《星际迷航》里面漂亮的宇宙飞船，没有《生化危机》里面的超智能计算机，也没有《我，机器人》里面的高级机器人。进入实验室以后，我才发现，原来实际的科研和我想象中的差了好远。这里想告诉各位学弟学妹们：如果想做科研，千万别抱有侥幸的心理，正经地做科研并不轻松。

刚进入实验室的时候，一台笔记本电脑、几张纸、一支笔，再加上一把椅子，就是我的全部行头。和我一起加入实验室的一共有四个人，可最开始的时候，我们甚至连一张桌子都没有，挤在别的师兄的桌子上噼里啪啦地敲代码。一个简单的画图程序，我们硬是调了一个下午，连晚饭都顾不上吃，直到晚上八九点钟才调试成功，献宝一样地把笔记本捧给师兄看。几个 ROOT 口令，由于师兄说得太快，我们回去以后怎么都不会用，于是又垂头丧气地跑回去求师兄指导。一个筛选画图的程序，为了等程序出结果，我们傻呆呆地坐在屏幕面前，硬生生错过了食堂的饭点……没有谁一生下来就会编程、写指令、码代码。所有的光环，都需要靠汗水来堆砌；所有的高手，都是从菜鸟开始一步一步地成长蜕变。

大二一开始，我就进入了紧张的学习与科研中。那时，一下课我就直奔实验室，然后检查程序、调试程序、写报告、码代码，晚上十一点半，忙得差不多了，就回家写作业，写完睡觉。通常睡觉时间都是在凌晨两三点。最晚的一次，在实验室干活干到凌晨两点。由于晚上睡得晚，第二天早上又得早起上课，所以那一段时间睡眠严重不足，有时上课手一撑、头一歪就睡着了。

但辛苦的实验室生活，逼迫我不断地发挥自己的潜力，挑战自己。连睡眠都严重不足的我，就更别提抽出多余的时间来复习功课、做题巩固了。这时，我要感谢刚入学的时候养成的学习节奏和学习习惯了。虽然跟别人比起来，我没有将太多时间花在学习上，可高效的学习方式和抓取重点的能力使我并没有落后别人太多，对基本知识点的掌握也还算透彻，总算是没掉队。

从事科研对我的能力的培养也是巨大的。首先就是快速抓取有用信息的能力。我刚进实验室的时候，韩老师就告诉我："想把所有的东西都学完再来做科研？那你再学 40 年吧！"如果想把所有的问题、所有的困难在理论层面全部解决，那是不可能的——你永远也不知道你会面临什么样的问题。因此，快速抓取有用信息成了非常重要的能力。比如调试产生器，我们使用的产生器是用 Pythia 写的。这是一个不怎么常用的语言，内部结构与 C 语言完全不同，而且语言的逻辑词不是英文单词。可我们需要短时间内用它生成一大批数据。我完全没去管这个语言的语法，把标准程序拿到手以后，直接对着标准程序改。需要改动哪一块的程序，我就去学这一块的语言。所以到现在，我也只会 Pythia 中的十几句，可这十几句，却帮我产生了几十批数据。

其次，就是做报告、做演讲的能力。我第一次在实验室做报告的时候,学长就告诉我:一个优秀的科研人员,会把大把的时间放在自己的报告上。做报告不仅仅是科研结果的展示,也是对你这一段时间科研思路的梳理。你对自己的工作越有把握,你就越知道自己的工作重点在哪里、工作思路是怎样的,你做出来的PPT就会越清晰。所以,做报告的同时其实也是对自己工作的梳理过程。建议学弟学妹们平时多积累相关经验,在做课题、做小实验的时候也别忽视最后的报告。

二、暑期研究经历

由于一些原因,我的DS2019表被拖了很久,所以我实际交流时间的只有短短的一个月。我想就这一个月的学习经历和学弟学妹分享一点经验。

在暑期交流的过程中,我听到不少同学抱怨教授不给自己正经的活干,只让他们在实验室“搬砖”。关于这一点,我想说,教授不给你活干是正常的。我们交流总共才不到三个月的时间,在这段时间里,你要熟悉实验,熟悉仪器,然后才能干活,而且干活的熟练程度还不如他们实验室的研究生。比如我的教授,自从知道我不会Python语言,而且只在实验室待1个月的时候,整个脸就拉下来了,然后就跟我说:“你去找Allen的文件夹,下面有一段程序,是做事例筛选和画图的,你去理解一下这个程序。”但其实,那个Allen的文件夹下面有几十个文件,每个文件都几百行,而且命名毫无规律,这根本就是一个打发我的工作。

这个时候,一定要积极、快速把教授给你布置的活全部做完。在证明你的工作能力的同时,教授也将知道你不可能被这种工作拖住。比如我发现了这个工作很“搞笑”以后,就直接码了有关的程序,两个小时以后,教授看着我自己的程序和做出来的结果,对我竖起大拇指:“You are good!”有的人或许会说,你不是不会Python吗?的确,我刚刚到达普渡大学的时候确实不会Python。可是当前两天,我刚刚到达实验室,发现他们用的不是C++的时候,我就开始学习了。我并没有像复习考试那样学习,而是直接去翻师兄的程序,理解相关语句,不会的就上网查询。只用了一个下午,我就把Python“学”会了。也许我学得并不扎实,可是对我的工作而言，已经足够了。

还有，就是对待工作你一定要去催教授，而不能等着教授找你要结果。我每次工作一做完，就把结果整理成 PPT，抱着笔记本去找教授，找不到他，就发到他的 Skype 上面。如果他还是不回话，见面的时候我就问他：“教授，您看了我给您发的报告了么？”刚开始，教授还很不好意思地表示：“啊，不好意思我没看，要不你给我讲讲？”后来，教授就养成了每天中午到我们实验室来听我做报告的习惯。一个星期以后，他就开始让我接触“正经”的工作了。也正是因为这样的“积极”性，虽然只有一个月的暑期研究时间，我还是做出了相关的成果。

最后，感谢韩良老师和杨思奇师兄给我的细致指导，感谢科大给了我实现“科研梦”的舞台，感谢老师与同学们的支持，让我坚定地在科研这条道路上走下去。愿学弟学妹们也能在科大这个大舞台上找到属于自己的位置，绽放属于自己的光彩。

科大生活 FAQ

许轶臣

PB14000232

2015、2016 年度国家奖学金，

2017 年度郭沫若奖学金获得者

2014 级

2018

作者简介

许轶臣，中学毕业于浙江嘉兴第一中学，2014 级创新班学生。曾任校合唱团钢琴伴奏、校爱乐协会艺术总监、校学生乒乓球队队员。曾获 2017 年郭沫若奖学金，2015、2016 年国家奖学金，2016 年少年班学院兴业社会责任奖学金，2014 年优秀新生奖学金金奖。

回首过去四年的科大生活，百般思绪涌入心间，我在这里从懵懂而无知的少年成长为更加成熟的青年。作为在科大四年的总结，我想用最简洁明了的形式来回答我收到的学弟学妹们关于科大学习生活的问题：FAQ。这些问题涵盖了学习、生活、科研和出国申请等各个方面，希望能给你们带来帮助！对于一些大致的时间安排，可以参照我最后附的时间轴。而对于物理，特别是理论物理方向的同学，也可以参考时间轴右侧的阅读清单来规划自己的阅读。

Q：“×××”课选哪个老师的班比较好，或者哪个老师给分比较公道？

A：不同老师的课堂在讲课、考试和期末总评给分上确实会有一些起伏，但不要忘了，学习课程归根结底是对你自己专业素养的提升。因此无论老师讲课如何，都需要认真地对待，而不是单纯希望通过选到一个给分高的老师就能通过一门课程。教务处现行的规定中，本科生课程的优秀率不能高于一定的百分比，而对于很多课程而言，老师们也一般会给足这个百分比。因此，每个班之间给分的差距已经不大了。我们在询问哪一门课选哪个老师更好的时候，可以更多地基于老师的讲课风格、内容、难易程度来选择，以期能符合自己的学习能力和兴趣。例如，“量子力学 A”课程通常会有四到五个老师，他们有的侧重形式理论，有的侧重对具体问题的计算，有的则侧重对基本概念的深入理解。我们不妨在每学期开学前两周的时间里在每一个班级都听一次课，最终选择自己心仪的老师。

可以说，在开学选课时纠结于给分的重要性远不如在期末时对课程进行有针对性的复习。对于“四大力学”等理论性比较强的学科，在复习时要对整个理论框架有一个清晰的把握，同时通过做一定量的习题来熟悉和运用书中的结论、方法。典型的例子是量子力学中关于微扰论的计算和统计物理中通过配分函数来导出一些体系的热力学参量，它们的计算比较繁琐，因此掌握计算的整体思路尤为重要，以免在做题时出现被繁琐的数学计算淹没的窘境。而对于一些知识性和应用性比较强的课，例如电子技术基础，对细致知识点的把握就更加重要，它们会是考试中重点考查的对象。

Q 1：我想出国，什么时候开始准备英语最好呀？怎么背单词？

Q 2：TOEFL 和 GRE 需不需要报辅导班？

Q 3：应该先准备 TOEFL 还是 GRE？

A：对于 TOEFL 和 GRE 来说，越早准备越好。高中英语基础比较好的同学可以直接开始背 TOEFL 和 GRE 词汇，特别是后者。词汇量在英语考试中的地位举足轻重，GRE 的 Verbal 部分更是有相当一部分纯考对词汇的记忆。对我而言，我在大一刚开始就按照《新 GRE 核心词汇考法精析》（下简称“3000”）背单词，每天背 30 个左右，每周复习一次。背单词贵在坚持。我大一时经常在睡前背完“3000”后把它放在寝室桌子的正中间，这样第二天早上起来看到它后就能提醒自己再接再厉。我大约花了一个多学期将“3000”背完了第一遍，然后以更快的速度（每天 50～100 词）再过第二遍，这样大一结束时我已经将 3000 过了两遍。

大一暑假我在上海新东方参加了一次 GRE 的培训，感觉有一定的收获，特别是在碰到填空题时，利用学到的一些常用的解题思路和方法能更快地选出答案，而在做阅读题时遇到长难句也能更快地抽丝剥茧，捋清主旨。我认为对于大部分同学来说，上一次 TOEFL/GRE 的培训班还是有必要的，然而并不是上一次培训班就万事大吉了。消化、理解和掌握这些方法仍然需要通过做题和写文章来实现。由于大二下学期课程相对较轻松，我从三月初到五月底在考 GRE 之前，每天会抽出 1 小时以上的时间来复习 GRE，每周至少写三篇话题作文或者议论文，最后取得了 162＋170＋3.5 的成绩，除了作文分数稍低一些之外其他还是令人满意的。对 TOEFL 而言，我是在没有参加任何辅导班的情况下，仅靠着自己的能力和大三寒假一个多月的准备应付过去的，相较于 GRE 的准备就有些仓促了，最后分数为 109（R30＋L30＋S23＋W26），口语略低了一些，之后没有再考 TOEFL 和 GRE。

如果高中英语基础不是很理想，就更应该将准备英语尽早提上日程，尽早开始背单词，并且在时间允许的情况下在周末或是寒暑假参加辅导班。这里要特别提醒大家重视 TOEFL 的口语，这是很多同学的短板。在申请时，很多学校会对口语提出一定的要求（大多是 23 分），低于这个分数将会使录取几率大大降低。早做规划还可以留出时间来多考几次 TOEFL 和 GRE，最终才能获得更理想的分数。很多同学把 TOEFL 和 GRE 拖到申请前的 11 月份再考，这样不仅会严重干扰自己出国申请的进度，还有可能导致所申请的学校不能及时收到考试成绩，给自己带来麻烦。

现在想来，最好是能在大三上学期及以前考一次 TOEFL，这样可以在大三下学期找暑期交流机会时有依据证明你的英语能力；能在大三下学期及以前考一次 GRE，这样如果发挥失常还能有再考的余地。英语基础较好的同学可以将这个时间表往前推一到两个学期。考 TOEFL、GRE 的顺序因人而异，我的做法属于“先死后生”型的，先考 GRE，再考 TOEFL，这样的好处在于考完 GRE 之后，由于 TOEFL 阅读、写作上比 GRE 相关内容的要求低一些，基本就不用花很多心思了。但也可以像大部分同学一样按照先 TOEFL 后 GRE，先易后难的顺序逐步推进。

Q：你的作息习惯是怎么样的呢？每天大概什么时候起床什

么时候休息？是很有规律的吗？

A：规律的作息一直是我在过去四年中所坚持的。与大家心目当中“学霸”的形象相去甚远，一般来说，如果上午第一节有课，我会在早晨 6：55～7：00 左右起床，如果没有课的话会睡到 7:30～8:00 左右，不睡午觉，晚上基本保证在熄灯后 15 分钟内休息。在过去的四年里我没有一次熬夜的经历。我认为有规律地作息是保持学习和工作状态最好的方法，特别是对于大一、大二的同学来说，需要在白天众多的课程中保持良好的听课状态，因此更要注重对作息的安排。如果你需要经常通过熬夜来解决学习问题，那可能说明你在学习的效率或方法上出现了问题。

Q：你是什么时候开始进研究组做科研的呢？是怎么选择你自己想做的方向的？

A：我在大一时读了文小刚老师的《多体系统的量子场论》，从而对凝聚态理论产生了浓厚的兴趣。之后接触了更多有关凝聚态和统计物理的书籍，例如 Zinn－Justin 的《Phase Transitions and Renormalization Groups》和 Mahan 的《Many－Particle Physics》。这些书让我对丰富多彩的凝聚态物理现象，例如超流、超导、量子相变、分数量子霍尔效应等有了初步的了解。因此，我很早就决定了自己的专业方向——理论物理，并在大二那年的 11 月加入了完绍龙老师的研究组。在他的指导下我进一步阅读了共形场论（CFT）和凝聚态场论的有关书籍，并开始有意识地关注近年来研究的热点：拓扑绝缘体，这也是我日后的科研方向。

和很多同学相比，我进入研究组的时间并不算早。我身边的很多同学在大一就加入了化学、材料的研究组开始科研。但是我认为，对于物理方向来说，科研需要的知识积累是很重要的。例如凝聚态（理论或者实验），一些基本的固体物理和量子力学的知识是不可或缺的，而对于理论物理则要求更高，需要一些量子场论和数学知识，例如微分几何和代数拓扑。因此过早开始物理方向的科研（特别是对理论来说）并不是一个很好的选择。一旦开始做科研，就意味着能系统地学习基础课程的时间大大减少了（这并不是危言耸听，而是包括我在内的很多同学的切身体会）。而在准备基础知识的同时，也要放宽自己的眼界，有机会与各个方向的老师多交流，这样才能尽早发现自己的兴趣所在。总的来说，对于物理方向，在提前自学相关基础课程的情况下，大二期间开展科研是一个理想的时间，这样到申请出国时可以积累三段左右的科研经历。

和我身边的很多同学相比，我的科研经历比较单一，三段经历都集中在凝聚态理论方向。我大二进研究组后基本处于学习基础课的状态（虽然我已经提前自学了一些课程，但无奈理论需要的基础课程实在太多），直到大二结束时接触了一些利用 CFT 讨论二维量子场论的纠缠熵和 AdS/CFT 对偶在凝聚态中的应用，才算是真正进入了科研状态。大三上学期我集中精力进行了对于拓扑相的分类的系统阅读，这其中包括很多关于拓扑相经典的回顾，以及之后一些分析比较细致的文章，有二三十篇左右。我经常在我们组的组会上做我最近所阅读的文章的报告，把文章的基本思路和推导用自己的方式展现出来。我通常习惯在报告前只写一些笔记，不做 PPT，而在报告时纯靠在黑板上推导，这样讲完后通常能对自己所讲的文章有更新更深入的了解。而后，我和完绍龙老师在几乎相同的时间注意到了“2 + 1”维量子场论中的对偶问题的新进展，我也就此进行了系统的阅读，并针对自己在阅读中发现的问题进行了深入的研究和讨论。这也是我第一次开始进行原创性的科研工作。大三暑假在 Purdue 大学跟随 Rudro R. Biswas 助理教授研究拓扑绝缘体中的杂质，研究方法更加偏向计算一些。

对于有志于从事理论研究的同学，一定要注意把握自己阅读的进度。在大一、大二期间就应该自学一些量子场论和数学的知识。当然也要适当控制阅读的深度和难度，以免陷入“读天书”的情况，抱着书看完第一章之后就无法继续了。有兴趣的同学可以参考我在时间轴右侧附的阅读清单。

另外我想提的是，科研经历要具有一定的个性，而不要盲目随大流。科大很多研究组里本科生的情况是要不就是一大批人，要不就几乎一个也没有。实验室里有大量本科生，一方面说明老师比较亲切，科研队伍本身比较成熟（通常有许多博士生和博后可以来带你），另一方面也可能导致老师对每个人的关注就变少了，难以给老师留下一个深刻的印象（这会影响到最后老师所撰写的推荐信的推荐力度强弱)，也可能使你获得的指导变少了。

Q:你对于时间的分配是怎么样把握的呢？学习、弹琴、做科研、谈恋爱，这些是怎样平衡好的呢？

A:我对于时间安排没有一定的方法，或者说，我对时间的规划不是很明确。我所擅长的是碎片化地利用时间，例如集中一到两小时做题、读书或是写实验报告，想到什么就去做什么。这样执行起来对工作效率有很高的要求，因此可能并不适合每一个同学，但不失为一个很好的努力方向。这种时间管理的方式能有效地应对大学期间所需要处理的事情琐碎的特点。做科研需要有更多时间的专注投入，我一般会利用整个半天(上午、下午或晚上)的时间来集中做阅读和推导，这样才能在纷繁的文章中理清思路。另外，我会挑一些文章打印出来，这样在一有空闲的时候也能够阅读这些文献，从而有效地利用时间。而更重要的是科研需要有动力(这个动力可以来自老师、师兄或者你自己)，这样才不会在其他事情的影响下对科研产生懈怠。对我而言，我的动力就是争取在每周组会上做报告，这能促使我在每周都进行一些有意义的阅读或是在研究上有进展。

对于课外活动，在大一、大二期间我平均每周运动 4 次左右(打乒乓球、跑步、去健身房，每次一到两小时，周中和周末)，练琴一到两次(每次 3 小时左右，一次在周末)，参加合唱团排练一次(3 小时，周日)。我平时花在游戏和手机上的时间并不是很多，这样的时间安排也不太会干扰我课内的学习以及科研。

大一

- 2014.8 → • 进入科大学习
- 2015.8 → • 上海新东方学习GRE

大二

- 2015.9 → • 补选进入严济慈物理科技英才班
- 2015.11 → • 加入完绍龙教授课题组
- 2016.5 → • GRE一战：Verbal 162, Quant 170, AW 3.5
- 2016.6 → • 随“严班”前往中科院物理所实习

大三

- 2016.10 → • 开始系统阅读并研究课题：拓扑相的分类和性质
- 2017.1~3 → • 暑研“套磁” • 准备托福 • 开始电磁学助教工作
- 2017.3 → • TOEFL一战：Reading 30, Listening 30, Speaking 23, Writing 26
- 2017.4 → • 开始独立课题研究：2+1维量子场论中的对偶 • 确定暑研导师，准备申请签证材料
- 2017.5 → • 暑研签证 • 开始就暑研问题展开调研
- 2017.6 → • 前往清华大学高等研究院参加会议：Strong Interacting Conformal Field Theory and Condensed Matter Physics
- 2017.7~9 → • 于普渡大学物理与天文系Rudro R. Biswas 教授课题组研究

大四

- 2017.9~10 → • “面套”：Max Metlitski, MIT; Michael Zaletel, Princeton University; Jason Alicea, Caltech • 郭沫若奖学金答辩
- 2017.10 → • 开始课题：非方形格子上的高阶拓扑绝缘体 • CV第一、二稿 • GRE Sub一战：990(94)%
- 2017.11 → • PS第一、二稿，落实推荐信 • 撰写完成论文并提交至ArXiv • 开始填写网申并提交英语成绩
- 2017.12 → • 撰写其他申请材料(Personal History Statement, Diversity Statement等)，并对PS进行进一步完善 • 提交网申

☆《Quantum Field Theory》(Srednicki)前2/3部分
☆《多体系统的量子场论》(文小刚)前8章
☆《Phase Transitions and Renormalization Group》(Zinn-Justin)前7章
☆《Analytical Mechanics》(Fassano)前2/3部分
☆《Gravitation》(Padmanabhan)前9章

☆《Statistical Field Theory》(Mussardo)前13章
☆《Conformal Field Theory》(Francesco)第一册
☆《Condensed Matter Field》Theory(Altland)全书
☆《Field Theories in Condensed Matter Phyics》(Fradkin)前7章
☆《Geometry, Topology and Phyics》(Nakahara)部分章节
☆《Lie Groups, Lie Algebras, Cohomology and some Applications in Phyics》(Joside Azcárraga)大部分章节

大学经验总结

薛若岚

PB14000501

2017 年度郭沫若奖学金获得者

2014 级

作者简介

薛若岚，中学毕业于人民大学附属中学。少年班学院辩论队领队、校羽毛球协会成员。2014、2015 连续两年获优秀大学生银奖；2015 年参加 iGEM Giant Jamboree；2016 年获第十二届大学物理研究型实验论文特等奖、优秀大学生银奖；2017 年获郭沫若奖学金。

大家好，我是 2014 级理科试验班的薛若岚，非常荣幸这次能得到郭沫若奖学金，也很高兴可以与大家分享大学生活的心得体会。已经走过的这三年中我探索过很多种可能性，有遗憾，也有不少感触，只希望我的只言片语能帮助学弟学妹们少走些弯路，或者更加坚定自己选择的道路，不要辜负了宝贵的青春时光。

一、个人情况

GPA：3. 96/4. 3；英语：TOEFL 106，GRE 324 + 3，Sub 970。暑假在哈佛大学开展暑研。曾担任少年班学院辩论队领队，参加 2015 年 iGEM 实验队并赴美参加决赛，还参加过多次学校的体育、文艺类活动及比赛。

二、课　　业

学习方面我相信大家都听过、看过很多"大神"的学习经验，在这里我不想展开我具体的学习方法，因为可能它并不会适用于所有人，但是想特别指出几个我认为重要的点：

(1) 尽早选修课程。如果你日后想做科研(我指的是在职业规划中)，为了在出国申请中可以有比较丰富的科研经历，需要尽早在实验室中参与一两个项目。注意，是实实在在地做事情，不是只进组“混混”组会。所以为了尽早地理解项目中的内容，提前将课程学习完成很重要。建议大家在自己的能力范围内多选课、早选课，尽量能在大三时完成所有课程的学习。这样做的好处不仅仅是能尽早开始做课题，也给了未来安排时间以更多自由，比如大四期间可以在境外(或中科院各研究所)做相对完整的课题，不会因上课而拖累了自己的时间规划。

举个例子，在北大物理学院，很多同学在大一时就选修了理论力学和电动力学，我相信很多同学在参加竞赛的时候都学过力学和电磁学，也完全可以将既定的课程安排提前选修(比如同时修力学和理论力学，我试过同时修量子力学和高量，提前看看量子力学，在学习过程中两者相互补充和启发，既有趣又有益)，挑战一下自己。

(2) 建议大家扩展视野，而不是局限于技巧和细节。以我的经验，总会有一定比例的同学学习很刻苦，但是把大多数精力都放在了做题上。我也总能看到不少同学下课与老师、助教争论一些并不重要的细节，而忽略了理解所学内容的思想精髓。

在日常学习的过程中，在课本之外，去阅读每门课的经典英文教材，能看到简单清晰的图像；阅读更高级课程的教材，可以很有效地加深自己对这门课的知识框架的理解。把做题、学技巧这些事情留到考试周集中精力去做吧！

(3) 我们对任何课程的理解都是循序渐进的，所以鼓励大家平时多思考，不要把自己的疑问留到临近考试时再去解决。这一点说起来我有些惭愧，有一个学期我因为社团活动完全没把心思放在课程内容上面，导致到了期末复习阶段，我看似完成了复习，也掌握了课程内容，考试成绩却告诉我，我没有理解透，题目比较灵活时我就很难应付了。那个学期我的成绩只有 3.66，后面虽然花了很多精力和时间在成绩和重修上，也没有办法完全弥补之前的遗憾。

三、科　　研

我进研究组比较早，大一下学期的时候就进了谢毅老师的研究组，大三去了张振宇老师的研究组研究计算相关的问题。

初期我在谢老师组学习了很多实验技术和这个领域的基本概念，也认识到自己对基础知识的储备还远远不足以理解科研中的物理问题。后来我开始看固体物理和量子力学方面的书，并在大三上学期选修了几门专业课程和研究生课程，这才对我之前研究的问题有了一些深入的理解。很惭愧我在这一段经历中并没有什么很好的研究结果，也借此机会告诉学弟学妹，科研成果不仅仅和付出的努力有关，还和运气、机遇有很大的关系，从选择进组做科研开始，就不要一味追求获得结果和发表文章，学习、享受、发现不足，可能是更好的一种心态。

后来抱着本科生应该多接触一些研究领域的想法，我去了一个研究凝聚态计算的组。因为关于计算的项目都相对独立，在自己的小课题一步步推进的同时，我感觉到了更真实的科研过程：阅读—计算—卡住—再阅读。虽然在这种“螺旋式”的探索中，我得到的结果与预期多次严重不符，但是这也是研究比较有趣的地方：不断地质疑之前的结论，以及一次次得到结果时的小惊喜，让科研生活变得很有趣味。

再后来，我很幸运，能申请到自己心仪的暑研组，在课题上既有一定的相关性，又有拓展。另外，哈佛大学毋庸置疑是一个科研胜地，和那里的同学、老师们讨论富有启发性。我在暑研期间多次审视自己是不是真的对现在正在研究的这个领域感兴趣，是不是真的适合做科研。说来惭愧，我认识到自己科研的能力并不算出众，但是对它的热爱却是被一遍一遍地确认了，这段经历给了我很大的底气申请出国，我知道出国读博不是随大流，而是我目前最想追求的生活。

因为我自己在科研中也经历了起起伏伏，以下几点希望学弟学妹们引起注意：

（1）在选组的时候多看多问，避免跟风扎堆进组。

（2）进组之后多问自己是否有收获。

(3) 进组初期自己积极主动争取课题，不仅仅是找老师要，也可以先读文献，基于阅读与师兄师姐及老师讨论，也是一个获得灵感和课题的好方法。

四、社　团

这一点我在分享的时候有很多话想说，但是在情绪上又矛盾(后面会谈到)，在此我仅仅分享经历和体会，大家自取所需。

从我之前的个人背景介绍中可以看出，我在大一、大二参加的活动主要有两项：辩论队和 iGEM，这两个活动我都倾注了很多时间和心血。iGEM 在学校的参与度很广，我在活动中也真真交到了志同道合的伙伴，在这里不详细展开。我来与大家分享一下在辩论队的体验。

我大一入学就参加了少年班学院辩论队，因为对准备比赛、组织活动比较积极，大二当选为少年班学院辩论队的领队，也在那一年和队友们一起拿到了少年班学院辩论队久违的校辩论赛冠军奖杯。我学会了与人合作，交了很多不同年龄的朋友，辩论赛也锻炼了我的思辨能力，让我现在和人交流的时候还是会潜意识里去捕捉对方的逻辑漏洞。但是这远远不能概括我的经历，我觉得人在每一个时间段都有一件可以铭记的事情真的很好。开始当领队的小组赛第一场就遗憾地输掉了，面临着无法出线的压力，我和师兄在校园里一圈圈地走着，一边分析形势利弊，一边眼泪就忍不住地流了出来。之后有比赛的每一周我们都会花超过 20 小时备赛，我走路、洗澡、睡觉时脑子里都是辩题攻防的策略；我们有时在讨论中争吵，又会在一方被逼到逻辑死角的时候一起出去买夜宵。仿佛一群匠人在打磨一块璞玉，经历了内部意见的分歧之后，走到圆润而完美的状态。这个过程中结交的朋友，我很珍惜，我知道不敷衍地交换意见、真诚地指明彼此弱点，是在大学乃至社会中极难获得的友谊。

但是与此同时，我单学期的成绩受到了一些影响(之前已经提及)，这对我自己未来的规划——申请出国，肯定会造成一些不利影响。我很难说自己有没有过后悔，只是矛盾且难忘。

五、未来规划

我要出国的决心坚定，所以选择科大。我想可能有不少学弟学妹仍旧有些迷茫吧。

出国不一定是自己最好的选择，应该综合自己的实力、职业兴趣等因素决定自己毕业之后要去哪里。科大的出国氛围很浓郁，但是却不一定适合每一个人。比如我认识的一位同学，他非常友善、热情，朋友众多，在经历了出国、保研等一次次纠结之后，最终决定直接去工作。我和他是特别好的朋友，从我的角度看，他真的很适合职场，完全可以更早开始实习，而非花费时间在出国和保研这两件事的准备上。很希望学弟学妹们多多审视自己的优势、劣势，早些着手规划未来。在这个过程中学弟学妹们完全可以利用科大的校友资源，多多和已经毕业，或者已经踏入社会的学长学姐探讨什么样的职业最适合自己。

这一点也在侧面体现了人脉的重要性，性格外向的同学可多参加一些社团活动，这对于结识朋友、建立自己的人际圈很有帮助；我也建议性格相对内向的同学能够走出自己的圈子，在疑虑、困惑或者艰难的时候找老师、同学、学长、学姐聊聊，往往会海阔天空。

最后，给计划出国的同学一点小建议，尽早考完英语和 GRE Sub，一定在大三下学期开始之前解决这些“琐事”。因为时间越靠近申请，就会越紧张，当别人都在倾尽全力改文书和“套磁”的时候，符合要求的英语成绩还没考出来的人会很狼狈。我自己就是活生生的例子，GRE 一直到 12 月份才考出可以用的成绩。且不说因为复习 GRE 耽误了多少事，那种焦虑和无助感，我不希望你们未来也要体验。

祝每一位师弟师妹都能在科大度过无悔的时光！

大学四年的回顾与建议

刘文正

PB14000032

2016、2017 年度国家奖学金获得者

2018

2014 级

作者简介

刘文正，中学毕业于山东武城第二中学，2014 级少年班学生，格物致知社社员。2014 年获优秀新生奖学金银奖；2015 年获优秀学生奖学金金奖，同年入选“严班”；2016 年获国家奖学金，第八届全国大学生数学竞赛（非数学类）预赛三等奖，“优秀共青团员”称号；2017 年获国家奖学金。

图书馆的五楼，依旧灯火通明。当我看见同学坐在我旁边开始认真修改作业时，不由地想到，不知道还能在这张桌子上自习多少天，也还清楚地记得，第一次来到这里自习时的激动心情。在科大度过的三年半时光，有过挫折，也有过惊喜，经历过了许许多多人生的第一次。很荣幸能被少年班学院邀请写一篇回顾文章，来纪念这些几乎重塑我人生的岁月，和学弟学妹们分享自己的思考、经验与教训。

大一上学期的我，有着专业选择的惊喜，也充满着重新定位的困惑。在科大，不少同学对专业选择都充满着犹疑，大二、大三时转专业的也大有人在。在这方面我其实是比较幸运的，很早我就在内心确立了自己的目标。从高中起，我便对物理产生了出奇的热爱之情，在科大读物理专业成了刚上大一的我的不二选择。出于一个偶然的机会，在大一上学期的一次新生研讨课系列讲座中，我有幸聆听了潘建伟教授关于量子通信的报告，尽管当时对报告的内容和概念很模糊，而内心却本能地被量子技术所吸引，我

相信自己的物理直觉，而那晚也让我选择了直至如今的专业方向。尽管我在专业选择上还是比较坚持和决绝的，但并不是没有产生过转专业的念头。大二暑假，我一度被脑与认知科学所吸引；到大三时，我也不止一次地被 AI 的突破所震撼。然而我相信，物理学的研究是科学进步的基础，并且无论一个研究方向的前景怎样，只要你真正热爱它并且自身资质适合它，当你做到极致时，对未来便不会迷茫。在其他方面，我却没能这么幸运。对于琴棋书画都曾接触过的我，很难拒绝科大各种社团对我的诱惑。我一口气报了三个社团，还参加了少年班学院学生会的面试（尽管被拒绝）。然而现在回过头来看，如果真要做学术，当初要么报一个社团坚持下来，要么一个都不报。说实话，后来除了格物致知社的活动我参加过小组比赛外，其余的基本上放弃了。另外，学习上心气高些没什么问题，问题是能不能付诸实践并坚持下来。本着多学知识的原则，我大一上学期选了化学原理 A，却没有摆正心态（想着反正以后学的是物理），结果可想而知，最终以绩点 3.75 结束了第一学期的学习。然而事情远没有我想象的那么简单，大一下学期数学分析B 2 第一次小测验 78 分的成绩让我彻底惊醒，心想着如果再这样下去，再不慎重对待自己的学业，如何对得起在科大的青春，将来又该如何发展。从此洗心革面，最终在大一下学期 GPA 取得了 4.12 的成绩，这一转变也使得我成功进入了“严班”，为接下来两年的发展打下了坚实的基础。

大二时，我在大学的生活步入常态化。本着保成绩的想法，我并没有忙着选一些高级课程，而这一保守的想法也让我在之后的科研上吃了亏。要知道，大多数的同学都会在大二选择进入自己心仪的实验室工作，而科研永远都是最前沿的，即使是实验方面的研究，也需要必要的理论基础做支撑。在明确方向的前提下，建议大家大二可以适当地选修与自己研究方向有关的高级课程，其实很多课都在大家的能力范围之内，只要足够认真地训练，这绝对是桩回报远远高于代价的买卖，也可以有效避免工作时“书到用时方恨少”的无奈。在大二下学期的一次出国分享会上，我有幸认识了和我兴趣很相似的张子怀学长（目前在普林斯顿大学读博），会后的交流让我更加详细地了解了量子信息与模拟领域，清楚了这方面的发展潜力以及科大在这方面的研究情况。其实学弟学妹们有专业方向的问题或困惑可以多咨询一下科大即将毕业的学长学姐，他们往往很乐意分享自己的思想和看法，而科大的教授也都是很友好的，与他们的交流可以使你更加明确将来的发展道路。也正是在这个学期，我加入了李传锋老师的研究组，在与李老师的交流中，他的敢想敢做和很有启发性的思想深深地触动了我。而之后在他组里的研究，也让我第一次接触到了科研并且对其产生了浓厚的兴趣。大二暑假，参加完北京物理所两周的交流活动后，我回到科大开始背 GRE 单词并准备在开学初考 GRE。然而有一次从少年班学院自习室出来，路经少年班学院管理员的屋子时，其中飘出的陈力唱的《葬花吟》却鬼使神差地让我迷上了《红楼梦》。于是乎！悲剧开始了——暑假一个月在英语上我一事无成，把全部的时间放在《红楼梦》上了。这里要郑重提醒一下大家，诱惑很多且无处不在，机会很多且无处不在，关键的是要知道该做什么的时候做什么，做好该做的事情。

步入大三，一方面专业的学习让我颇受鼓舞，另一方面英语的学习却使我备受煎熬。尽管大二暑假的“不务正业”浪费了我很多时间，反思之后我像打了鸡血一样。开学后一个月，我自己陆续看完了矩阵分析和 Nielsen 的《量子信息与量子计算》第一册，并且在实验室博士的带领下做了有关利用量子 Fisher 信息量度量子纠缠抗噪声的实验，接着又自学 LabVIEW 语言并利用它编写了自动测控系统用于采集数据。大三的课程比之前稍微少了一些，但是如果想深入理解的话，课下还需要花费更多的时间。这里推荐一下石明俊老师的量子力学 A，从表象理论入手，对新接触量子理论的同学而言可能更容易一些。相对于进展顺利的专业学习，本来就弱的英语根底和之前的荒废使我不得不对它重视起来。从手机 APP“再要你命三千”到 GRE 长难句，而最令我印象深刻的是直到大三寒假年三十晚上十二点我还在背单词，GRE 单词到那一刻已经陪了我一年有余了。诚如之前的学长学姐们建议的那样：TOEFL 打持久战，靠平时积累；而 GRE 如果要求不太高的话，用短促的突击战术就可以搞定。我却恰恰南辕北辙，这使得我 GRE 单词记了忘，忘了记，拖延了许久，不仅战略上错误，而且战术上也错误（一开始就没有太把英语放在心上)。最终在大三下学期将 GRE 成绩从不忍直视考到了 150 + 170 + 3.0,而 TOEFL 则完全被耽误了。大三寒假,通过“严班”的渠道,我接触到了 Princeton 大学的 ISIP 项目,虽然说英语的短板让我觉得选中的几率不大,但冒着试一试的心理还是申了此项目,并且最后出奇顺利地通过了面试。在 Princeton 大学的暑假我过的异常充实,在 Nathalie 教授和 Brendon 师兄的帮助下,我从对研究内容一无所知到掌握了 HFSS 软件并自主搭建了受控于 Python 程序的自动设计平台,算出了一些很有意义的结果。尽管不到两个月的交流没能让我等到电脑算出最理想的设计方案,但整个平台架构的过程让我理解了对未知事物求索的艰难与通过创新取得成果的喜悦,以及对完善一个产品的执着。在最后的报告上,由于没有做充分的准备所以并没有表现得很突出,而这次报告也让我明白了报告的意义所在。这里要提一下,很多学校组织的项目(比如 Stanford 大学的 UGVR、Princeton 大学的 ISIP 以及 UCLA 的 CSST 等)相比于自己申请到的项目有很多福利,比如居住安排、项目活动等。Princeton 大学的暑研使我对名校不再感到神秘,而国外的学术氛围和研究环境也坚定了我出国深造的信念。

大四的生活就简单多了,因为只剩下两件事:英语和申请。暑研交流回来,9 月份裸考的 TOEFL 成绩 77(17)着实让我吓了一跳,随后我一再地告诉自己,如果再不全力以赴地学习英语,之前的努力就会前功尽弃。10 月份的 GRE 考到了 153 + 170 + 3.5,而 TOEFL 最终也在 11 月份考到了 97(22),总算达到了美国多数学校申请的最低要求,然而不过百的成绩却成了我申请中最薄弱的一环,无数师兄师姐血与泪的历史还是发生了。希望英语基础差但有志出国的师弟师妹们千万要注意英语的学习,具体的时间表因人而异,但一定要注意要有执行力,切记。至于申请,我相信届时大家都会明白具体的事项,诸如 SoP、CV、RL 等,在此我就不赘述了。

最后给大家一些建议,如果学弟学妹们想做到学术上的优秀,在最终申请时能拿出一份满意的答卷,就需要做到专业和目标明确。以下是我个人的一点建议,供大家参考(由于个人专业的局限性,部分仅适合于物理方向,尤其是量子方向,整体的思想则是有共性的)：

想做到专业就必须使自己知识结构完整，充分利用好科大的教学资源，以下是一些推荐的课程搭配(如果学有余力的话)：

(1) 提早修高级课程。对于学物理的同学而言，由于学完线性代数和理论力学后，就具备了学习量子理论的基础。如果想在大三之前学习量子信息导论或量子光学，自己可以抽出两三天时间看完J. J. Sakurai的书的前两章就可以了，但平时要保证每节课的听课质量，及时复习、总结，有意识地去做习题。而在此基础上，大三时量子力学和高量/量子场论可以一起学，物理学中的群论也可以和量子力学一起学，两者相辅相成。如果要提高自己的理论水平，可以在大三下学期学理论物理方向的近代数学物理方法。

(2) 关于数学方面。学线性代数时自己可以参考矩阵分析的书学习，如果选择量子信息领域，随机过程和信息论的学习也是很必要的。其余的课比如近世代数或四大分析，如果做实验物理方向没有太大必要去学(而且基本上也不会有精力，当然近世代数和测度论可以掌握一下)，理论物理方向则另说。

在具体的内容之上，还要学会表达，让自己变得专业一点。比如有时间多学点编程语言(在实验室中做测控系统，Python和LabVIEW用得比较多)，学好后在实验室里做相关工作就会相对顺手一些；适量学一些技能，比如使用Photoshop、Dreamweaver等，这样的话你在做海报或PPT时就不会为了图片处理而发愁，准备暑期科研或最终申请时不会担心自己是不是需要做个人网页；早点学一下LaTeX，这样在写课程论文、大物四级论文乃至发表论文或制作CV遇到问题时才不会措手不及；至于Mathematica或Matlab这种科学计算软件的掌握，则往往是必要的而且是迟早的。

想让自己做到目标明确，就要尽早明确自己的方向，提早做好充分的准备。不要总想着分专业的事还早，因为大二暑假的你和大一暑假的你所能够接触到的资源和信息其实相差并不太多，只是大一的你可能没有这种意识罢了。

关于信息渠道。除了网络方式外，参加社团活动或老乡会认识的学长学姐，以及各种前沿讲座可以为你提供专业方面的指导，以帮助你明确未来的发展方向。另外，每年春季学期末科大都会召开专业介绍会，有面对大一学生的全校大专业介绍会，也有具体的面对大二学生的小方向介绍会，如果大一已经确定下具体的专业的话，可以直接和大二同学一起去听关于平台的介绍。同时如果想深入认识的话，可以修读一些前沿课程或导论性质的课程，以及直接向相关教授发邮件交流，但要有礼貌。

时光荏苒，三年半的时光已悄然而逝。希望学弟学妹们可以结合自己的实际情况，参考我的过往和建议，实现自己的梦想。这些经历已成为我的过去，羡慕你们在科大还有时间去创造未来，而未来则代表着可能与希望。请珍惜在科大的点点滴滴，珍惜在科大的岁月，它将是你生命中一道亮丽的风景线。

大学生活感悟

何文嘉

PB14000665

2017 年度国家奖学金获得者

2014 级

作者简介

何文嘉，中学毕业于湖北武汉第三中学，2014 级少年班学院理科试验班学生。曾荣获新生奖学金、优秀学生奖学金、国家奖学金。曾加入校学生会信息宣传中心，负责“蜗壳里的星空”微博公众号，组织或参与组织 Hello USTC、K-star 歌王争霸赛等活动，主持音乐剧《爱在天际》。

回想起大一时的青涩懵懂，那个强装镇定在军训动员大会上演讲的自己，那个对大学生活充满憧憬的自己，仿佛和现实重叠。大一、大二时，看着因为被必修课和选修课塞得满满当当的课表，羡慕大三只有必修课的舒适，羡慕大四不必担心成绩的幸福，也只有像陀螺般连轴转到今天，才恍然想起原来那些羡慕的时光已经接近尾声，而“忙”其实是唯一不变的主旋律。作为一名“出国党”，我分享一下大学这三年多里为出国所做的准备、拥有的收获以及教训。

大一入校时，我相信不管是如愿而来还是高考失利，大家在半个学期后都会感受到竞争的压力。科大从来不缺天资聪颖且勤奋刻苦的学生，在这样的环境中力争上游，需要强大的动力和自律能力。毕竟老师和家长的管束相比于高中已经弱了许多，但许多同学会陷入脱离高中苦海的兴奋中。在与同学交流之后发现，大多数同学在大三结束后最终的 GPA 和大一时的 GPA 不会相距太远，所以大一打好基础十分关键。不过，大一毕竟是高中和大学的过渡期，课程难度还没有达到很“凶残”的地步，此时发展兴趣爱好、拓宽交际圈是不错的选择，不管是参与活动丰富生活，策划活动锻炼组织能力，还是潜心钻研学术。回顾大学生涯，我的社团经历基本集中在前两年，也只有这时才得以抽出整块的时间丰富课余生活。而对于少年班学院的学生们，大一更是要找到自己的兴趣点，多方打听毕业去向、专业领域，为下学期选专业做准备的关键时期。在科大似乎有着不知道选什么方向先选物理的风气，虽然物理是科大的优势专业，但是物理并非适合所有人。如果怀着畏惧甚至厌烦的情绪学习专业知识，无疑无法发挥出自身的潜力，甚至会浇灭学习的热情，即使随后再转专业，也已耽误了几年的时间，且需加倍付出以追赶上别人的步伐。

相比于许多人初入大学的不适应，大二才是我在学习上遇到困难的时期。大二上学期随着几门课难度的提升，比如从大一的微积分到大二的数学分析 B 3，思维方式和难度的转变让我一时难以接受，最后的成绩也不尽如人意。这也再次证明了大一打好基础的必要性，比如对于想选择数学专业的学生，大一一定要选择数学分析这样重分析的课，而非微积分这样重计算的课，既是为了打下坚实的基础，也是为了对自己在专业方向上的能力有一个清晰的认识。大二的学习对于“出国党”而言更是至关重要，此时的成绩在很大程度上决定了是否需要准备英语考试、筹备接下来的出国事宜，一旦出现波动，很容易陷入焦虑。一定要学会调整心理状态，走出低谷，大可不必妄自菲薄，更何况还有重修的机会可以补救。找到症结所在，是外界诱惑太多导致投入太少，还是方法不恰当导致效率低下，或者仅仅是心情不佳导致无心学习，然后对症下药。同时大二也是我开始准备英语的时期。我在大二上学期和大二暑假分别上了 TOEFL 和 GRE 的课程，由于假期有整块的时间投入到英语学习中，所以推荐假期的课程，而英语功底扎实的同学也可略过此步，自行了解两门考试的内容和技巧，网上有丰富的资源。由于 GRE 的时效长，且不像 TOEFL 还要测试听力和口语，我认为先准备 GRE 是更好的选择。而准备 TOEFL，我觉得是从量变到质变的过程。做 TPO 的战线不宜拉得太长，那只是考试技巧的提升，提高普遍存在问题的听力和口语的能力，才是提分的关键，即长期练习精听、泛听和口语表达。不要想着仅仅是为一场考试做准备，这更对申请出国时的面试、日后国外的生活有利。最好按照两年的有效期尽早考完，否则会让你在大三暑研时分心，或者让申请阶段的你更显焦虑。

到了大三，虽然课程数量变少、学分减少，但难度却没有下降，且需要挤出时间投入到实验室中。由于我在大三才确定毕业后转 CS，所以在大三中期才加入实验室，这已经非常晚了。如果想申请 PhD，研究经历至关重要，某种程度上它比成绩更重要。提早进入实验室，既能看清自己是否适合科研，也能寻找到日后申请的方向；既能积攒研究经历，也能为申请出国的推荐信的撰写做好准备。下学期初，则需要“套磁”国外老师，寻找暑期科研的地点，这是能否拿到有力推荐信的关键。学校优秀的项目较少，竞争激烈，除非有把握拿到名额，否则用学校的补助自行申请暑研更为靠谱。这时，同学之间信息的交流也十分重要，了解学校的项目，了解哪些老师招收暑期交流的学生，信息闭塞是大忌。我最后选择了学校的项目，在微软亚洲研究院实习了一年，在这里通过精彩丰富的讲座了解研究前沿，通过和博士在读的学长学姐交流了解读博生活，在导师的指导下真正走进科研，这些经历让我更加坚定了读博的想法。

在大四初期，尽管考试的压力减弱了，但需要在申请的琐事和科研的压力间寻找平衡，心理压力陡增。尽早解决标化考试、合理选校定位、反复修改文书材料、学会“套磁”国外大学教授，对于这些《飞跃手册》上都有详细的指导，在此就不再赘述了。

以上种种，我都是站在出国者的角度来谈的，从选择数学专业到走上出国的道路，可以说我过的是标准的 USTCer 的生活。但这只是选择之一，也是适合我的选择，甚至我当时选择数学也是抱着先打好基础之后再选择方向的侥幸心理，很幸运这些基础知识对我选择的方向有所帮助。不是所有人都喜欢、都适合这样的道路，大学生活也绝不应过成同一个样子。在面临选专业时，问问自己的兴趣在哪，是真心热爱还是受旁人怂恿，是有能力学好还是目前只是拿到虚高的分数。在做志愿者协助老师招生的时候我发现，咨询学校信息大部分是家长代办，甚至询问意向专业也是家长代劳。毕竟高中时的我们全心投入高考，无力思考未来也无可厚非，但进入大学后依旧以这样的态度生活，就是对自己的未来不负责任。而毕业后无论是在国外读研、国内读研，还是工作都是待选项，如果选择出国，是因为向往国外的科研环境，想尝试不同的生活，还是想寻找跳板在国外工作？在与国外大学教授聊天中得知，由于国内机会的增加，其他学校选择出国的比例都有所下降，而科大学生依旧是出国的主力军。相信大家梦想出国的原因不尽相同，不要仅仅是氛围影响使然，下定决心之后就应尽早准备。

大学期间也听到过不少抱怨声，认为科大的环境不适合自己。诚然，高中毕业后，我们挑选的是适合自己分数的学校而非适合自己性格的学校，必然会有进入不适合自己的环境的风险。科大的学术氛围浓厚，无心致力于学术研究的同学会觉得无法施展才华。而同样，在其他工作、创业氛围浓厚的高校中，也会有专心于学术研究的学生认为学校风格过于浮躁。不过大学只是一个平台，如何去走接下来的路还是掌握在自己的手中，想工作就去寻找实习机会，想锻炼社交能力就去尽力拓宽交际圈，想考证就利用课余时间精心准备。未来的选择很多，道路很远，大可选择一条并非主流的路，适合自己的才是最好的。

我的科大

逯与凯

PB14000616

2015、2016、2017 年国家奖学金获得者

2014 级

2018

作者简介

逯与凯，中学毕业于山东昌乐第二中学，2014 级理科试验班 1 班学习委员，芳草社图书银行、英语俱乐部成员。2014 年获新生特别奖学金；2015 年获大学生数学竞赛非数学类一等奖、“优秀青年志愿者”称号、国家奖学金；2016 年获大学物理研究性实验一等奖、中国大学生物理学术竞赛校内赛一等奖、国家奖学金；2017 年获得海峡两岸物理类大学生科技交流活动最佳展示奖、国家奖学金。

本学期初，我又一次坐在了力学课堂里，不过是作为一名助教。看着讲台上老师飞扬的神采、讲台下同学们专注的神情，我不禁又想到了曾经的自己，突然发现原来我快毕业了。借此文章，我回顾一下自己曾经走过的路，与学弟学妹们分享自己的心得体会，希望对大家有所裨益。

大一时，我对大学生活充满着憧憬和好奇，却也有点不知所措。新的环境、新的学习方式以及相较于高中更难、更多的课程内容都给我带来了巨大挑战。我很清楚地记得当时微积分学得很吃力，几次月考成绩都不好。第一次月考成绩尤其差，没有过平均分，以至于我开始怀疑自己的能力。幸好我是个不肯认输的人，在花费大量时间后，终于慢慢地找到了感觉，成绩也逐步提高了。也是在这一过程中，我逐渐调整好了自己的心态，认清了自己，尽自己所能做到最好，而不是去和别人比较。我想这可能是大一最重要的事。少年班学院竞争本就激烈，你永远不知道身边的人天赋到底有多高。如果不能认清自己，在一次又一次的打击中失去

信心，恐怕接下来的路会很难走。另外，大一时少年班学院并不分专业，这既是机会，也是挑战。虽然我当初抱着学物理的心态来到科大，但其实我对真正的物理前沿了解得很少。因此大一时，我尽可能去了解各个领域的基本情况。一旦有感兴趣的报告就去听，当然大部分只能听个一知半解，同时也看各种前沿的科普文章。我了解的学科并不仅限于物理，数学、化学、材料都了解了一点。虽然都是些很粗浅的了解，但至少让我在心中对科学前沿建立了一个粗略的框架，也坚定了我学物理的信心。少年班学院给了我们一年的时间做缓冲，其实就是让我们有充足的时间去了解、收集信息，以做出更理智的选择。所以我认为了解各个专业也是非常重要的事。可以去听报告，去找老师或者高年级师兄师姐聊天，也可以看各种科普文章。总之，渠道有很多，关键在于你愿不愿意去了解。

大二时，随着逐渐熟悉了大学生活，我开始思考自己未来的路。关于学习，没有太多可说的，认真对待每一门课是最重要的，同时也要珍惜自己可以全身心投入学习的这些时间和机会。有一件事我印象特别深刻。那应该是理论力学的第一次习题课，当时已经读大四的助教师姐在正式讲课前曾提到她来做助教的一个很重要的原因：再来感受一下认真对待并且全力以赴学习一门课的氛围。她当时颇有感慨地对我们说道，大三、大四时这种氛围就越来越淡了。当时我记得很清楚，现在我更是亲身体验了，甚至我自己对待课程的态度都远不如大一的时候。虽然成绩没有因此掉下去，但再也体验不到当初那种学会知识后的充实感和成就感。其实认真对待课程这件事说起来很简单：如上课认真听课，课下仔细回顾老师课堂上所讲内容并找一本经典书参考（中文书+英文书的组合），独立完成作业，考前认真复习，做一下课后习题，最后去考试就可以了，不过真正做起来可能并不简单。

但我认为大二更为重要的是应思考自己接下来要走的路。当然，或许大一选专业的时候我们就已经开始思考了，只不过这时要更深入一些。对于我自己来说，大二可以说是最关键的一年，通过一年的求索，我终于找到了属于自己的路。起初，我被诺贝尔物理学奖得主 Anderson 的经典文章《More is different》所吸引，接触到了不同于还原论的新观点——涌现论，随之进入了

2018

凝聚态物理的世界。同时我又对材料领域很感兴趣，于是在大一末进入了谢毅老师的实验室。在老师和师兄的指导下，学习了材料和凝聚态实验中常用的合成和表征方法，探索了光催化材料锗酸锌二维薄片的合成条件和方法。耗费了大二上学期的时间，经历多次失败，终于找到了合适的条件并成功制备出了锗酸锌二维薄片。虽然很开心，但我仿佛失去了研究下去的动力。究其原因，归于三个字：成就感。虽然整学期都很拼命，不断换实验条件，但一次又一次的失败不断向我暗示着实验基本没有进展。没有成就感，我也渐渐对自己失去了信心，仿佛变成了机器，也终于明白我真的是太高估自己的意志力了。同时，我也在不断地问自己：最开始是什么吸引了我？我真的愿意继续走这条路吗？最后我终于明白，真正吸引我的是那些看似无用的理论以及其所预测或暂时无法解释的各种有趣的实验现象，是理论与实验的完美结合。我觉得继续研究光催化不适合我，于是我做了一次“逃兵”。

一个偶然的机会，我接触到了冷原子物理。已经记不清什么时候与其第一次相遇，但很清楚地记得在粗略了解之后我被这个领域深深地震撼和吸引。似乎在冷原子体系中我可以探索物理的各个方向，如凝聚态、统计物理、引力波、暗物质和暗能量等，我下定决心进入这个领域。深入了解之后我也曾迷茫过，印象最深的一次是看了实验室复杂的光路和电路以及了解了日常修理仪器的工作之后，突然觉得这好像不是我想象中的样子，决心再次动摇。幸运的是，我在师姐的一篇文章中看到了叶军老师说过的一句话：心中有全貌，才能做到每天有调整。看起来很简单的一句话，却让当时的我重新坚定了信心，我开始按照那句话要求自己，渐渐明白了这句话的意义。而后来与诸多老师的讨论也不断印证着这句话。我想说的是：科研并不像想象中的那么高大上，很长一段时间我们都是做着看起来没有什么创造性的工作，需要面对着复杂的电路和光路，不断调试各种参数，但正是这些工作为之后看起来很漂亮的工作奠定了基础。

基于我自己的经验，我建议师弟师妹们在大二时也能找到自己想走的路。对于想做科研的同学来说，大二时可以了解一下本专业各个领域，联系感兴趣的老师谈一下进实验室的事情。哪怕老师因为你基础不够拒绝你，也可以向老师咨询一些具体建议，之后自学老师要求的课程。如果是物理专业的话，我建议最好大二时就自学量子力学和统计物理。对于想参加工作的同学，可以了解一下本行业的发展状况，可能的话可以找快毕业或者已经工作的师兄师姐咨询一下，也可以考虑加入和行业联系比较紧密的实验室。另外一个需要考虑的是国外和国内的问题，国外大概分为北美、欧洲、亚洲其他国家、澳洲这几个区域，影响因素比较多，要根据自己的情况理性分析。如果暂时不确定的话，建议和决定出国的同学一样好好准备英语考试，以免拖到最后时间上来不及。

大二暑假是一个非常好的时间，能干的事情有很多。我当时是把全部时间用来准备 TOEFL 考试。关于英语考试，有个常见的问题是先考 TOEFL 还是先考 GRE，我是先考的 TOEFL，考了三次都没考到 100 分之后就转向考 GRE，GRE 只考了一次，虽然很差（V152 + Q170 + AW3.0），但勉强够用。对于理工科来说，Verbal 考到 150 以上、AW 考到 3.0 以上基本就够用了。随后我在大四上学期又连考两次 TOEFL，终于考出了能用的分数：103 分（S23）。一般来说，TOEFL 比 GRE 更为重要，有些学校会卡 TOEFL 成绩。总分考到 100 分，口语考到 23 分，基本就没太大问题了。但现在来看我认为拿出大块时间来准备英语考试不是特别明智，英语更注重积累，特别是听力和口语，成绩提高不是一朝一夕之功。平时拿出零碎时间，每天坚持更为关键。哪怕最后需要训练解题技巧和答题时间，也可以利用寒假进行训练。对于 TOEFL，听力是关键，口语最重要，准备时要特别注意。对于 GRE，单词是重中之重，虽然有不少单词考过之后你就再也不会见到了。准备英语考试，功夫在平时。不得不提的一点是不要把 GT 考试拖到大四申请出国前，因为那时时间会特别紧，心理压力很大，TOEFL 没考到需要的成绩时我几乎每天都处于很焦虑的状态。

我认为大二暑假这段时间特别适合用来做科研，当然前提是你有足够能力，没有一点基础是肯定不行的，但也不能认为需要提前准备好所有知识才可以做，做科研本来就是学习和探索的过程。当然，对于想参加工作的同学，也可以找公司实习。

大三时，我找到方向，并为此努力奋斗。除了必修的专业课之外，我还选了相关的研究生课。大部分研究生课的特点是课程内容很难，考试简单。不过如果把目标放到考试上未免目标定得太低了，学到知识永远是最重要的。我不赞成为了获得较高的GPA而总想着换课和选自认为较为容易的课。同时，我开始重视课程与学术前沿的联系，学高等量子力学时，小论文特意讨论了冷原子物理中一个很重要的现象。在保证课程学习的前提下，我把重心放在了科研上。大三上学期刚开学，我加入了苑震生老师的光晶格实验室，开始真正开展冷原子的科研工作，在做实验的同时也进行了很多调研，了解了很多经典工作和"大牛"，对整个领域有了粗略的认识，这对我后来申请暑期科研和PhD也有很大帮助，自然而然也就确定了想要申请的学校。这也是我想说的一点：不管在实验室做什么课题，调研整个领域的发展情况，阅读一些经典文章，关注领先的研究组动态都是非常必要的。不管是对科研还是对申请出国，都会有很大帮助。由于我准备做冷原子和凝聚态的交叉研究，我还加入了乔振华老师组，想学习理论和数值算法。但现在看来，我对自己的能力估计过高，并没有很好地分配时间和精力，导致我在乔老师组基本没做出什么满意成果。在此给学弟学妹们提个醒：一定要正确估计自己的能力，不要给自己过重负担，集中精力做好一件事比分散精力做两件事取得的效果要好。关于发表文章，这是可遇不可求的，而且还要看领域，比如我所在的冷原子实验领域本科生基本不可能发文章，相对地，材料领域就好发一点。总而言之，做好当下的工作才是最重要的，发文章是一件水到渠成的事。

大三寒假时我开始联系国外老师，寻找暑期科研机会。一开始我又过高估计了自己的能力，只联系了顶级名校的老师，结果得到的回复很少。扩大范围之后，又收到了几个比较积极的回复。不过其中两个面试失败，最终去了普渡大学，跟着入职没多久的Prof. Chen-Lung Hung做暑研。虽然当时觉得没能去更好的地方很可惜，但去了普渡大学之后我就一点也不后悔了。那是我真正开始独立做科研，每天至少和老师讨论两次，有时老师会亲自和我一起做实验，解决问题。在普渡大学的三个月是我最难忘的一段时间，在那里我感觉到自己真正走上了科研这条路，而Chen-Lung Hung是引导我走上这条路的人。这或许就是暑期科研之于我的意义吧。

找暑期科研项目一定要主动。除了学校项目和英才班项目，还可以自己联系合适的老师。另外,科大实验室老师的内推是最稳的一条路。不过在去寻找机会之前,最好先问一下自己想要得到什么,不要盲目从众。收到面试通知后,要好好准备,总结自己做过的工作,证明自己的能力。进组之后,一定要认真努力,多和老师以及实验室师兄师姐讨论问题。至于找老师写推荐信,这是水到渠成的一件事,做得好的话,老师会很乐意给你写推荐信。

大四没有太多好说的,因为要出国,所以我大部分时间都用来准备申请了。我是在大四时考的 GRE Sub,但感觉有点晚,所以建议大三提前考比较好。我的 CV 很早就基本成型了,只不过一开始用的模板被师兄嘲讽了一番,随后就拿了他的模板又重新大改了一次,之后就基本是一些小修小补。SoP 是让我最头痛的,从写好初稿到最终定稿前前后后花了一个多月的时间。其间得到了两位师兄的大力帮助,给我提各种意见,多次亲自帮我修改,最终也算没有辜负他们。申请前几天定稿的时候,两位师兄和我自己都觉得能看得过去了。其实写 SoP 最关键的是讲好一个故事,要有主线,要在故事中体现自己的能力,在讲自己经历时要体现出自己对课题背后物理理论的理解,细节和重点都是必不可少的。推荐信可能是最关键的,这是麻省理工学院的一位教授亲口告诉我的,往年的申请结果也印证了这一点。推荐信需要早早联系老师,问清楚老师最多能够写多少封推荐信。很感谢给我写推荐信的四位老师,当我向他们要推荐信的时候,他们都是很干脆地答应了。最后最关键的一点是不要在最后一天提交网申,因为一旦出现问题就来不及了。

不得不提的一点是,人生并不是只有学习和科研,张弛有度、劳逸结合也是很关键的。总有人抱怨科大活动太少,但其实关键的是自己要有一双善于发现的眼睛。K－star、各种乐团的音乐会都是非常棒的。周末时和朋友一块出去吃个饭,假期时到处走走看看。不要让自己始终处于紧绷的状态,否则生活未免太单调。

很幸运来到科大,很幸运遇到了那么多好老师,很幸运遇到了一群志同道合的朋友,感谢这一路上每一个帮助过我的人。我的科大生活已到尾声,对于学弟学妹们而言,你们的科大生活还在继续,希望你们能够享受在科大的时光,追寻自己的梦想并为之努力奋斗,走出自己的天地,探索更大的世界!

科大本科生活回顾

邵　帅

PB14000238

2016、2017 年度国家奖学金获得者

2018

2014 级

作者简介

邵帅，中学毕业于安徽马鞍山第二中学，2014 级少年班学院创新试点班学生、“严班”学生。荣获 2016、2017 年国家奖学金，2014、2015 年优秀奖学金金奖、iGEM 团体银奖。

我的本科生活快要结束了。在这里我希望将我这近 4 年来学习和生活的一些感悟和经验教训写下来，但愿这篇文章能对学弟学妹们有一些帮助。

本文按照时间顺序来说，这样会显得脉络清楚一点。

一、大　一

大一刚进校的时候，大家可能都会有一定的新鲜感，毕竟是到了一个不一样的环境，体验了不一样的学习模式。但是最关键的是，一定要坚持学习。这里说的“学习”指的不仅仅是学习课程，还包括发掘自己的兴趣。大一的时候，专业方向都没有完全定下来，学起来很灵活。少年班学院的同学完全没有分专业，其他学院的同学即使有大致的“专业”，但是在大二之前转院的也大有人在。很多同学在进校之前并不清楚以后自己想学什么，想做什么工作，在高中期间受限于视野狭窄，也没办法充分了解。那么我们在进入大学之后，就要开始考虑自己的专

业问题了。据我观察，我们这一届有不少同学在面临大二、大三的专业选择时，感到十分迷惑，无所适从，最后匆忙选择，这就给自己今后的发展带来了很大的风险。所以大一的同学们要早做准备。

大一的时候一定要把数学基础打好。数学对理工科的各个方向都有至关重要的作用，所以一定要学好数学课程。但这不一定是说要去做很多习题。我刚进科大就听说吉米多维奇的《数学分析习题集》很受同学们欢迎，大家都说那本书有 4000 多道习题，做完了就可以学好数学分析。但是我在浏览过里面的习题之后，发现这 4000 多题里面有大量的重复、赘余。如果都做完，就会付出大量重复的、没有意义的劳动，十分不值得。所以我想提醒大家，一定不要盲目地做大量习题。把重复做题的时间省下来，去看一些高级的、开阔视野的教材，不失为一种更好的选择。来到科大的同学普遍勤奋，这本来是件好事情，但是把这种勤奋的优良品质用来做习题集，实在是下策。还有一本叫《电磁学千题解》的所谓“神书”，其实里面的题目质量非常差，而且很多已经过时。学习一定要灵活，要紧跟时代。

另外，大部分的专业课都集中于大二、大三两年。所以大一，特别是第一个学期的学习状态，并不能说明太多问题。学得好的同学不能骄傲，学得不好的同学也不要气馁，关键的还在后面。

二、大　二

大二可以说是承上启下的关键一年。这一年机会非常多，类似 iGEM 和 CUPT 的科技竞赛都以大二的学生为主力。我建议大家把握住这些机会，可以试着参加一个科技竞赛，对开拓自己的视野、提高独立工作的能力及与团队成员合作的能力大有好处。我在大二的时候参加了 iGEM 竞赛，感觉非常好。iGEM 是一个学术性很强的竞赛，我的很多基础性科研能力，例如查文献、阅读文献、做课题调研、做基础性的分子生物学实验、模拟计算软件的使用、写科研报告，都是在参加 iGEM 的过程中培养起来的。科技竞赛对以后研究方向的选择也有指导作用，比如说参加 iGEM，使我坚定了选择生物物理方向的决心。

这一年可能是大部分同学科研工作的开端。要想在本科阶段做出优秀的科研成果，建议在这一年进入实验室工作。刚进入实验室的时候，可能会感受到自己很“弱小”，也就是说不具备解决实际科研问题的能力。我觉得这很正常。把书本上的理论知识转化为解决实际问题的能力，是需要时间的。作为一个时间并不充裕的本科生，在某一特定领域比不上时间充裕、专心钻研已久的研究生，是完全正常的事情。所以刚进入实验室的同学，可以多阅读一些论文，熟悉实验室的实验操作（做理论的同学除外），完成“入门”的过程。在成功“入门”之后，可以找实验室老师或者师兄要一些简单的课题或者任务来做，然后再一步步提高，换更难的课题。切忌长时间停留在某个低端工作上，那样对提高自己的科研水平不仅没有丝毫帮助，反而会浪费自己宝贵的时间。

同时，大二也面临着专业方向的选择。个人觉得选择专业方向和实验室，要同时考虑自己的兴趣和能力。兴趣的重要性不言而喻。考虑能力的意思就是自己一定要能胜任自己所选择的专业和实验室的工作。以学物理的同学为例。如果一个同学对于理论力学和电动力学的学习感到吃力，数学水平也不高，那么就不建议选择理论物理。如果一个同学动手能力很差，就不建议选择以实验为主的课题组。准备出国的同学最迟要从大二开始准备英语。可以先试着考一次试，弄清自己的水平和存在的问题。大二下学期还会有选择双学位的机会。双学位，特别是计算机双学位挑战性比较大，能够坚持下来的同学凤毛麟角，建议慎重选择。

总而言之，学习任务在这一年变得非常综合。在课内学习愈发深入和重要的同时，还有许多其他的任务需要完成。这一年是非常有挑战性的，所以之前提到的学习的“灵活性”就更加重要，有做大量习题习惯的同学一定要逐渐把这个习惯改掉。

三、大　三

大三时，我建议学习能力比较强的同学把大部分精力放在科研上，而不是课内。有了前两年的基础，我们应该可以用较短的时间掌握大三的专业课程，然后把剩下的时间投入科研。积极参加科研工作的目的，对于本科生来说，除了争取做出一定的科研成果之外，更重要的是提高自己的科研能力，以及对以后的科研方向有一个更好的规划。

准备出国的同学要陆续考完英语。同时在 12 月到次年 3 月的这段时间里积极联系暑期科研项目。一个出色的暑期科研实践会让自己在申请国外学校时更加出彩。国外老师的推荐信，一般也会受到更多的重视。这里我着重分享一下我做得比较好的方面：GRE。我的 GRE General 的成绩是 160 + 170 + 3.5，GRE Physics 是满分。大三这一年很忙，科研任务很重。我们是学科学或者工程的，不是学语言的，所以不希望大家把大量的时间花费在英语上。同时，GRE 的内容，特别是 GRE 单词，很多不是常见词，对日常英语交流及科研中的专业英语运用毫无帮助。掌握 TOEFL 词汇和领域内的专业词汇后就可以轻松阅读国际刊物的论文。我在考 GRE 之前，只把单词书背了一遍，掌握的单词只有那一本书的 1/3。对我来说，准备 GRE 主要是做模拟题。其实 GRE 的“套路”很明显，做不太多的模拟题就可以掌握其套路，这比背完单词表要省力得多。我和我的一个室友，大概都只掌握了 1/3 的单词，但是都很轻松地通过了 GRE General 的考试。GRE Sub 对于科大的同学几乎没有压力。稍微复习一下之前的知识，再做两套模拟试卷熟悉一下题型就可以轻松应战了。GRE Sub 建议大三时考，万一成绩不理想大四还可以再考一次。

准备保研本校的同学，建议开始以研究生的标准来要求自己。毕竟很快就要作为一个研究生在实验室工作了。而且保研的同学琐碎的事情（例如学习英语）相对较少，有更多的时间投入科研工作。本科期间在实验室的工作，可以完全延续到研究生阶段。

四、大　四

大四对准备出国的同学很重要。申请学校的流程非常复杂，建议尽早开始准备，最好是暑期科研一结束就开始准备申请，不能把什么事情都往后推。另外，大四开始对自我放松要求的现象

2018

比较普遍。具体表现为很多同学因为没有了 GPA 压力，以及前面三年的学习很辛苦，开始放松自己，在课程学习和科研方面表现得很怠慢。我建议大家不要这样。确实，没有 GPA 压力的大四是一段放松的好时间，可以接触学业之外的东西。但是，如果真的对科研感兴趣的话，还是建议继续参加实验室的工作。

我很幸运能在科大读完本科，把自己变成一个有前途的科研人员。我要感谢少年班学院的各位老师三年多来对我的关怀、帮助和教育，也要感谢我的科研导师以及各位任课老师在学术上给予的指导。最后祝愿学弟学妹们可以在科大收获知识，实现愿望！

大学学习生活总结

史雨阳

PB14000336

2015、2016、2017 年度国家奖学金获得者

1978

2014 级

作者简介

史雨阳，中学毕业于宁波效实中学，2014 级少年班学院学生、少年班学院学生会成员、英语俱乐部社员。获 2015、2016、2017 年国家奖学金。

初冬已入，再过 6 个月我也将告别这里。回忆这三年多美好的大学生活，确有一些经验要和大家分享，以学业方面为主。若能给学弟学妹们带来些许启发，那自然是很好的。

从高中进入大学，我很快体会到学习模式上的巨大变化。总的来说，最大的特点是个人可自由支配的时间充裕了，因而有相当大的弹性；其次是上课进度快，需要课后复习消化，要求自学能力强。因此我不断调整自己的学习方式，提高学习效率，争取得到优秀的成绩。第一年的适应、心态调整等对于之后课程的学习是很重要的，所以要引起重视。

大一结束的时候，我迎来了大学期间第一个重要的选择：专业平台的选择。经过一段时间的考虑，我最终选择了数学统计平台。大二结束的时候，我又选择了应用数学这一专业方向。目前看来，我对这一选择还是满意的。说到专业的选择，尽管少年班学院的同学有相当大的自由，我觉得应该提早计划为好。专业的选择当然主要是听自己“内

心的声音”,但也要适当考虑毕业之后的出路,各方面综合起来考量。犹豫时,可以多和相应专业的学长学姐和老师进行交流,多多获取有用的信息。

大二、大三这两年是我主要的专业课学习时间。就数学专业而言,课程的难度是逐步增加的,比如对于实分析和近世代数这两门课的学习我就感到很吃力,因此,仍然要重视专业课程的学习。另外,我也按照自己的兴趣选了一些其他方向,比如计算数学和概率统计的课程,开阔了视野。最重要的是从大二第二学期开始我修读了计算机科学的双学位课程,周六上一整天课。这些课程的难度比普通课程要低,但也能让我们了解到计算机学科领域的基础知识,我觉得对自己很有帮助。对于数学专业的学生,如果要做应用方面的研究,还是需要具备较强的编程能力。如果肯花时间修读双学位课程作为补充,那就是相当不错的组合了,对将来的学习和工作都有好处。

对于像我这样计划出国的同学,大四第一学期应该是最辛苦的。出国申请会占用相当多的时间,同时要应对的可能还有课程和科研。我的情况是三者兼有,所以实在不轻松。说到毕业之后的出路,我觉得应该尽早打算并确定下来。因为如果想要出国深造,则需要相当长的时间来准备。首先是英语考试,如 TOEFL 和 GRE。如果英语水平一般,那么最好是大二就开始做准备。如果需要的话可以参加培训班,但主要还是靠自己花时间背单词和勤加练习。其次是大三暑期的出国交流也需要提前关注。最后还有文书的写作和修改,要留好充足的时间。总之,如果确定申请出国,那么绝对不能把所有事情都堆在大四第一个学期里,要提前了解申请的具体流程,尽早做好该做的工作,尤其是英语一定要早早过关。

最后,我感到很幸运能在科大度过我充实的大学生活,很幸运能认识很多很好的老师和同学,并得到他们的许多支持和帮助。祝大家在科大一切顺利,前程似锦。

脚踏实地，仰望星空

宋　飞

PB14000582

2015、2016、2017 年度国家奖学金获得者

2014 级

作者简介

宋飞，中学毕业于天津实验中学，2014 级少年班学院理科试验班学生。曾获新生英才奖、“严班”优秀学生奖学金、CUPT 校内选拔赛三等奖，2015、2016、2017 年连续三年获国家奖学金。

我是来自 2014 级少年班学院理科试验班的宋飞。时间飞逝，不知不觉已到该跟丰富多彩的四年大学生活告别的时刻了。一路走来，有过许多的经历和感悟，希望在此可以跟学弟学妹们分享一下。

一、学习模式的养成

比起其他学院的同学，少年班学院的学生有一个优势，就是可以先经历一年的大学学习生活以后再来确定自己的专业。对于已经十分确定自己兴趣所在的同学而言，也可以在大一开学时就选择自己的专业，然后同那个专业的同学一起上课。我是属于后一种，所以我想简单谈谈后一种的好处。这样做可以更早地与同一专业的同学接触，也更能找到与你志同道合的伙伴。另外，尽管大一都是通识类的基础课，专业课很少，但是如果你大二转到某些专业后可能还是要补修一些课程的。所以如果你真的十分确定自己的兴趣，大可不必把专业选择放到一年之后。在正式开始大一的学习生活后，班

主任可能会建议大家不要忙着选一些不了解的课。以我的经验而言,大一是十分关键的一年,是从高中到大学的一个过渡期,重点是形成一种新的学习模式,不急于多修一两门课,修一门精一门才是关键。下面我把自己养成的一种学习模式分享给大家。

“课前预习、课上听课、课后复习”,堪称学习的黄金三律。首先,预习是十分重要的,大学授课的节奏非常快,如果不预习,很难在如此快的节奏下跟上老师的思路。我在每个学期初压力还比较小的时候,会尽自己的全力向后多学习一些课本上的内容,进度尽量大幅领先于老师所讲。这样可以保证在期中到期末十分紧张的阶段中,即便投入了比较少的精力在预习功课上,也可以凭借学期初的优势跟得上课程的进度。其次是课上的听课,科大大一基础课的老师都是十分优秀的,所以不仅要听老师讲的那些课本上存在的内容,还要注意老师抛出的“私货”。后者往往是老师多年教学科研的精华所在,可能会对更深入理解这门课程有所帮助。至于上课时记笔记,我自己也是上大学后才养成记笔记的习惯的,但是我认为记笔记绝不是单单地把老师的板书抄下来这么简单,更应该是记“课后笔记”,把课上老师讲的内容或者推导思路,用自己的话和方式整理在笔记本上。都说把书读薄,那这本薄书就应该是充满自己思考的一本笔记。至于课后,最重要的是作业不要拖,当天留的各科作业最好当天就完成,千万不要养成赶截止日期的习惯。当许多截止日期都赶在一起的时候,自己难免会动一些“歪心思”。“抄作业”是十分容易上瘾的,也许大家在高中时从来没有抄过,但是就我的观察而言,大学四年很多同学都不免“沦陷”,乃至深陷泥潭。我认为做作业也是为了检验哪些内容没有真正理解,所以要通过温习课本来解决自己在课上产生的疑惑。以上黄金三律看似简单,但在每个学期的每门课上都自觉遵守这样的学习模式还真不是一件容易的事情。希望大家可以通过第一个学期的过渡后找到符合自己的节奏。

谈过学习之后,最后当然要简单说一下考试,大学考试与高中考试十分不同,与高中的难题相比,大学中的难题都显得十分正常。如果你严格执行了黄金三律,那么考试对你来说应该是小菜一碟,不用紧张。科大的同学有时会对 GPA 比较看重,但我觉得对待 GPA 时应该摆正心态,对于应试而言,如果想取得一个好的成绩，那么相应的努力是必不可少的。但也要记住，一个好的成绩远远不能证明你很好地掌握了这门课的内容，如果想每门课都真正有所收获，将来能学以致用的话，那还要付出数倍于取得一个好成绩的努力。

二、初踏科研之路

讲完课内的学习之后，我将用比较大的篇幅讲一下自己的科研经历。我自己的专业是理论物理，选择这个专业是源于中学时读爱因斯坦著作后给我带来的震撼，着迷于只执纸笔而探求大自然奥妙的魅力。所以我一开始的兴趣也并不是我后来选择为研究方向的凝聚态理论，而是广义相对论、宇宙学等。让我兴趣发生转变的是大一时了解到 Ads/CFT 可以拿来解决凝聚态中的超导问题，这为我打开了通往凝聚态物理的大门。当然作为理论学科，提前选修一些高年级甚至研究生的课程是必不可少的，当我通过大一一年形成了大学学习模式后，我开始提前学习一些超出平时课程水平的内容。例如，大二上学期我通过阅读 Sakurai 的书开始自学量子力学。有了自学的基础后，我在大二下学期就选修了“高等量子力学”课程。我在课上第一次接触到了路径积分、二次量子化、散射 S－Matrix 等重要的内容。当然最早接触到这些新鲜的概念时不免会觉得有一些困难，于是我不停地阅读很多参考书，读懂以后又合上书尝试从头推导，推导完成之后再次翻开书重读相关章节看自己是否对公式里面的物理图像足够理解。如此反复之后，让我对这些概念有了一个清晰的初步认知。在学习高等量子力学的同时，我也在阅读徐一鸿的《QFT in a nutshell》，自学量子场论，后来也选修了量子场论 1、2 两门课。

作为“严班”的一员，在大二暑假，我有幸到中科院杨义峰研究员组中做了一次小小的“热身”——一次为期半个月的短期科研实习。杨义峰研究员研究的是强关联系统中的重费米子系统，我与杨义峰研究员有过几次交流，他告诉我凝聚态的研究领域中充满纷繁的实验现象，虽然很杂乱，但其背后可能蕴含着相同的物理规律。他本人所提出的重费米子的二流体理论正是源自其对大量实验结果的反复揣摩。也是在此期间，我第一次读到了

Anderson 的《More is different》的文章，凝聚态物理向人们展示了“emergent phenomenon”的美丽。这不同于科学家们曾经秉持的还原论思想，而我也被这种魅力所深深吸引。实习期间我积极与同组的同学交流，并且阅读了几篇经典的综述文献，学习了 DMFT、NRG 等数值算法方面的知识。实习结束以后，我将自己暑期实习的总结以三篇连载文章的形式登在了知乎社区上，杨义峰研究员看到后给了很高的评价，并且将这三篇文章转到了自己的微信朋友圈。而经过这次小小的“启蒙运动”，我进一步明确自己的研究方向为凝聚态理论。

回到学校后，我加入了完绍龙老师的研究组，了解到他曾经的学生汪忠凭借对于拓扑绝缘体出色的贡献，已经在清华大学高研院任研究员。完老师以他的经验告诉我还要补充哪些基础内容，还反复强调拥有深厚的理论知识储备对于理论研究的重要性。大多数时间我会选择待在办公室自习，继续补充学习一些内容，同时我也会开展一些科研工作，我会到 Arxiv 网站上浏览最新刊登的论文，掌握最新的科研动向。我曾经在组会上做过关于“高阶拓扑绝缘体”的报告，这属于拓扑绝缘体的最新热点，而且也引起了组里其他成员的浓烈兴趣，他们将关注点移到了这个课题上。说来十分巧合，2016 年的诺贝尔物理奖正是授予了对物理中的拓扑现象进行相关研究的科学家，同时我也刚好在学量子力学的 Berry phase 相关内容。我联系工作经验和课堂上老师讲的内容写成一篇关于 TKNN 和分数霍尔效应的综述作为量子力学课程的小论文，这个小论文也是我在所有课程的小论文中收获最多的。后来我主动联系了清华大学的汪忠老师，他表示愿意同我进行一些物理问题的讨论，并且十分欢迎我到高研院进行访问研究。大二寒假时我读到一篇令我印象深刻的论文，而这正是出自汪忠老师的研究组。这篇文章另辟蹊径，在拓扑平庸的超导体当中通过非零的 Hopf invariant 实现了拓扑保护的 Majorana 的零模态，这打破了通常认为的实现 Majorana 的零模态一定要有状态于拓扑非平庸的状态。由于文章中的理论模型尚难实现，在汪忠老师的指导之下，我利用一段时间展开了如何将这个模型简化的研究。

大三暑假时，我到清华大学高研院进行暑期科研实习，在进行实习之前，我参加了高研院一个关于 CFT 的讲座，之后又参加了“高研院20年系列讲座”，其间有幸见到了Sachdev、Verlinde、张守晟、许岑珂、祁晓亮等世界一流的物理学家，而我也在这期间对于两个新的方向进行了调研学习。其一是学习了SYK model作为Ads/CFT一个精确可解模型，其间我阅读了Maldcena于2016年写的一篇文章，重复了其中的重要结果；另一个则是进行了三维中一种新的拓扑序Fracton的调研。之后，我正式开始了自己的科研——非厄密系统中的拓扑现象的研究。我和汪忠老师以及清华大学的另一名本科生，做了一项很有意思的工作，将上述领域的研究范围进行了有效的拓广。在这之中，我完成了大部分的理论和数值研究。其中令人印象深刻的有几件事情：其一是工作中需要进行大型的矩阵运算，利用我所熟练的Mathematica速度十分缓慢，所以我仅利用两天的时间学习了Matlab的使用方法，并且完成了这项计算；其二是我体验到了科研有时并不完全需要过多的知识储备，需要的是灵活应用知识的能力。后来固体理论课的老师吴明卫更是以黄昆先生的话“学习知识不是越多越好、越深越好，而是应该与自己驾驭知识的能力相匹配”告诫我们，只有能用起来的知识才是自己的。而与我一同合作的那个清华大学的本科生，大二还没有结束就已经是一篇PRB的第一作者了。所有这些都指出了科研能力和学习能力只有一定的关联，但彼此之间并不等价。如果想收获丰富的科研经历，那就好好在一两个科研课题里通过实践锻炼自己的能力。

三、脚踏实地，仰望星空

大学四年的生活让我对于“脚踏实地，仰望星空”这句话有了两层体会。第一层是学术上我研究的凝聚态的物理现象纷繁，所需的理论工具甚多，所以“脚踏实地”就是要熟练利用各种理论工作去解释那些实验现象。而“仰望星空”则是指在大量观察的基础上指出背后的基本定律。前者无疑是戴森所指的“蛙”类的工作，而后者则需要有“鸟”的洞察力。第二层则是在学习和生活中脚踏实地，付出自己的努力，纵然大多数时可能遇到的都是GPA、科研经历等“俗事”，但这些无疑都是为了终有一日可以望见那美丽的“星空”——我们各自的理想！

大学生活的苦与乐

张岐鑫

PB14000579

2017 年度国家奖学金获得者

2018

2014 级

作者简介

张岐鑫，毕业于贵州遵义县第一中学，2014 级理科试验班学生。曾荣获新生奖学金、优秀学生奖学金、国家奖学金等。

匆匆四年，大学生涯即将结束，眼前不断浮现自己当初收到科大通知书的情景，不禁让人动容。在这里我总结一下自己四年来学习与生活的苦与乐，希望学弟学妹们能从中受益。

大一阶段，我认为最重要的就是找到适合自己的学习方法和生活方式。

由于我来自西部某县级中学，基础薄弱，加之大学没有了老师和父母的管束，我在大一时成绩非常差，GPA 只有 3.3。让我备受打击的是，在大一学年的奖学金评比中，自己连铜奖也没有获得。这件事和我的抱负形成了极大的反差。我开始暗暗地下定决心好好学习，开始调整自己的生活。

首先我认清了自己的实力，社团和 GPA 不可兼得，我退掉了每周耗时比较长的辩论队、iGEM 等社团，只保留一两个社团；其次在学业上，我开始调整自己的学习方式，采用了比较笨的方法，即观察身边学习好的同学如何学习。我学习并借鉴他们的优点，在记笔记、课后作业完成度、上课出勤率等方面调整自己。然后多和成绩优秀的同学交流沟通，甚至把自己遇到的困难告诉任课老师和助教，他们都十分乐于助人。在这里十分感谢王谢平助教和陈洪佳老师给予我的帮助。

大二阶段，最重要的就是持之以恒，打下坚实的基础。

我大一时在课业上落后于不少同学，刚开始调整学习方式的时候十分痛苦。加之自己选了数学专业，数学系的课本很多都没有答案，自己要改变原来的做题方式，经常一下午只能做出一道题，我常常对自己的智商和效率产生怀疑。但我是一个十分要强的人，非要硬碰硬。渐渐地我发现这门课还挺有趣，这个定律还可以这么用，深深地被数学之美吸引了。

在大二下学期，实分析有门课对我产生了深深的影响，或者说这门课构建了我的数学体系和学习方式，自己好像被一股力量推动着前进，不再像以前一样痛苦地做题，自己开始超越老师的进度，提前学习。然后学会把课本读薄，再通过阅读不少课外书籍把课本读厚。正如大家所说的一样"实变函数学十遍"，至今我依然能默写下实分析课本上的每个定律的证明。在那个学期，我其他的几门专业课也延续了这种学习方式，最后取得了单学期GPA 3.92 的成绩，有幸获得了当年国家奖学金评选的机会，虽然最后与之失之交臂，但弥补了大一时的遗憾，拿到了银奖。

最后关于选专业和选方向，如果对某方向有兴趣，我建议直接选择自己喜欢的专业方向。我一直很喜欢数学，所以大一就坚定不移地选了数学。如果实在没啥偏好，建议选择自己不讨厌的专业中最有应用性质的方向。不要随大流，应遵从内心。

大三阶段，最重要就是接触高级课程，跟随老师了解科研，选择未来的发展方向。

大三到了赶超的阶段，我开始修读多门研究生课程。刚开始自认为研究生课程十分困难，不敢轻易尝试，但最后一学年下来也选修了不少研究生课程。然后加入了一位年轻老师的科研小组，跟随博士生们参加组会、阅读文章，开始进入统计科研领域。

大三下学期，我面临着大学最重要的一个选择：保研或出国。由于大一成绩较差，后面两年急着补学科基础，自己考了 2 次 TOEFL，成绩都十分不理想。自己的总体条件也不是十分出众，咨询了几届毕业的学长学姐，最后放弃了出国，选择了保研，推免到外校。真心有志于出国的同学，建议高考结束后就开始准备TOEFL。

接下来，我说说保研的情况。

首先要达到少年班学院的GPA保研线。其次和出国一样，如果希望到国内院士、“千人”、“杰青”等优秀的老师旗下读研，我们也要“套磁”。我先浏览了清华、北大、中科院等与统计专业相关的学院老师的研究方向，阅读了他们近几年发表文章的摘要和发布期刊的水准，然后向我感兴趣的老师邮寄了我的简历。加之科大在学术界有着良好声誉，我收到了北大光华管理学院统计系、数学科学学院统计系以及中科院数学所老师的回复和电话面试。在“套磁”结束后，外校需要你参加系里面组织的夏令营或者考试。北大、清华、中科院会在3月份来科大进行招生，北大光华管理学院需要在5月份参加其组织的夏令营。最后在科大暑研老师的推荐下，我去了北大。最后想说的一点就是“勇于尝试”。在保研期间，经常会遇到不少同学碍于自己的综合条件，不敢转方向和联系优秀老师，但最后事实证明科大学生都是非常出色的，只要能有保研资格，大部分高校的老师都是愿意接收的。

这一年，我在学业上延续了上一年的突破，GPA达到4.02，最后有幸拿到了梦寐以求的国家奖学金。

下面我给以后想学习统计专业的学弟学妹们几点建议：

(1) 提早准备英语，最好在大二结束前TOEFL可以达到95分以上，这样可以申请到不错的暑研项目，并在大三下学期考到理想的GRE分数。

(2) 统计领域的学术研究与工作离不开计算机的应用，建议修读计算机双学位或者辅修计算机课程，并选修计算数学系的数值代数、数值分析和自动化系的矩阵分析、最优化理论等课程。

(3) 提早修读研究生课程和其他系的高级课程。比如高度实分析、微分方程2、高等概率论、随机过程、高等数理统计、极限理论、随机分析等。

(4) 阅读《统计学习基础》，了解近十年的统计专业热点研究领域。适当浏览顶级统计期刊比如Aos、Jasa、Jrssb上的文章。

(5) 坚持锻炼、健身。可以给自己定个小目标，每天跑5 km、卧推 50 kg 等。可能刚开始完成这些目标都十分艰难，但是假以时日，这些小目标都是可以完成的。

感谢这四年来科大为我提供这么好的学习环境，自己学得十分开心。虽然现在看来我还有些不足，但是生活都不是百分之百完美的，不断进步修正才是生活的真谛。祝愿学弟学妹们能好好珍惜在科大学习的日子，绽放青春的芳华。

谈谈大学生活的经验和教训

赵浩淇

PB14000693

2017 年度国家奖学金获得者

2014 级

作者简介

赵浩淇，中学毕业于山西临汾第一中学，2014 级理科试验班学生，曾任学生会对外联络中心干事。曾获 2015 年优秀大学生铜奖、2016 年优秀大学生银奖、2017 年国家奖学金、四级大物实验一等奖。

两年前，在这所校园里，我度过了自己的十八岁生日。如今，还是在这里，我已到了加冠之年。人生中宝贵的四年在这里度过，有过欢乐，也有过伤感。我想把我的经验、教训分享给大家，希望大家可以理性地规划自己的大学生活，我也能借此机会整理行装，继续前行。

我首先想说的是，要有远大的理想与详尽、理性的计划。

对我而言，民族的使命感和自我实现同等重要。我常常会因为一些涉及国家和民族的事情而激动万分：看到老一辈科学家攻坚克难的事迹时会由衷敬佩；观看国庆阅兵式上国家先进的武器装备时会激动落泪；耗费午睡时间对比各国军舰与战机的性能；用一节自习的时间查阅各国 GDP 30 年来的增速。我认为我有义务使国家强盛、人民富足。当然，我的理想也不仅仅如此，在这里就不跟大家详细分享了。这样的信念在某种程度上支撑着我，给了我自信，让我一步步地克服各种困难。刚上大学时，我的成绩并不突出，各种综合素质也并不出彩。由于是通过高考进入科大的，我大一时期的学习相较于周围通过竞赛来到科大的同学来说总是有些吃力。每次感觉自己已经非常努力了，但还是会遇到各种各样不懂的问题，而这些问题总是可以被周围的同学轻松解决。但我从来没有认为我比任何人差。在沮丧的时候，经常会有诸如“就算你现在一无所有，你还有心中的理想”“想实现这种理想的人不该在现在放弃”这种话语出现在我的脑海中。这些话语总是能使我重新振作，让我直面自己的问题并想办法改进。

在大一第一个学期的最后一个月里，我尽自己最大的努力进行复习和考试，然而最后成绩仍然不是很理想。在第一个寒假结束的时候，走入家乡的火车站，拉着行李，看着熙熙攘攘的人群，我对自己说：“我已经跌落进了谷底，还有什么可怕的。”在大一第二个学期，我尝试着分析和改进自己。我发现只要自己心无旁骛地阅读课本和做习题，有些东西并不像自己所想象的那么难。我发觉我最大的敌人是内心的焦躁和行动上的马虎。于是那年夏天，我放弃了大部分的娱乐活动，白天将手机放在宿舍去自习，晚上躺在床上看《六祖坛经》，我沉浸在“何期自性本自清静”这样的话语中。渐渐地，我发现焦躁和马虎离我而去。那一学期我的成绩出奇的好。之后，我的成绩每学期都在上升。我觉得如果没有这样的理想，我改进自己的欲望就不会这么强烈。我希望大家可以思考一下自己的价值，但也不推荐大家放下所有的事情过于深入地思考，因为这个问题的终极版本是生命的意义，而它很可能需要一生的时间去思考。

与远大的理想相比，我是一个完全没有理性计划的人。我是一个有些好大喜功的人，所以每次的规划，要么是计划时间远远短于实际时间，要么是在一定的时间内取得的效果远不如预期。回想我的大学四年，总的来说是比较混乱的。大一参加各种社团活动，却感觉社团、学习都做得不够好。大二本该把专业知识和英语学好，却手忙脚乱地加入了实验室并无所事事。大三毫无背景的我在英语和暑研申请中挣扎，所幸机缘巧合拿到了耶鲁大学暑研项目。大四本该全力申请出国，我却还在近乎绝望中准备TOEFL和GRE，导致在申请截止日期前三四天才陆续提交申请。对于像我一样没有竞赛背景的同学，我建议大家在大一的时候尽早确定自己三年之后的方向。如果决定要出国的话，在大一、大二的时候，多去了解各个方向的研究内容，寻找自己的兴趣。同时学习英语，并尽量自学一般在研究中会用到的高年级课程。最好在大二暑期前后考完 TOEFL 和 GRE，太早会有时效问题，太晚在后期申请出国时会令你手忙脚乱。在大二暑假就可以在自己感兴趣的方向上联系相关教授，开始一些初步的科研工作。然后在大三寒假开始准备暑研的事情，可以让实验室的老师提一些建议或者进行推荐，在大四上学期准备申请的相关资料。当然，这是我的一些建议，大家也可以根据自己的实际情况进行合理的安排。

其次，要多去收集相关的信息。

这是我三年多来感触比较深的一点。我是一个后知后觉的人，总是当别人已经做了很多的时候我才开始做，所以吃了很多亏。这里我想说三点。第一点是多去了解各个顶尖高校中与自己有相同打算的人在做什么。我感觉科大有一点不好的地方，就是总喜欢盯着成绩说话。诚然，成绩是很重要的。但是这样做的一个最大的弊端是让一些人误以为除了成绩之外其他都不重要，等到最后申请出国发现成绩的作用并没有想象中的那么大的时候却为时晚矣。这和学校的一些导向有一定的关系。如果我们多向外看看，就可以在某种程度上避免陷入这种泥沼。如果让我再来一次的话，我一定会尽早地去了解，了解要实现目标最重要的是什么，了解其他人在干什么，这样可以做出更好的规划。第二点是多去了解校内各类研究小组的情况。要多查阅资料和询问学长学姐，了解哪些研究组需要招收本科生，哪些研究组最近在做自己感兴趣的方向。最重要的是，多去了解研究组的氛围如何。因为它在很大程度上决定了你在组内能否做出好的工作成果，你的最后两年能否过得愉快，以及你将来是否愿意继续从事相关研究。第三点是多去了解国外研究组招收学生的情况，包括是否招收暑研学生、是否招收博士生等。这对于暑研和博士申请都非常重要，最好能整理成表格的形式，方便自己记录和查阅。

最后，不要轻易地改变自己的生活和心中的想法。

大学生活与之前的学习生活非常不同。进入大学之后，你会接触到各种各样的人，他们有着各种各样与你不同的想法。大家不应该封闭自己、固执地坚持自己的想法，也不应该毫无保留地接受。你会经常看到自己的同学四处游玩，并且有时向你输入他们的观点，认为大学就应该丰富多彩。你也会看到有些同学早上起来一头扎进教室或实验室，一直到晚上才出来。或许这两种生活都不适合你，你要做的就是找准目标，根据自己的规划，在适合的时间做合适的事情。对我而言，我会在关键的时刻沉浸在学习与科研之中，也会在考试结束后去网吧打游戏。希望每个人都可以安排好自己的生活。最后说一句，在要做选择的时候尽量减少犹豫的时间。生活像是一辆在荒野上行驶的汽车，每个人都是驾驶员，我们无权选择是否行驶，只能把控行驶的方向。从这个意义上讲，犹豫的时候已经做出了消极的选择。

说了这么多，“干货”不是很多，感谢大家能读到最后。希望大家都能梦想成真，有一个绚丽多彩的大学生活。

珍惜当下，坚持不懈

杜昕泽

PB15000293

2017 年度国家奖学金获得者

2015 级

作者简介

杜昕泽，中学毕业于山东沂源第一中学，2015 级理科试验一班学生。曾获国家奖学金、国家励志奖学金、大学生数学竞赛一等奖、丘成桐数学竞赛优胜奖。

转眼间自己已经是一名大三的学长，从当初稚嫩地问这问那，不了解大学和校园，不了解社会，到如今对各种事物有了较好的了解并有相对成熟的看法。这两年多的大学生活带给我的阅历和思考是此前十几年所不能及的。当然这不仅体现在专业学习上，还体现在对自我和他人的认识上。

在这里我也有很多想对学弟学妹们说的建议以及自己的一点经验，希望能对大家有所帮助。

一、学习方面

从时间上来说，初入大学的同学们都已经经过了很多磨炼，有属于自己的一套学习方法。但不幸的是，到了大学很多人会发现这种曾经让自己为之骄傲的方法不再行之有效了。原因有很多，比如曾经聪明的你可以在很短时间内学会高中课本上的知识，然而在大学的课程中，知识点的扩充以及预备知识要求的提高很少有短时间内学懂的可能；中学时的我们会在每章结束时做一次复习,往往在考试之前学过的东西已经复习过好多遍,而大学老师根本不会放慢进度,能不能跟上全靠个人。所以现在,每个人都应该重新制定一套方法来提高自己学习的效率。关于新的学习方法,个人认为最好在大一形成。因为如果你在大一时就找到了适合自己的方法,你将会在大学四年甚至一生受益,同时还能提高自己的成绩并为以后的学业打下良好的基础。此外,利用更好的学习方法也能为自己节省课业时间,在科研和社团活动中投入更多精力。

二、专业选择方面

如果是少年班学院的新生,短时间内还不用考虑专业的问题。但是人总要有长远的计划,不是吗?

在这里我有三点需要强调:

1. 尽早了解各个专业

如果你现在还没有决定好自己以后到底想做什么,那就早点去了解。在我们充分了解一个专业之前,是不能草率地决定是否接受的。所以大家一定要提前了解专业信息,尽早确定自己的方向!

主要途径如下:

(1) 向学长学姐们请教。一般来讲,大家都有机会接触到高年级的学长学姐,但是往往有些学弟学妹比较羞涩,错失了很多有效的交流机会。实际上绝大多数学长学姐是乐于传授自己的学习经验与方法的,经过短暂的交流很容易就能得到科研或者专业方面的信息,从而帮助你判断自己是否适合这个专业。

(2) 参加少年班学院每年举办的专业讲座。一般来讲少年班学院与少年班学院学生会会分别主办专业宣讲会,院里会有比较正式、场面比较大的各个专业的集中介绍会,大家一起参加。但是由于其举办时间在专业选择前夕,如果全部依靠它来做决定就会显得比较仓促。而学生会按专业类型举办宣讲会,时间比较分散。在这里,大家有机会与相关专业中优秀的学长学姐交流。

(3) 最近几年少年班学院开设了专业介绍类课程,给了少年班学院同学更好的机会了解各个专业,时间上也有很大的弹性。

2. 尽早认识到自己的兴趣所在

我相信绝大多数同学是怀揣着理想与目标来到科大的,他们对自己有明确的定位,在选择专业时也没有丝毫犹豫;但是也有一些同学始终找不到自己真正喜欢的专业,除了了解到的专业信息不足的原因外,还与个人的成长环境有关。

3. 将兴趣与了解到的信息结合

在了解到充分的信息后,做出决策就不会那么困难了。如果在多个专业之间拿捏不定,也可以结合当前的大环境,选择更有前景的专业,从而更好地发挥自己的价值。对于兴趣不够明确的同学,我建议使用排除法:在排除掉自己不愿从事和不能胜任的行业(工作)后的专业中选择,从而逐步缩小选择范围;当然,这要求自己对每个专业都有足够的认识。所以,越不确定方向的同学越要多了解信息。

实际上,我当初就是梦想着成为爱因斯坦式的人物来到科大的。但经过一年的学习,最终没有选择物理专业,原因想必大家也能猜到:我的物理基础课成绩并不好。我想这大概就是学校推迟专业选择的目的吧,希望大家也能利用好这次机会,选出最适合自己的专业!

三、信息的重要性

从专业选择方面我们已经能看出了解信息的重要性。虽然了解专业信息的方式很多,最简单的如通过百度、维基搜索,或是与其他人交流;但是如果不去搜集,即便身边有再多的资源也难以做到物尽其用。所以大家视野还是要开阔一些,平时也要多问多听,学生阶段还是以学为主。

实际上信息不仅限专业,还有很多关于未来发展、大学学习经验、科研经历等能对自己的学业生活有帮助的信息。了解到的信息到底有什么作用呢?答案是肯定的,一方面它会在很大程度上影响我们的决策,另一方面又可以防止我们错失很多机会。所以一个人能接受的信息量及其质量的确可以在很大程度上影响一个人的未来发展。

就我而言，我在大一没有较多地与学长学姐交流，了解信息的途径比较有限，浪费了很多本可以用来学习新知识的时间。此外，本来可以从学长学姐那里借到的学习资料，我也没有去借，从而降低了我的复习速度。除此之外，我还因为缺乏沟通渠道，错失了一些能和优秀的人交流以提高自己知识水平的机会。

可能学长短短的几句话，或是简短的几个建议就会改变你的看法，影响你的决策。而在大学时代，一个决定或者想法可以创造很多可能性！

四、未来规划

为了不浪费宝贵的大学时光，应早日做好对未来的打算，这能给将来的发展增光添彩，让自己走的每一步都更有意义。

规划的关键有两点：专业和发展目标。大家可以通过多种渠道了解往年学长学姐的发展情况，从而对自己的专业选择做出判断，找出一条适合的道路。选对了目标会让自己的奋斗得到更好的反馈，让自己有更强的信念坚持下去。对于将来想要出国深造的同学，我这里有一些建议，希望你们提前知晓。

1. 英语学习

对于申请去北美留学的同学，一般 TOEFL 是必考的（大家可以自行搜索 TOEFL 与雅思的区别），此外还有 GRE。在时间上，如果你决心要出国，就不要给自己留后路，马上开始每日练习英语。对于基础一般的同学，一定要先从单词入手，可以用单词书或者单词软件，如扇贝 APP。在这里强调一点，用什么方法不重要，重要的在于能否坚持，很多原本要出国的同学因为英语水平达不到而放弃，其中很多人甚至连背单词这种最基本的工作都坚持不下来，更别说考出高分了。

定小目标的事情大家都会干，但是能否坚持才是影响最终结果的关键！

2. 科研方面

对于将来准备从事科研的同学，本科做科研是必不可少的。虽然大一时还不用过多考虑它，大家更需要的还是学好基础课，把基础打牢。但是对于学有余力的同学，早日进入实验室不但能开阔视野，了解科研的过程，还能接触到学长和老师，了解到更多科研的信息。

对于科研方向的选择，有明确兴趣的同学们可以直接找相关的实验室；一些对各个方向还不了解的同学可以先从实验室的主页了解相关的信息，或者询问实验室的老师以帮助自己做出决定。事实上在本科阶段，研究什么并不会对你今后的发展方向起决定性作用，所以大家不需要一窝蜂地往热门的方向跑，我们进入实验室的目的只是为了感受科研的过程并有所收获。

但是要注意的是，同英语学习一样，做科研也是很需要毅力的。既然要加入实验室，就一定要保证每周有 6～10 个小时的科研时间。初期加入实验室的重点还是学习，半个学期后就可以开始做一些基本的工作了，要多与实验室的老师和师兄师姐交流，加快自己融入实验室的步伐。

3. 毅力的重要性

毅力的作用远不止体现在英语学习和科研两个方面，它对个人的意义也是重大的！

前一段时间我在 TED 网站上看到了一位教育家分析成功的要素。她指出，一个人能否坚持已经成为影响他成功与否的最关键因素，而相比来说智力水平贡献很小。你可能看过相关的文章：情商高的人比智商高的人更容易成功。实际上，高情商的人之所以容易成功，是因为在自我管理与控制方面更加优秀，遇到困难也更能坚持下去。

我也遇到过很多因为自制力不佳而在学业方面出现严重问题的同学，他们中的一些是因为习惯了安逸的生活，难以静下心学习，导致学业成绩不理想；也有一些同学因为沉迷游戏，荒废了学业，浪费了四年的宝贵时间。

五、自我认识的重要性

实际上，自我认识是每个人必须要有的技能。我们不仅需要它来对自己做出全面的评价、认识自己的能力，让自己更加容易做出选择与判断，更重要的是它能帮助我们认识到自己的不足之处，为自己的前进指明方向。

我在刚进入科大的时候，就没有足够的能力判断自己的水平。我相信大多数人在上大学之前还很难形成完整的自我评价标准，从而难以做出全面的自我判断。其中最难调整的莫过于主观与客观的界线。因为在固定立场上思考十几年的人，是难以形成其他评价体系的。

在谈自我认识前先提一下情商。很多人将其理解为对人与人之间行为的识别能力，比如情商高的体现就是社交广、善于沟通和交流等。但是根据萨洛维的观点，自我认识是组成情商的根本，处理人际关系只是情商的表象。

我很庆幸当初自己可以在自我认识水平上有所提高，这一方面得益于我阅读了一些与心理学有关的书籍，站在“人”的角度认识了自己；另一方面，由于比较喜欢独处，我拥有足够多的时间静心思考，并在必要的时候重新审视自己。独处的时间是宝贵的，尤其在网络交流丰富的今天，大家宁愿抱着手机也不愿意静下心来与自己的内心对话，而不花时间思考的人是难以在思想上有所进步的。你可以计算一下每天自己有多长时间用来思考当天学习目标的完成情况。如果你每天满足于接受外界信息，而不抽出时间整合分析它们，那这些信息带给你的也许只有负担。

你可能不相信不接受外界信息在某种程度上可以提高自己。大家应该听说过 Alpha Zero，它作为人工智能在博弈类游戏里的冠军，可以通过数小时的自我训练，打败 Alpha Go 等多个 AI 冠军。它采用自我对弈的方法自我学习，最终击败了 Alpha Go，而这一切都是在不接触任何外界信息的情况下做到的。我们也可以利用这种方法提高自己，这当中最重要的就是找到矛盾，找到需要提高的方面。

所以希望大家都能够给自己适当的独处时间，并利用安静的时间深入思考，相信大家对自己以及客观事物的认识水平都会再上一个台阶。一旦这种能力形成，不管是做决策还是处理自己的情绪都会有很大帮助。

六、状态调整

在大学生活中，由于大家开始扮演更多的角色，参与到更多的事务中，心情的波动会比较大，因此也更容易进入低沉期：做事提不起兴趣，不想与周围的人交流。我就多次经历过这种时期，但只要采用适当的方法应对，这种周期性的心理问题并不可怕。

下面是我常用的处理方法：

(1) 先找到它出现的原因，即为什么会陷入这样一种恶性循环。这不仅需要你对自己的生活状态有足够的了解，还需要有比较强的自我认识。

(2) 物理方法：睡眠、运动、休闲。

(3) 心理方法：充足的自我暗示，当然需要积极的暗示。

(4) 如果上述方法都不奏效，最好采取一定的强制措施，比如咨询心理医生（学校有数位心理咨询师，对同学们是免费的，需要的时候找他们谈谈也是很不错的方式）。

我们的目的是调整自己的状态和情绪，使我们过上积极健康的生活。

在这里我之所以一直强调心理健康，是因为一方面很多人会因各种琐事而忽视它；另一方面，如果现在就能做好心理情绪的调控，自己将会终身受益。等到步入社会，在匆匆忙忙间，不会有闲暇时间顾及自己的心理，恐怕等到那时再想获得这种能力就得需要专业的训练了。

总之，希望大家能够不忘当初奋斗的初衷，不枉自己的拼搏，充分利用四年的大学时光，提高自己的能力，提升思想境界。也希望大家能够认识到这四年书香时光的重要性，增进对自己和事物的了解。最后祝大家在科大开心度过每一天！

科大生活的打开方式

刘丰铭

PB15000059

2017 年度国家奖学金获得者

2015 级

作者简介

刘丰铭，中学毕业于东北育才学校，2015 级少年班学院学生、校学生会干事。曾获优秀学生奖学金、优秀新生奖学金、全国大学生数学竞赛（非数学类）二等奖。2017 年获国家奖学金。

转眼间我在科大已经生活了两年多的时间。这两年，是我知识快速积累的两年，也是我逐渐走向成熟的两年。两年来，我过着紧张而快乐的科大生活，也积累了不少经验和教训，这里简单总结一下，供学弟学妹们参考，希望能够帮助你们创造属于自己的科大生活。

一、适应科大

对于大一的同学们来说，刚刚迈入科大的校门，最重要的事就是适应科大这所学校。在进入科大之前，每一个人都会对大学生活充满幻想，比如和四面八方的小伙伴们谈天说地，又或是近距离感受老教授身上浓厚的学术气息。但理想和现实总是或多或少地有一些距离。也许，你认为大学生活可以很轻松，却发现老师几分钟讲的知识点可能需要你花几个小时来理解和复习；也许，你认为大学的食堂里应该有天南海北的美食，到头来却发现自己最喜欢的还是家里的味道。但是，不管怎么样，既然科大选择了你，你也选择了科大，就要努力适应科大、接受科大。

巨大的学习压力有可能成为你不适应科大的一个重要因素。但是，就像一个刚刚被送到幼儿园的孩子总是要适应陌生的环境一样，我们也总要适应科大的学习生活。不要担心最初几次考试的失利，我刚刚入学时也有连续若干次考试未过平均分的情况，当时焦虑的心情记忆犹新。但付出总会有回报，只要努力，就总有苦尽甘来的那一天。

我们也应当学会调节自己的情绪，排解自己的压力。大概每个学期开学一个月过后，就会有做不完的事情出现在我眼前。大一、大二时，有着数不清的课程要预习、复习。到了大三，课程渐渐少了，但进了实验室之后又会有纷繁复杂的工作。这个时候，不妨尝试着忘记自己有多忙，每次只专注于一件事，然后一件接一件地把事情做完，其实一切也都可以有条不紊地进行。你也可以适当地给自己一些放松的时间，如听听音乐，或者参加一些有意思的活动，都不失为一种调整心情的好方法。

二、掌握好的学习方法

从高中到大学，伴随着知识体系的差异、老师的授课方式、命题风格乃至判卷特点都决定了你必须要转变自己的学习思路，探索适合自己的学习方法。

大学里的课程纷繁复杂，学习一门课程时首先需要了解这门课程的特点。比如，数学分析对解题技巧要求较高，需要适当多做一些习题；C语言以及光学原子物理等课程知识点较为繁杂，复习时必须一丝不苟以防漏过，更要记住并能熟练应用每一个公式；复变函数、数理方程等课程计算量较大，写作业时必须自己动手计算，绝对不能偷懒……

在众多的科目中，给我印象最深的应当就是潘海俊老师的理论力学了。理论力学在我看来是所有大学物理课程中最为优美的一门课。它从哈密顿最小作用量原理出发，导出拉格朗日方程，便构成了整套理论的基石。其余的应用、推论等则大多是它和数学推导相结合的产物。正因如此，理论力学让我深深地体会到一个极其简单的物理原理有多么巨大的力量，也让我第一次有机会将之前学到的许多抽象的数学知识，如线性代数等应用到具体的物理问题中，产生了一系列结论。最吸引人的是，这些结论具有很强的物理意义和极大的应用性。

课程与课程之间虽有一些不同，但多少也有一些共性。我是一个物理专业的学生。在我看来，每一门物理课程的知识结构通常可以展现为一棵大树。每一棵树都有一根主干，这便是这门课程最为核心的东西，有可能是几个公式，也有可能是一些概念。在主干之上进行一些巧妙的计算或者推理，便得到了这棵大树的枝叶。主干与枝叶相辅相成，缺一不可。想要掌握好每一个定理、每一个模型，就必须要对产生它们的主干了如指掌；反之，要完全理解主干中知识的内涵，又必须要与它们的应用相结合。

大三上学期，我当了一个学期的电磁学课程的助教，这次助教经历也让我对学习方法有了更加深刻的认识。在当助教时，我曾经帮助老师做了一些小测验的选题工作。在选题时，我有一个深刻的体会，那就是几乎所有题目都围绕着仅有的几个知识点、几个模型展开。很多题目看似不一样，仔细分析过后却发现惊人地相似。我在图书馆里翻了大半个书架的电磁学教材，竟然找不到几道“新鲜”的题目。当然，这并不是说你可以通过做题来提高成绩，毕竟题目之间多少会有一些不同。我想说的是，大学课程不同于高考，也不同于竞赛，它更加强调对基本概念和模型的理解。只要你掌握了基本的知识点、基本的模型，所有题目便都可以迎刃而解。那么，如何判断自己是否学得明白、学得透彻呢？我觉得潘海俊老师说得很好，就是闭上眼睛，看能不能把所有知识点在脑子里过一遍。只要能把所有知识烂熟于心，你甚至可以准确地“猜”到考试的内容。

三、选好自己的专业

根据少年班学院的教学计划，大一时所有同学通修基础课，大二时再具体选择专业。但我大一还在军训时，就遇到了专业选择的问题。我高中时就参加了物理竞赛，在物理学习方面有一定的基础，也有一些兴趣。可是刚入学时，由于入学考试的原因，我并没有被“严班”录取，反而收到了“华班”的面试通知。要知道，

“严班”和“华班”是科大最出色、含金量最高的两个英才班。既然无缘“严班”，那么有机会进入“华班”也是很好的。而如果选择进入“华班”，则必须根据数学学院的教学计划修改课表，之后也就基本无法再更改专业了。经过慎重的考虑，并和班主任以及父母沟通后，我最终选择遵从自己的兴趣，放弃了“华班”的面试。

放弃了“华班”的面试后，我看到了钱学森力学科技英才班的招生海报。当时的想法很简单也很天真，虽然自己对物理比较感兴趣，但也不是特别浓厚，加上社会上充斥的“学理科不好就业”之类的信息，甚至还对学物理必须读到博士这种极长的培养周期存有一定恐惧。于是，我就报名进入了钱学森班，希望学一些和物理有关的工程类学科。当时，我几乎是铁了心要学力学。刚刚开学时，我一度想把少年班学院必修的化学原理删掉以腾出时间修读一些力学专业课程，甚至想完全根据力学专业对课表进行修改，好在后来因为及时与班主任老师沟通而作罢。后来，经过一年的学习，我逐渐认识到，学物理的出路远比想象中要好，我自己对科研工作的认同感也不断增加，加上科大物理学具有远近闻名的强大实力，我最终选择了物理专业。现在看来，这个选择是正确的。

不受成绩限制 100% 自主选择专业，这是少年班学院学生所享有的特殊福利，但要选到合适的专业却需要自己付出努力。一年的时间很短，它不一定会让你找到自己想学的专业。大一的基础课程大多只是相关专业知识的一点皮毛，有时并不能让你真正了解一门学科的知识体系，更不能让你真正接触科研工作。而媒体的报道又大多只会呈现出某一领域辉煌的成果以及广阔的前景，却不能使你真正了解其工作的方法和所需要的思维。我在选择物理专业时，心中其实也充满了疑虑。有时，你甚至可能会被某一项工作的外表所迷惑，在片面信息的作用下产生虚假的“兴趣”。因此，专业选择必须早做准备，和同学讨论，和老师交流，或者参观相应的实验室，并充分利用学长学姐提供的信息。总之，科研不只有漂亮的成果，还有知识的积累和遇到困难时的迷茫；职场中也不只有丰厚的报酬，还有激烈的竞争和无形的压力。选择专业，就是要尽可能多地收集资源，尽可能深刻地感受专业的核心部分，进而找到自己真正的兴趣所在。

四、做最好的自己

十年之前，我们不会想到，自己有机会出现在中国科大这样一个世界一流的高等学府的课堂上。同样，我们也无法想到十年后的自己是以怎样的身份存在。我们每一个人都比自己想象得更有潜力，我们也理应在每一天都努力做最好的自己。如果说我身上真的有什么特殊品质的话，那就是一定要把每一件事情做到最好。为了提高自己的英语水平，不想出国的我仍然像“出国党”那样参加 TOEFL 考试、背 GRE 单词；为了 1.5 个学分的大学物理研究性实验，我几乎每一个空闲的下午都泡在实验室；甚至为了能讲好一节习题课，我也会准备半天。总之，要让优秀成为一种习惯，这不仅仅体现在复习考试、获得较高的 GPA 上，更在于做好每一件自己该做的事。也许，我们和成功的距离还有很远，但只要努力，我们的梦想就一定可以实现。

我在科大的学习经历和感悟

汪亦桐

PB15000228

2016、2017 年度国家奖学金获得者

2018

2015 级

作者简介

汪亦桐，中学毕业于南京外国语学校，2015 级少年班学院创新试点班 4 班及“华班”学生。曾荣获新生奖学金金奖及 2016、2017 年国家奖学金。在第 8 届丘成桐大学生数学竞赛中获得个人铜牌和团体铜牌。

两年前踏入校门的场景还历历在目，转眼间四年的大学生活已经过去了一半多。在这里我想写下我在科大的一些经历和感悟，希望能对学弟学妹们有所启发。

非常高兴能来到科大少年班学院。我从小就对数学非常热爱，初中和高中的时候也把大量的时间用在了数学竞赛上。我对科大早就非常向往，一方面因为科大有安静的书桌，有很好的学习氛围和优秀的老师，是非常适合学习和研究数学的地方；另一方面，提前一年考进科大意味着可以避开高三枯燥乏味的生活，而把这一年用来学习更有意义的知识。

入学的第一天，我就去了图书馆的数学分馆，这令我大开眼界，原来数学有这么多的分支。不禁感慨，高中对数学的了解还是太少。我翻开一本《实变函数》，发现自己一个字都看不懂。我又看到旁边有一本《近世代数引论》，翻了下目录，发现竟然有一元五次方程根式不可解的证明，这正是我高中时梦寐以求想学会的。我非常激动，因为我相信，不久之后我就可以看到这个漂亮的定理的证明。

从第二天，我就开始了学习。我决定先从自己比较感兴趣的课程开始。在军训期间，我利用空闲的时间看完了潘承洞写的《初等数论》。我在高中竞赛的时候就学了不少数论知识，这一次算是进一步巩固了初等数学的基础。

接下来我就开始提前预习数学分析和线性代数——大学数学最基础的两门课。因为我觉得日常学习课程的进度太慢，按这个速度，一年都学不完数学分析，更别说更高级的课程。

少年班学院第一年一般不分专业，但我目标明确，所以毫不犹豫地选了数学专业，和数学学院的同学们一起上课，集中精力学习数学。

大一上学期的生活既单调又充满了乐趣。之前上中学的时候要花时间学别的课程，作业也很多，所以学习数学的时间非常有限。但到了大学，课程变少了，每天都有大把的时间可以自由安排。除了上课、写作业和日常的生活，我几乎把所有时间都用来学习数学。我喜欢在宿舍看书，因为很安静，也很自由。这正是我高中时向往的生活。

我很快自学完了数学分析和线性代数，然后就尝试自学实分析和近世代数，因为我急切地想学会那个定理的证明。可是学着学着，我开始感到吃力。很多概念看不明白，更别说定理的证明了。我慢慢意识到，是由于自己过于着急，基础还不够扎实。

吸取了教训之后，我重新开始学数学分析和线性代数。这一遍我学得非常仔细，在看书的同时，思考引入这些概念的意义，尝试体会定理的证明思路甚至自己去推导，并且做完了书上的所有习题。这一遍下来，感觉比之前学得好了很多。之前很多不太明白、一带而过的东西都基本弄懂了。

接下来的自学我也是按照这样的方法，争取把它学扎实。我看完了周民强的《实变函数论》，并做完了大部分习题。我还学习了近世代数引论。这是我第一次接触这样一门非常抽象的理论，因此不太适应。为了加深理解，我还参考了北大的抽象代数 I 和 Artin 的代数。后者是我看的第一本英文专业书。一开始很不习惯，基本上每行都有不认识的单词，但是慢慢地，我熟悉了英文书的写作风格，也掌握了常用的数学名词，所以就看得比较顺利了。有些学长认为《近世代数 300 题》中的题目太难，但我没有被吓到。我想，即使非常难，也先试一试再说。我就一题一题地做，慢慢地思考，尝试用各种办法来解决，实在想不出来了再去看答案。通过做这个习题集，我深刻地体会到，学数学必须多做题。只有做题，才能加强对概念的理解，以及掌握一些基本技巧。我成功地在大一上学期结束之前做完了这本习题集。当看完一元五次方程根式不可解的最终证明并理解 Galois 理论的时候，我的内心无比激动，我感受到了学习数学给我带来的快乐。

大一下学期对我来说非常关键，因为我做出了一个大胆的决定。那个学期科大请了中科院的一个老师来教代数数论，这是一门研究生课程。我高中以来就对数论非常感兴趣，再加上这次机会难得，于是果断地选了这门课。前两节课主要在复习一些域论的知识，所以我还能听懂。但从第三节课开始我就跟不上了。因为这门课需要很多代数的基础，不仅是近世代数，还需要交换代数。于是我只好通过自学来把这些基础知识补上。我先学习了点集拓扑，因为代数和几何有非常密切的联系，而拓扑是描述它们必不可少的语言。然后我就开始看 Atiyah 的《交换代数导引》，这是初学交换代数时非常合适的教材。这本书的精华在于习题，它的习题可以说是正文内容的补充，介绍了很多相关的概念、几何背景以及它们的基本性质。我花了半个学期，总算把前九章看完了，并做完了大部分习题。这只是交换代数的最基本的知识，但对于目前代数数论这门课已经够用了。补完了交换代数的基础，我又看了 GTM73，把我大学以来学过的代数知识总结了一遍，这是我看的第一本 GTM 系列的书。然后，我把之前记的代数数论笔记拿出来重学。除了课上的笔记外，我还参考了冯克勤写的《代数数论入门》，并且做完了所有习题。到了最后几节课，我终于跟上了老师的进度。这是我除了前两节课之外第一次听懂这门课。最终我取得了总评 94 分的高分，比很多高年级的学生还要高，我觉得很有成就感。可以说我整个大一下学期几乎就在学习这一门课，而最后的结果表明，我的付出有了回报。

通过对这门课的学习，我把自己的代数基础打得非常扎实。这次成功的提前选课，也让我变得非常自信，我相信我能把数学学好。

大二的生活和大一差不多，我就简单说一说。我依然是把大部分时间用来学习数学,也提前选了很多课。大二上学期我选修了微分流形和代数学。大二下学期我选修了拓扑学 H 和李代数,同时我还跟随欧阳毅教授进一步学习了代数数论方面的知识。两年下来,我不仅学了很多知识,也对数学的各个领域都有了很多了解,并确定了自己今后的研究方向:代数几何和代数数论。

当然,我也遇到过一些困难。比如大二下学期有段时间沉迷于玩游戏,导致期中考试考得很惨。但我及时调整好情绪,戒掉了游戏,并重新投入到数学学习中。我很快地找回了之前学习数学的状态,并成功地在期末实现了逆转。

我还连续参加了两届丘成桐大学生数学竞赛。这是国内最知名的数学竞赛。该竞赛的参赛人主要是北大、清华、科大、复旦等著名高校最优秀的学生。我很高兴能和这些优秀的学生交流,同时也看到了自己和一些优秀的学生的差距。因此我会继续努力。

这学期我选修了交换代数、同调代数、代数拓扑和代数几何,并且正在研读哈茨霍恩写的《代数几何》。我希望能尽快学完基础课,早点投入到数学研究中。

以上是我的大学生活。下面谈谈我关于学习的一些感悟。

首先要有坚定的理想,要早一点发现自己的兴趣,并明确自己的目标。为目标而努力是一件非常愉快而充实的事情。在选专业的时候,不要因为对出路的担心而放弃自己的兴趣。只有学自己喜欢的东西,才会集中精力,并有可能把它学好。另外,只要能在一个领域表现突出,就一定会有很好的出路。

其次要有志同道合的同行者。大学是传播知识的场所,也是激发灵感的地方,老师和学生之间、同学之间、舍友之间的交流和启发会让你受益终身。因此,要尽早建立相互学习和帮助的“朋友圈”,并多跟老师请教。

再次要分清主次,突出重点。大学主要是学习专业知识的地方,而不是玩游戏、开展社交的地方。摆脱高中三年枯燥的学习生活后,新生容易被大学丰富多彩的活动所吸引。这个时候特别要注意保持定力,先花时间熟悉大学的环境和学习模式,打好基础,等基础打扎实、学习成绩稳定下来后,再参加更多的活动,提高社会交往能力。如果不好好学习，到时候成绩“不好看”，要重修甚至补考，就极易“乱了阵脚”。

最后提一下我对成绩的看法。我大一上学期就开始专注于学习数学，并不怎么关心自己的成绩。我做了很多题，也是为了更好地掌握这门课，而不是为了准备考试。因为我觉得学习知识、享受学习的快乐、欣赏数学的美才是最重要的，成绩不要太差就可以了。在提前选课的时候，我也认为，如果能学习一个高深而优美的理论，即使在成绩上付出一点代价，也是值得的。那些我不感兴趣的、对学习数学没有帮助的课，我不愿意花太多时间，能考 80 多分就很满意了。事实证明，确实不用太担心自己的成绩，只要把一门课学得很透彻，成绩自然会很好。

很高兴能够来到科大，很高兴能认识很多好老师和志同道合、并肩作战的同学们。科大的生活既充实，也充满了乐趣。当然其中也有一些遗憾，不过那些都已经成为过去，吸取教训即可。祝愿大家在科大都能够收获成长，收获快乐！

吾日三省吾身

魏 嵩

PB15000266

2016、2017 年度国家奖学金获得者

1978

2015 级

作者简介

魏嵩，中学毕业于天津市静海第一中学，2015 级理科试验班学生、统计与金融系统计专业学生。获 2016、2017 年国家奖学金，少年班学院兴业社会责任奖学金，新生奖学金银奖，2017 年全国大学生数学竞赛省二等奖。

大学生活已过去一半，回想这段路途，既有许多成功的经验可以分享给学弟学妹们，又有许多教训要告诉大家，希望大家不要重蹈我的覆辙。我的专业是管理学院的统计专业，目前打算出国，所总结出来的经验也会有一定的局限性，希望大家辩证地看待。关于过去的大学时光，我将它分为两段，第一段从开学到大二上学期结束，这时候我认为大家可以将大部分精力投入学习，而到了大二下学期，有志于出国深造并且成绩理想的同学，应该开始着手寻找自己的兴趣所在，多联系实验室，抓住出国交流的机会开阔眼界，这样才能在不远的将来不迷茫，并且在申请出国方面有较大的优势。

第一阶段自大学入学到大二上学期结束。对于数统平台的同学来说，大一上学期与大二上学期尤为关键，都是需要积极做出转变的时候。

大学伊始，我们面临的最大困难就是学习方式的转变。打个比方，高中有老师喂你吃饼，而大学要你自己找饼自己吃。学会自学至关重要，在此我给大家分享一些我的学

习方法：

(1) 图书馆里有很好的资源，尤其是四楼科技一馆，如果上课没有听懂，大可去那里找四五本书，不用借走，就在四楼自习时把每本书相应的部分看一下。

(2) 养成上课记笔记的习惯，记的时候不可以一味地不动脑筋地抄，要多思考，甚至要做到老师写出定理内容，自己要想出证明的大体框架（具体细节可能涉及一些技巧，想不到很正常）。

(3) 课后巩固及考前复习。问学长、助教、老师有没有什么好的习题册可以加以练习。对于学数学，做题就是做实验，做题有助于加深你对知识的理解，不过千万不要为了考试碰上原题而一天突击好几本书。

(4) 对于使用 PPT 讲课的科目（如很多物理课），建议打印出 PPT，上课时把重要的东西记在对应的课件旁边，有助于提高记笔记的效率。

除了转变学习方法，转变思考方式也很重要，尤其是对于大一上学期的数学分析课程，如果不努力接受那些抽象的知识，后面会越学越痛苦，至于如何接受，我的办法还是做题，不光要做题，我还会背题，一道题我会背两三遍。大一开始一个月，接受抽象的 $\varepsilon-\delta$ 语言确实很有难度，但是熟能生巧，要多做题，若理解不了就尝试把关键的步骤背下来，对于不会的题记下题干，两三天后自己重新做，这样的确有助于尽快适应大学的学习。

我认为大一下学期是大一上学期的延续，是着手准备 GRE 和 TOEFL 考试的时间，但是大二上学期就不一样了，随着数学分析 B3 等十分抽象课程的到来，很多人叫苦不迭，这时必须再次转变学习方式。大一数学课考试内容很多重在应用、计算，而大二的重点在于理解、证明。为了尽快适应新的课程，我的建议如下：

(1) 课前预习必不可少，努力理解课上老师的每一句话。

(2) 课后题努力全部做一遍，课外题需要自己去图书馆翻阅相关的教材，找到和课程内容最相近的来做。

(3) 如果有知识实在理解不了，可以去问助教，但是要注意，不能一有不会的就去问，这样无法锻炼自己的思维。要尝试找到一种平衡，因为长时间思考一个很抽象、难懂的问题却得不到答案，不仅浪费时间，自信心还容易受到打击。

培养这种思维方式有助于以后对许多课程的学习，千万不可因为一种学习方式适应了大一就在大二依然沿用。此外，英语的学习也不要落下，尤其是背单词的习惯，一定要尽自己所能地坚持。

第二阶段从大二下学期开始。这一阶段的总结主要来自于我的教训：没及时做出转变，一直以 GPA 为重且只学计划内的东西，两耳不闻窗外事。不过需要注意的是，大二下学期依然有实复分析这样的“重头戏”，之前所适应的学习方式会让你学起来更加得心应手，你才会有时间、精力去干别的。这时候可以尝试找一个“大研”或者实验室来培养自己的科研能力；找一个暑假的交流项目拓宽视野，确定前路，切勿随大流出去读 PhD；多考虑考虑自己对什么感兴趣，然后积极尝试；多选一两门自己感兴趣或者对未来有用的课。由于我自己确实没有做到，所以更加具体的建议我也没法给出，多和优秀的学长学姐交流，请他们指路是一个很好的方法。

关于课内学习，再补充一下我复习时使用的方法：

(1) 为了节省时间，从做题开始复习，而不是先看懂笔记再做题。做题的时候遇到不会的直接看笔记本，然后把相关的定理内容记牢。

(2) 复习的时候多记需要注意的东西，比如自己容易犯什么错误，多总结、整理某类问题的解题思路、技巧，并记下来，这对以后在需要的时候重新上手会有很大的帮助。

(3) 做题参考书目选择：问学长、助教或者自己去图书馆找到所有的书然后大体浏览那几本和课内所学比较吻合的书。

(4) 还有一类学科，做题不如反复阅读课本实用，如普通化学原理、光学与原子物理，为了检测所学，借一两本习题集选择性地做一下也可以。

此外，学会放松自己也很重要。我建议选择一项运动来放松自己，在长时间攻坚未果或者学习劳累之后，用较为剧烈的运动（建议做好热身，并且注意安全）来“休整”自己的大脑，不仅对健康有益，还可以放松心情，提高学习的效率。

关于社团、学生会，我自己从未参加，确实有些遗憾，但不至

2018

于后悔，因为对自己的充分认识让我做出活动、成绩不可兼得的结论。是否参加社团学生会及参加后投入的程度，需要对自己的能力有清楚判断且弄清自己想要什么，毕竟这种基于自己实际情况做出选择的能力也是我们应该在大学中培养的。

以上是我在大学时光过半时所总结出的经验教训，仅作参考。最重要的是吾日三省吾身，多反思、多总结、多调整，尽快找到适合自己的学习、生活方式。

科大生活之感悟

吴　天

PB15000279

2017 年度国家奖学金获得者

2015 级

作者简介

吴天，中学毕业于黑龙江省齐齐哈尔市实验中学，2015 级理科试验 1 班学生。曾荣获国家奖学金，国家励志奖学金，新生奖学金，新生英才奖学金，兴全基金会奖学金，全国大学生数学竞赛（专业类）安徽赛区第二名、一等奖，全国大学生数学竞赛决赛（专业类）低年级组一等奖。

写下这篇文章的时候，我的本科生活已经过了一半，回想起自己从刚进入大学的懵懂到现在一点点地成长，感觉有许多感触想和学弟学妹们分享。这里没有任何说教，只是希望通过我的一些故事以及经验、教训能够给大家带来一些启发。

我修读的是数学与应用数学专业——基础数学，感兴趣的是 PDE（偏微分方程）方向。我是以超过科大分数线 19 分、齐齐哈尔市理科状元的高考成绩进入了科大少年班学院理科试验班。不过在第一次班会上，我清晰地记得班主任老师举了一个高考成绩很高但是最终被退学的同学的例子，而且这位同学还是我们黑龙江的老乡，这让我真切地感受到了科大竞争的激烈：无论你高考以前如何，在科大所有人都处在同一起跑线上！能够来科大的同学必定在高中时是同龄人中的佼佼者，但是在科大是要全部重新洗牌的，而这可能是很多同学难以接受的地方。这也正是学弟学妹们进入科大以后第一个要注意的地方，即一定要调整好心态，既不要沉溺于自己过去的成绩，也不要在与别人的对比中失去信心！我见过许多同学抱怨其他人比他强是因为其他人参加过竞赛，因此提前学习了相关知识，并强调自己与他们相比很弱。虽然有一部分是过于谦虚，但我想真正感觉自卑的同学大多应该调整自己的心态，高中别人多学的东西对于大学学习没有太多作用，因此学习对于每个人都是公平的，那么你何必自卑？

刚进入大学的学弟学妹们对自己的未来充满憧憬，不过大多还未确定以后的走向。众所周知，就专业选择方面，少年班学院将全校的专业分成了众多平台（比如数统平台）。大多数同学应该是在大一下学期或大二上学期开始进行专业分流，进入相应的平台学习。我认为同学们在专业选择方面应趁早，即如果有了意向专业就尽早转过去，这样可以避免将来要补课的麻烦。以我为例，在军训结束之后刚开学我就递交了进入数学专业修读的申请，申请通过以后我的所有课程都是与数学学院同步的。这意味着我可以不需要修读与数学专业无关的课程，同时所有课程难度也与数学专业保持一致。我也建议选择专业之后的同学要仔细阅读相应专业的培养方案（可以在相应学院的主页上下载），尽早了解需要修读哪些课程以及需要多少选修学分。如果可以的话，可以思考自己将来想修读什么方向，以便于确定兴趣方向以后能跟随导师做课题。如果实在无法确定自己的方向，自然是跟随少年班学院接受一年的通识教育，打好数理基础。虽然学的时候你会觉得学这些以后不一定会用得上，但是现在跨学科的研究比比皆是，你如果能够碰到这样的课题的话，学过一些其他学科知识的你肯定具有一定的优势。

在科大上课，你会发现不同老师具有不同的特点，而这也体现了他们在科研、教学中不同的人格魅力。以我学过的几门课程为例：大二上学期我选了麻希南老师的微分方程 I 课程，这是大二上学期之前最难的一门课，主要难在计算量偏大上。我还记得第一次上课，麻老师直接给我们写出了 Laplace 方程的经典解，在黑板上代入算了一通，证明它确实是解，然后作业就是验证它。正是第一堂课上的这个内容，足以让同学们认识到这门课的计算量大。此外，麻老师在上课的时候经常会讲一些书上没有的东西，通常是他临时想到的与正在讲的内容有关，或是他最近研究的内容。现在大三了，多门课程出现了 Sobolev 空间的理论，我回想起来当年麻老师和我们讲过。麻老师经常强调：数学归结于小技巧。实际上不只是他，很多老师都有自己的“语录”，这正是他们研究方向和治学风格的高度概括。这些“语录”虽然不一定适用每个学科，但是我们可以从中窥见学习那一门学科的方法。

作为科大人，必须考虑的一大问题肯定是毕业后的去向了。只要你的成绩还可以，一般都会考虑出国或保研。我的建议是如果你没有确定下来两者选哪一个的话，按照出国来准备，因为出国需要准备的工作较多，包括准备 TOEFL 或雅思、GRE、学科竞赛、科研经历、假期交流等。由于我选择了保研，对于出国的准备了解不太多，因此先简要介绍一下出国准备的注意事项。关于英语考试的准备，建议越早越好。学英语是一件要持之以恒的事情，如果真心想达到出国的英语要求，尽量不要间断英语学习。在国内的确很难有浓厚的英语听说读写的综合训练氛围，但我们还是可以尽可能地按照英语考试的模式准备。比如 TOEFL 的 TPO 模拟题之类的材料是必修课。一定要学会利用假期时间专攻英语，必要的时候可以报班学习。一方面是因为辅导班的总结比较系统，比自己备考效果提升得快一些；另一方面是因为他们能聚拢一批学英语的人，会让你的周围有一种良好的英语学习氛围。而科研经历、学科竞赛和假期交流都是出国申请时的加分项。每年教务处官方网站都会有一些学校提供暑研名额的通知（比如 UCLA），有些也会直接发到同学们的邮箱中，有意向的同学就要关注这些事情，及早做好相应的准备。但大多情况下，学校官方提供的排名靠前学校的暑研名额极少，有时需要同学们自己向有意向的院校的教授发邮件陈述自己的情况并表明意愿，有可能也会得到一个不错的机会。在进行交流或暑研的过程中也要尽量认真完成工作，若能给导师留下比较好的印象，你的交流院校就有可能是你申请时的保底院校。另外，在你申请的时候，你的暑研导师也可能会帮你写推荐信。至于学科竞赛有很多，具体取决于你从事哪个研究方向，比如基础数学方向可以参加大学生数学竞赛和丘成桐数学竞赛，其中“丘赛”拿奖在出国申请中的含金量很高，而大学生数学竞赛专业组的省一等奖以上在国内保研很有优势，而且若能够入围国赛并获得国家一等奖，只要你是高年级(大三、大四)学生,颁奖典礼的现场就可以和北大签约,保研时可免除笔试,直接面试。至于其他专业竞赛也有很多,比如建模、物理竞赛等,同学们可以针对自己的专业方向多加关注。

与“出国党”需要考察多方面因素不同,“保研党”基本上是严格按照GPA的排名来决定名额的,因而GPA对于“保研党”极其重要(尤其是在少年班学院GPA位于2.8～3.0之间的同学)。有很多同学因为GPA仅差0.01没能保研。而谈到了GPA,就要谈谈对GPA的态度,我个人认为不能不在乎,也不能太在乎。不能不在乎的原因是一切评比活动大都以GPA为衡量指标,并且GPA也从侧面大体上反映了一个同学的学习能力。而不能太在乎的理由是不要被GPA所左右,学习不全是为了成绩。大学的考试与以前的考试所不同的地方在于以前的考试在很大程度上是在考查熟练程度,意在训练你把相同的知识反复强化;而大学的考试的目的是考查一个学生是否掌握了应该学到的知识。由此观之,按照考试成绩把学生分成等级实属无奈之举,但这样也能够在出国、保研等评比当中客观、准确地反映一个学生的水平,从而使每个学生能够有对应于自己水平的出路。既然如此,那么大家对于GPA只要顺其自然就好,没必要在考试后想尽办法找分。我认为只要尽自己最大的可能把专业课程学好即可,最后的成绩自然不会太差。不同专业保研的同学请具体参考培养方案,注意是否有保研需要修的自由选修课程(例如数学专业有微分方程II)。如果想保研本校的同学,可以尽早确定意向导师,并且在本科期间联系导师做科研(例如大学生研究计划、大学生创行计划),与导师多接触会增大你被该导师录用的概率。例如,我从大二下学期快结束的时候开始同数学学院的一位同学一起跟随麻希南老师开展大学生创新计划,通过和麻老师的接触,更加加深了我对他的了解,也更坚定了以后想师从于他的决心。在计划开始了一段时间后,有一次我跟他表明了自己的意愿,并说明了我保研以后的打算,麻老师也对我做了详细的指导。建议对于自己未来规划存在模糊的同学可以找一位自己专业方向的导师沟通,我相信老师都会很热情地加以指点。

至于专业选择方面,这是每位少年班学院同学面临的问题。我个人认为要优先考虑你的兴趣和天赋。有些学科不是有兴趣就能学得好的，没有天赋很难走下去，因此要通过自己之前的表现来综合考量。我相信，一个人如果能够一辈子干自己喜欢的事业，是一件很幸福的事情，而大学的专业选择就是你将来从事行业的奠基，慎重地选择一个适合自己的专业极为重要。如果在选择一门专业学习一阵子之后发现不适合自己，就要尽快在下一次转专业的时间点抓紧转专业，因为拖得越久可能要补的课程就越多，也会带来很多不必要的麻烦。以我为例，在修读数学专业之后，由于我是第一个学期就进入专业院系学习的，所以与未选择专业的同学相比，我没有学化学原理课程，物理课程学习的都是B类，数学分析是A类，线性代数也是A类，并且所有非专业课程（例如C语言、英语、体育、政治）的老师与数学学院完全一致。而我周围第二个学期选择数学专业的同学，他们学习线性代数是A类，但是由于数学分析已经学习了B1课程，所以要继续学习B2、B3课程，而非A2、A3课程。在学习专业课程的过程中，我个人认为你不应该只是去学习这门课，而应该在看书、做题的过程中去领会这门课的思想，去玩味它。而关于专业课的学习方法，每个人都有自己的方法，这就需要你找到最适合自己的。比如做题方面，有的人可能比较适合多做题的方法，通过多次强化会有较好的效果，而我大多数课程都是仅把作业做一遍。至于参考书，我认为它的作用主要是对该门学科的知识做延伸和拓展，开阔视野，上面的题目我会大致浏览，不会去做。有必要的时候，可以考虑把教材后面的题目都看一遍。考试之前如果有时间的话，一定要把作业题目再看一遍，因为很多考试会有所谓的“送分题”，就是把作业题目稍微改动或原封不动地放上去。有时间的话，可以考虑看一些以后要学的知识，但是不要以此当做你学过那部分知识了，学习要戒骄戒躁：戒骄，即稍有成绩勿沾沾自喜；戒躁，即对于以拓宽视野为目的所了解的知识勿以为自己掌握了那部分知识。我周围有很多同学形成了这样的风气：看到别人提前看了一些书，和别人一对比自己感觉很着急。相较而言，我个人更推崇稳扎稳打，科大的课程安排已经比较紧了，应努力把现有的知识学好，这种习惯一定会令你受益终身。以数学专业为例，我认为数学专业课一学期以不超过4门为佳，如果有课余时间，还可以研究一些自己喜欢的问题。

除了课业的学习外，还可以开展一些实践活动来丰富自己的阅历。科大的毕业要求中有社会实践学分，需要同学们利用假期的时间进行，包括三下乡、调研家乡、回校宣讲等。我当时进行的社会实践是调研家乡，并任调研小组组长。感觉经过这次调研以后，我对于自己的家乡有了更深入的了解。我在大二的时候还参与过少年班学院的朋辈帮扶活动，辅导大一少年班的一位同学学习数学分析课程；在大三上学期，我还担任了数学分析 B1 课程的助教。通过这些活动，我们不仅能够丰富自己的实践内容，还能够提升自己的交往能力。因此建议同学们平常多参加各种活动，不断丰富自己的阅历，提升自己的综合素养。

最后想说的是，很幸运能够在科大遇到这么多好老师，遇到许多志同道合的同学。我也祝愿各位学弟学妹们能够学习自己喜欢的专业方向，完成化茧成蝶的蜕变，快乐、充实地度过科大本科的四年时光！

写在大学的 5/8

夏立乔

PB15000028

2016、2017 年度国家奖学金获得者

2015 级

作者简介

夏立乔，中学毕业于安徽省宣城中学，2015 级少年班、“严班”学生。曾荣获 2015 年优秀新生奖学金金奖，2016、2017 年国家奖学金，2017 年全国大学生数学建模竞赛安徽赛区三等奖。

两年前的这个时候，可能是我这辈子最艰难的时刻。几门期中考试成绩都很不理想，力学没考及格，微积分、英语读写也都是 70 多分。初来科大的我对于学习信心满满，但科大繁重的基础课很快给我浇了一盆冷水，微积分和力学两门课对于从来没接触过物理竞赛的我来说实在是有些吃力，再加上第一个学期对大学学习的方法也很不熟悉，时间分配不是非常合理，期中考试之前有一种全线崩溃的感觉，平时有很多内容没掌握，考试前手忙脚乱地应付，但总感觉收效甚微，考试失利也在情理之中。期中考试过后，力学课开始学振动与波。我对数学形式是完全陌生的，看着老师把 PPT 一页一页地翻过去，想拼命抓住些什么，但回头一看，自己几乎什么都没弄明白，急得晚上都睡不好觉。那个时候偏偏不小心受凉感冒，头昏脑涨，整晚调不出一个程序，个中滋味没有亲身经历的人恐怕很难体会。

但在最困难的时候，有些事情我坚持下来了：坚持一个良好的生活习惯，每天晚上 11 点半左右就睡觉，坚决不熬夜。早上即使

没有课，也会在7点半左右起床，找个空教室看会书。保证学习时间，因为考得不好、学得吃力，心中总有一种紧迫感，那段时间除了偶尔打打篮球，其他的时间全部投入到学习中。知道自己意志力不够强，在每个月的第一天，我会用手机流量下两部电影，流量用完之后再把两部电影删掉，智能手机硬生生被我用成了闹钟。不能盲目地学习。大学的课程，特别是大一基础课，相较高中更加重理解轻记忆、重通解轻技巧，几乎每一门课，把教材和笔记（如果有的话）读懂、啃透就足以保证获得优秀的成绩，把每一道作业题都理清楚就足以保证考试和小测验时得心应手。大一一年，“谢惠明”“裴礼文”“吉米多维奇”“舒幼生”我几乎一题都没有写（当然也是有些心有余而力不足），“赵凯华”“费恩曼”“史济怀”倒是均有涉足。数学分析讲义、力学、电磁学几本教材更是翻得透烂，课后习题一题一题地写了，较复杂的推导和证明旁边也都加上了自己的批注和理解。这样的习惯一直伴随我直到现在。

进入一个新的环境，特别是像科大这样学习任务重、竞争压力大的环境，可能总有一些困难要克服，总有一些坎要迈过。这个时候的坚持显得弥足珍贵，保持对自己的高标准的要求，尽该尽的力，走该走的心，过程虽然是痛苦的，但在这样的过程中我们收获的是成长。

当然大学生活绝不只有痛苦与磨砺，更多的还有充实与愉悦。科大一位德高望重的老教师曾经说过，大学生获得知识最重要的途径还是课堂上老师的讲授，这点我是非常赞同的，在科大听名师、大师上课真的是一种享受。往往下课铃响了还沉浸其中，有一种“又学会了好多东西”的畅快感受。当然不仅仅是学习，课下去球场放飞自我，去听一场国际著名学者的学术报告，夏令营去校友的企业参观，无不是一种良好的休闲方式。其实科大给我们提供的生活很多彩，关键是看我们如何去选择。也许不可能将各方面都做得很好，但每个人都应该找到适合自己的平衡点和节奏。在这样一种节奏中，不断获得正反馈，让心态更稳、干劲更足。

当我在大一下学期逐渐适应大学生活的时候，也经历过一段迷茫期。这个时候开始认真考虑离开这个校园之后我要去做什么。可能有人会说，在科大还不就是成绩最好的出国，中等成绩的保研，成绩较差的考研或找工作。但我认为完全不是这样，每一个学生都有机会也有必要去独立地思考、决定自己的下一段旅程。其实科大给我们提供了相当宽松的环境，小到专业方向的确定，大到职业生涯的规划，我们完全没必要被他人的选择和固有观念的条条框框所束缚。成绩好的，如果有很好的想法和机遇，完全可以去企业界大展一番拳脚，也不乏刘庆峰这样的成功先例；成绩差的，踏踏实实丰富自己的研究经历，四年之后在申请季没准也能获得成功。毕竟 GPA 只是一个数字，它也许可以衡量你目前努力的程度，但绝对不能完整地反映你的能力。更重要的是，一个负责任的选择、一个明确的目标，可以给我们持续的动力，不论是否投身科研，在一个领域取得成功者无不拥有不懈的自我驱动力，而失去自我驱动力，则会不知不觉地放松对自己的要求，最终停下前进的脚步。做选择切忌盲目，我们身边不乏这样的例子，有人成功申请到欧美名校读书，出了国却浑浑噩噩过日子，拖拖拉拉地拿到学位甚至没拿到学位回国，没能习得真才实干，反而失去在国内黄金时代中快速发展的机会。究其原因，我想是没有想好为什么出国这个问题，本科时把申请出国当成高考，出国后可能才发现自己对于科研并没有一以贯之的毅力和热情，耐不住把板凳坐穿的寂寞。陈旸院长在一次座谈时说过，“科学是一场苦旅”，我觉得再恰当不过。但进入科大却并不意味着将来一定要投身科研，尽早去规划未来，做选择时，跟着内心走就好。

转眼间我的大学生活已经过半，而你们的大学生活才刚刚开始。不管过去的顺利与否，前面有更美的风景等着我们，与诸位共勉。

我在科大的学习经历

杨洪权

PB15000380

2017 年度国家奖学金获得者

2018

2015 级

作者简介

杨洪权，中学毕业于浙江省乐清市乐成寄宿中学，2015 级理科试验班学生。曾获优秀学生奖学金、新生奖学金、国家奖学金。

大三上学期快要结束了。在这个学期最忙碌的时刻，我写下此文，谈一谈我在科大大一、大二的学习经历与感悟，希望能给学弟学妹们提供参考。考虑到我是数学专业的，其他专业的同学请谨慎阅读本文。

大一时我对大学的了解还十分粗浅。大学的学习环境还是十分自由的，我那时也不知道别人是怎么学习的，不认识几个人，也不怎么和别人交流，于是学得比较随心所欲。当时不上课的时候我会跑去各种地方自习，有时去二教边上的花园里蹲着写作业，有时去湖边椅子上借着月光看书，也有时拿着数学分析课本边走边看，一直走到三孝口的新华书店再坐在地上看课本、写习题。当然我很多时候还是去二教、五教、图书馆自习。我当时既不知道考试前复习很重要，也不知道上课要记笔记，也不觉得成绩有什么用，甚至当时的化学原理课我上了一个月才知道每星期在一个固定时间是要交作业的。我当时就认为大学只要按照自己的方式学到东西就好了，于是对某些东西感兴趣时就借本书花很多时间学一下，提前看了看一些大二课本，花了一些时间学习跟本学期课业无关的内容，课外也做了许多自己感兴趣的事情。如思修课小论文，我洋洋洒洒写了 10 页，把一些社会学的东西用类似数学公理化的方法严格化来进行研究。大一上学期结束时，我发现最后我考得也不是很糟糕。

大一下学期一开始，我发现少年班学院的培养方案比数学学院少了些课，上的数学分析还是简略版的数学分析 B，感觉学得少心有不甘，于是借了本北大的解析几何教材，并花了一星期看了前几章。然后发现数学学院用的数学分析教材是史济怀的那本，写的比少年班学院数学分析讲义详细多了，再加上数学分析课作业不用交，我就不写作业直接学史济怀的那本教材对应的部分。我也不知道数学学院的作业要求做的是史济怀那本教材上的哪些题，就干脆把有关习题全写了。事实上，最后一个学期下来，那本少年班学院数学分析讲义第二册我都没翻过。我当时也随手翻了翻夏道行的《实变函数与泛函分析》，觉得有意思，但也没看多少页。至于线性代数 B1，我觉得课本写得比较浅(因为不是为数学系设计的)，但它布置了作业，所以课本还得看。另外，我自己觉得许以超的《线性代数与矩阵论》写得好，就对照着学习。电磁学我觉得北大钟锡华写的那本电磁学课本讲得好，就把那本书的相关内容也都仔细看了一遍。因为科大有一本热学教材是彩色印刷的，看着好看，我也看了一下那本教材。当然，我觉得好看的书别人不一定看着舒服，我建议学弟学妹们有时间的话自己挑一本既讲得好又略深于教材的书对照着学会比较好。当时新生研讨课可以自己选题做研究，比较有意思，于是我就花了大把的时间自学了一些神经网络与 Matlab 的知识，还组织同学做了实验，写了一篇 20 多页的研究报告。最后大一下学期下来，我发现四门主要课程居然都满绩了。对此我是比较惊讶的，因为我看到许多同学整日待在教室里学习，一直在写题目，每天早出晚归，上课记笔记，最后也没有拿到 A+。我就没记过笔记，经常跑到室外自习看书，基本上也没写过多少除作业外的题(除了数学分析是写自己选的教材的题，线性代数写了一点许以超书上的题)。后来仔细想了一想并观察了一下别的同学，我发现了一些问题：

(1) 大一时大部分同学连课本上的知识都没有搞清楚,可能没有完整领悟课本想要表达的意思就匆匆认为自己学过了。如何判断一个东西你是否学会了呢? 我觉得一个简单的判别法就是:当你觉得一个东西是自然的、平凡的时候,就是学会了。这要么是你已经深入理解了它的整个脉络,要么是你虽然不知它是怎么回事,但你看的次数多了,用熟练了,也就看它顺眼了。按照这个标准,学会的东西应该是深入到骨子里的,想忘掉都很难。不过有些东西,可能在当时觉得不自然,只有学了更高等级的一些知识再回头看才会觉得自然,那作为一个站在比较低的视角上看问题的初学者,要么把这个东西弄熟练,要么有时间可以了解一下高等级的知识。

(2) 有些人强烈地希望自己能认真地学习,但脑子比较懒惰,不愿意思考,于是用呆坐在教室里,或者不断地写些什么东西来缓解自己心中的焦虑,告诉自己已经在学习了。但实际上并没有有效地学习。有些人把东西用笔记了下来,觉得已经记下来了,但根本没有记到脑子里去。学习是大脑思考的过程,其他一切都是辅助工具,不可本末倒置。我们应该利用好这些工具,用来提高思考的效率,而不是拿它们掩饰自己的懒惰。学习的过程应该不受这些工具的限制,不管是走路,还是吃饭,只要能思考就能学习。

请注意,上面提到的一些学习方式是有条件的,比如数学分析课程学其他课本的条件是:大一时的基础课知识内容结构比较稳定,不同课本内容相近,而且老师讲课的内容都在这个课本上。一些高级课程可能连成熟的教材都没有,不同老师讲的同一门课可能内容完全不同,此时听课记笔记就很重要了。为了将来能够顺利学习,大一时就学会记好笔记是十分重要的。

这里还要建议学弟学妹们一定要尽可能早地了解未来会发生的事情:了解各个专业的情况,了解自己的兴趣,做好人生规划,要有明确的目标。多与学长学姐、同学、老师交流。此外,英语应该在你进入大学时就要开始积极学习了,不要像我这样大一什么都不知道就过来了。

大二时,我选择了数学专业。我有个室友也选了数学专业,于是我们就经常在一起学习。他考前复习,课上记笔记,每天早早地开始学，晚上学到比较晚才回来，对我的影响很大。我觉得我再像大一这么“瞎学”可能会出问题，于是我就学着他上课记笔记，考前复习。自习地点也开始比较固定了，基本上都在图书馆或自习室自习。此时我开始形成了一套固定的学习流程，上完课看书（或看笔记，当然“看”并不是学，要思考、整理，直到把书看到“自然”为止，对数学课程而言这通常花费的时间与做作业的时间相当），看完书写作业，每天都在赶马上要交的东西（这样不好，是一个低效率的恶性循环。我觉得大家应该最好提前预习，再听课记笔记，上完课后马上看书，再及时把作业写掉，隔段时间再专门对整块知识复习梳理一下）。比起大一，大二我过得十分忙碌。大二时的数学课本我看得十分细致，除此之外也没看别的东西，基本也没有写什么额外的题目，主要是把课堂上的内容清楚地掌握了，布置的习题仔细地完成了。事实上，据我观察，至少除了“华班”的 H 类课程外，上课的大部分学生并没有脚踏实地静下心来学好课程内容涉及的知识。当然，每门课也都有一些学得远超课程要求的学生。如果想学得更好，对于一些重视熟练技巧的数学课程，可以适当写些别的习题，有更多时间的同学可以提前学习感兴趣的高年级的课程内容。另外，寒暑假的时间很多，一定要好好利用，比如集中地准备英语、学习将来的课程、跟着导师做研究等。

关于绩点与考试，大一、大二阶段，除了 H 类课程情况我不清楚之外，只要把课上内容都真正掌握了，考试时状态不是非常差，又没有把不该丢的分丢了，差不多就可以获得满绩了。但最终是否取得 A+ 也有很大的偶然性。像我这样数学课一路满绩（除了一门课外）的感觉就像玩杂技一样，是可遇而不可求的。大二我在学习的时候也没去注意考试的事，就学到自己觉得满意就行了，考前几天再认真复习一下，也没有有意去了解前几年怎么出题或考试形式什么的，拿到试卷后认真写一下（这时往往会发现试卷比原先想象的简单多了），然后就莫名其妙地满绩了，回过头常会发现差那么一点点就无法达到 A+ 了。因此学弟学妹们平时只要好好学习就行了，不需要过多关注绩点与考试的事情，否则只会给自己徒增压力。

关于熬夜，我不知道其他专业是什么情况，但是学数学这种纯脑力活熬夜是万不得已的事情。熬夜虽然临时争取到了时间，但会降低之后的思考效率，最终反而会减少总学习量，这相当于拆东墙补西墙。当然，不同的人学习方式可能有差别，有些人可能会习惯于夜间学习，但至少我没见过有人能每天夜里学习第二天还能正常上课的。

这篇文章写得比较仓促，也只能作为一个个例来看。学弟学妹们关于这方面的事可以多咨询不同的学长学姐，综合不同的观点，特别是可以问问那些几届才出一个的那种“牛人”级别的学长学姐，思考一下自己与他们的差距在哪里，然后尽早规划自己的人生，并努力为之奋斗。

涤除玄鉴，抖擞精神，砥砺前行

张舒博

PB15000197

2017 年度国家奖学金获得者

2015 级

作者简介

张舒博，中学毕业于安徽合肥第一中学，2015 级创新试点班学生，学生魔方协会副社长，芳草社青年志愿者协会会员。曾荣获国家奖学金、新生奖学金、基础学科拔尖学生培养试验计划奖学金、中国大学生学术物理竞赛校内赛冠军、RoboGame 校内机器人竞赛三等奖、2017 年周培源大学生力学竞赛全国三等奖。

“我们不妨认为进入到同一个圈子里的人能力都差不太多，如果大家相差不大（能力×精力），那么决定最后谁能成功的就是谁能更好地集中好这些精力。这种集中不是简单地对一样事情的执着而已，你需要不吝啬地给出足够的时间保持自己的身体健康、斗志昂扬，还要注意提高自己的综合修养，并拓宽眼界，从而促进你所感兴趣的事业。”

——题记

这是一位前辈的寄语，也是我见过的最实在的一段话。如果读完这篇文章，题记能被大家记住，我就感到十分欣慰了。

在同样的时间里，一个人能走多远，取决于他走得有多快和他花了多少时间往前走。同样，在大学生活中，能做多少事、能学多少东西，取决于你有多强的能力，以及你放在做事上的精力。我们不妨假设，大部分人最初有着相近的能力和精力，那么人与人之间巨大的差距是怎么随着时间推移迅速拉开的呢？

一、精力充沛

“有一次，诸葛亮派使者到魏营去挑战，司马懿挺有礼貌地接待使者，跟使者聊天，说：‘你们丞相公事一定很忙吧。近来身体可好？胃口怎么样？’使者觉得司马懿问的都是些客套话，也就老实回答说：‘丞相的确很忙，军营里大小事情都要亲自抓。他起得早，睡得很晚。只是近来胃口不好，吃得很少。’

使者走了以后，司马懿就跟左右将士说：‘你们看，诸葛孔明吃得少，事务又那么繁重，能支撑得长久吗？’”

早在一千多年前，古人就早已懂得身体健康的重要性，而这正是为许多人所忽视的最重要的一件事。健康、规律的作息，是确保成事所必不可少的。

经历了三个学期的平庸，迎来大二下学期的我心有不甘，一口气额外选了三门课——这对于平淡地度过三个学期的我来说是极具挑战性的，而那时的我只是懵懵懂懂地感觉到：这个学期似乎任重而道远。

我很喜欢安静无人的时光，如果有些许阳光就更好了——那么，三四月份的校园，冬意刚刚褪去，春风拂绿，草坪上洒满清晨的阳光。在学期初，我开始尝试早睡早起的生活。没想到，这竟成为我最重要的选择。

大二下学期的任务主要分为三个部分：CUPT（全国大学生物理竞赛）、力学竞赛和期末考试。前半学期，我的精力主要集中在 CUPT 比赛上，主要负责实验这部分。做实验是一件极其耗时间的事情，任何细小的失误都会带来巨大的麻烦，而这些事情往往需要一鼓作气——有几次早上 7 点到实验室，晚上 11 点尚不能完工，全天待在实验室 15 小时有余。连续十几个小时高强度的工作，效率的保证来自于平时良好的作息。后半学期，由于中间穿插着力学竞赛，因此工作重点主要放在课程的学习上。每天早起后一个多小时的高效学习，充分地缓解了课程的压力，让我在这个压力巨大的学期游刃有余。最终，这个学期以获得 CUPT 校赛团体冠军的优异成绩收尾。

在这里，我想说的是，无论你多么吝惜自己的时间，都一定要有一定的时间休息以保证精力充沛。熬夜更是大忌，睡觉是有利息的，今天欠的觉，明天要双倍奉还。磨刀不误砍柴工，充沛的精力是持续前进的保障。哪怕是清晨醒来，在校园里散散步，呼吸呼吸新鲜的空气，也是不可多得的财富——带着一个好心情开始一天，有什么做不成的事情呢？

二、不忘初心

我不止一次地被人问到：大学生活累吗？

最初，我的回答是：累，比高中还累。之所以会感到疲惫，是因为感到力不从心，精力不够。科大的课程难度不言而喻，面对巨大的挑战，如果不能集中精神全力以赴，常常落得铩羽而归。在磨砺的洪流中沉浮的我渐渐明白，感到疲惫的原因不只是精力不足，相当重要的另一部分原因是精力分散：这是一个信息爆炸的时代，如何恰当地利用这些信息，是进入大学后的一门必修课。手机便是现在信息最重要的载体之一，是大学生不可缺少的必备物品之一，这把双刃剑提供丰富的信息，而同时又大量耗费着人的精力。不忘初心，方得始终，我希望你们能坚定自己的想法，在任何时候都有清醒的大脑、明确的目标，有计划地行动。这正是许多前辈们始终走在前列的重要原因（或许说，高中的目标被明确定在高考，老师有计划地引导学生准备高考，是大家高考成功的重要原因之一吧）。

现在，面对同样的问题，我会这么回答：累，身体的疲倦是累，心灵的空虚同样是累。大学是一个相对高中来说自由得多的平台，在这里你可以更自由地支配自己的时间，做自己想做的事情，但这里绝不是可以自由挥霍时间的地方。如果你有很多想做的事情，那就每一件事都全力以赴；感到累了，就放慢脚步，养精蓄锐，工欲善其事，必先利其器。如果荒废了有限的精力，放纵的代价是心灵的空虚；疲惫的心灵比疲惫的身体更加可怕，它可以更轻易地让人不由自主地陷入堕落的深渊，而能让人从深渊中挣脱出来的，只有内心深处那一点坚定的光芒。

充沛、专注这两件事正是一切事情得以成功的关键。如果在大一就能学到这些，大学生活就有了一个非常棒的开端；如果能从一开始就做到这些，相信你一定会获得一段漂亮的旅程。

在文章的最后，我想用《道德经》中的一段话作为结尾：载营魄抱一，能无离乎？专气致柔，能如婴儿乎？涤除玄鉴，能无疵乎？爱民治国，能无为乎？天门开阖，能为雌乎？明白四达，能无知乎？生之畜之，生而不有，为而不恃，长而不宰，是谓玄德。

大一生活小建议

陈振岚

PB16000862

2017 年度国家奖学金获得者

2016 级

作者简介

陈振岚，中学毕业于河南省实验中学，2016 级少年班学院理科试验班学生、“严班”学生，校芳草社青年志愿者协会宣传外联部部长。曾获国家奖学金、新生奖学金、2017 年春季校电磁学论文竞赛三等奖。

时间过得很快，转眼间大一生活已经告一段落了，我也从刚踏入校园的新生变成了新生口中的学长。回首过去一年，我在摸索中不断前行，有很多收获，也有很多感悟。在这里我总结一下我过去一年的经历，分享我的经验和教训，希望能对学弟学妹们有一些帮助。

来到科大，我想首先最重要的是调整心态。少年班学院的学生在高中时期都是班级或者年级中的佼佼者，经过一番努力考入科大，大家都很优秀。这样就难免会给人一种紧迫感，自己周围都是很厉害的人，尤其是那些通过竞赛进入科大的同学，他们好像比自己多学了很多东西。因此，在学习过程中就可能会产生一种错觉，周围的人都比自己强，自己一无是处，处于垫底水平。这种想法是很没有必要的，相信自己，找到属于自己的学习方法是最重要的。总会有人在某一方面有自己独到的见解，也总会有人在某一方面比自己强。人无完人，天外有天。但是不要妄自菲薄，相信自己是最重要的。

2018

关于GPA，我的看法是不要功利性地去做题，更不要为了做题而做题。认真学好每门课，成绩自然不会低。每门课都有自己独特的美，都是无数先人研究成果的高度概括与结晶。学习重要的是学习其中蕴含的道理。叶邦角老师曾经说过一句话："我们为什么要做题？只要把概念和其中的原理了解得足够清楚透彻，那根本就不用做题，可是谁也不能保证自己学得够透彻，因此就需要通过做题去检验自己。"做题是枯燥无聊的，与课程所蕴含的"判天地之美，析万物之理"的精华是背道而驰的。学习的过程，是一种深入思考的过程，不是重复的训练过程。另外，大学课程比高中的课程难度要高很多，覆盖范围也很广，高中的题海战术不可能再适用于大学。而且很多习题集的题目技巧性太强，或者重复的题目太多，根本没有做的必要，不如多花一些时间去阅读相关的历史资料，以加深自己对概念的理解。

另外不要过于看重GPA的数值，不要让成绩成为一种负担，通过努力达到90分以上就已经很好了，没有必要刻意达到95分以上。即使最终成绩不理想，那也没有关系，GPA与将来的发展没有必然联系，只要付出努力学到知识，那就足够了。若自己的成绩不高，不要自卑或者失去信心，当然更不要去看不起GPA低的同学。GPA只是大学生活的一部分，但绝不是全部。

关于选课，我的建议是：认清自己，不要盲目求多。少年班学院大一时学的是通识课程，但是其中一些课程，对于某些特定院系或者特定专业来说，在毕业要求和培养计划上是不作要求的，或者即便有要求也没有那么高，选修低级别课程即可。如果尽早确定专业就可以在选课时通过缓修或者删除课程去掉一些不必要的课程，减轻一点负担。这时有些人可能会有疑问，我多学点课难道不好吗？大一反正不是很忙，多学点知识也不浪费。但是人的精力是有限的，不可能兼顾很多。过于追求难度和广度会陷入一个怪圈，平时有些时间可以学一些英语，"出国党"要准备TOEFL、GRE考试，"保研党"要准备考英语四、六级。同时也可以多关注一些最新科技动态，寻找自己感兴趣的研究方向。一些前期准备做好以后，到大三可以选择一些比较高深的研究生课程，对科研工作也有直接帮助。

选课的另一方面是如何搭配课表。一些默认的课程，往往是和行政班级的人一起上课。选默认课程的一个好处是，自己周围的人上的都是这位老师的课，大家相互学习、相互帮助会更加方便。不同课程的助教在安排习题课时，将考虑到多数人的时间安排，所以时间上冲突的可能性也会比较小。当然如果有自己的偏好，如对某个老师比较钟爱，时间安排上有自己的打算，那就完全可以去换课。至于要不要选早上一二节的课、下午六七节的课或者晚上的课，要看个人对作息时间的偏好。我的建议是，不要把课选得太分散。有些时候虽然只是半个下午或者上午的课，但很有可能会浪费掉整个半天。课表不要排得太满，不要选太多课，留下自己备用的时间，以免遇到突发状况。至于公选课，不要选太多。如果选课太多，期末考试的时候会把人压垮的。我的建议是，大一上学期绝对不要选，之后每个学期最多选一门。另外，选公选课也不要盲目追求兴趣，在某一方面确实会有一部分人比自己有优势。比如绘画课对那些从小有绘画基础的学生来说他们就很有优势，功利性地来说，为了 GPA 选择公选课要慎重。

我还想说一说大学的学习规划。入学以后你会慢慢地发现，人与人之间的差异会越来越大。有些人可能会整天泡图书馆或者在自习室学习，有些人可能会花费不少精力游走于各大学生社团和学生组织，还有些人可能会发展自己的兴趣爱好，比如足球或者绘画。慢慢地大家都会发生改变，每个人大学生活的状态会不一样，不管怎样度过大学四年，都是自己的选择。自己选择去努力学习、提高成绩，或者自己愿意去锻炼自己能力，想多结交一些伙伴。无论哪一种选择、哪种想法都要全力以赴。假如认定自己非常想出国，那就要多花点时间去准备英语，准备一些出国申请的材料。如果下定决心走科研之路，那就要多准备一些必要的知识和技能。相比之下玩的时间就会比其他人少一些，但既然这是自己的选择，就要认真全力地去做，即使有一些困难或者失败，也要激励自我不断前行。大一可能会产生疑惑，但是要尽早做一些规划，尽早地行动。要想一想毕业之后自己的计划，做好大学四年的规划。

关于选专业，我想最重要的还是看个人的兴趣。任何一门学科都有自己独特的魅力，但如果真的没有兴趣，那么在以后的学习过程中将很痛苦。不要盲目从众，找到自己的优势、劣势及兴趣爱好。如果实在选择困难，可以先用排除法，把没兴趣或者在学习上找不到感觉的专业剔除，然后在剩余的专业中选择最适合自己的。任何一个学科都不是单行道，只要学习够深入，出路根本不是问题。如果对自己现有的专业或者选择不是很满意，也不必太纠结或者难过。认真走下去，每个人都会过得很好。

最后是一些小贴士。习题课的主要内容是助教讲解作业和答疑。即使自己会做，助教的讲解也有独到之处，也会令自己加深印象，建议还是尽量听一听。在大学生活、学习过程中，不要熬夜，熬夜真的很伤身体，而且会把第二天的精力都消耗掉。早睡早起，保持充沛体力。不要随便逃课，课下把课堂上的内容补回来所花的时间会更多，而且会错过老师的讲解。上课保持良好的习惯，不要睡觉，不要玩手机。平时不要总待在宿舍。还有一点是在社团活动方面，要学会适可而止，绝不可因为社团耗费大量的时间。对于社团生活，要合理安排和规划。

非常有幸来到科大。在科大的这一年里，我很幸运遇到了很多很好的老师，收获了很多知识，也遇到了很多很好的伙伴，收获了许多友谊。大学的生活丰富多彩，希望我的这些经验教训对大家有所帮助，为你将来的大学生活增添一份色彩，祝愿大家在科大都能有所收获，不辜负大好青春年华！

一年晚秋，一年深思

胡仲强

PB16001701

2017 年度国家奖学金获得者

2016 级

作者简介

胡仲强，中学毕业于安徽屯溪第一中学，2016 级少年班学院创新试点班 4 班学生、班级学习委员，少年班学院学生会成员、少年班学院足球队队员，2017 年少年班学院暑期支教团成员。曾荣获国家奖学金、新生奖学金、优秀团员称号、2017 年大学生数学竞赛安徽省二等奖。

渐入晚秋，合肥的温度已几近冰点，这也让我意识到我已经在科大待了一年多的时间。时间过得真的很快，快到让我感觉自己一年多以来几乎没有什么变化。正如合肥这晚秋一般，似乎与去年相比，除了少一场雪之外，也没什么区别。从天使路走过，水上报告厅、少年班学院行政楼还是如长者一般静静地待在那里，注视着我……但是夜幕降临之时，稍有静思，也总能想起过去这一年多的点点滴滴，以及我在这其中点点滴滴的改变。

去年刚入学的那个暑假，想必是我从小到大经历过的最热的一个夏天，尽管我来自南方的城市。我想应该是家乡多山，拂去了夏日的一些炎热。但在合肥，在科大，就不一样了，尤其是还伴随着那次刻骨铭心的军训。其实军训还不是我大学生活的开篇，它还在入学考试之后。开学前的那个暑假，由于早早收到了被少年班学院创新试点班录取的消息，再加上想把高中两年劳累生活的阴影抹去，我算是痛痛快快地玩了一个暑假，暑假前制订的英语学习计划也是早早宣告破产。一个暑假的懈怠换来的当然是我开学考试的惨败。学长告诉我，开学考试将会是我们大学生活中最不重要的一次考试，现在想想，其实不然。至少对于我，开学考试让我深刻地反思了自己，使我意识到了科大是一个高手如林的地方，面对新生活我必须更加刻苦努力。所以在军训期间的每个晚上，我都会去五教认真地预习数学分析等课程。军训时的白天，还得在操场上接受烈日和高强度训练的考验。教官对我们很严厉，我们总是羡慕隔壁班级的教官。但事实上，教官总是以他们自己的方式为我们上好大学生活的第一课。军训 20 天，我每天过得都很充实，开始习惯于这样充实的生活，开始畅想我的明天，畅想大学四年的样子。我现在对我当时能如此快地适应新环境感到非常的不可思议和幸运。

大概是教师节过后的一两天，正式开学了。我的第一堂课是英语读写课，那节课的内容我至今记忆犹新。读写老师姓马，马老师花了一整堂课的时间和我们分享了大学学习英语乃至整个大学学习应该要具备怎样的思想与行动计划，她提到了很多单词。对我触动最深的一个单词是 motivation（动机），动机决定了我们上课是为了什么，决定了我们会花多大的精力去学习好一门课。有着马老师的引入和我自己的一些分析，我发现：如果你是想真正学到对自己有用的知识，那你一定会很努力地每天早早起床到教室，课上、课后都高质量地完成应该完成的任务；如果你只是想获得一个好看的分数，那你很有可能尽力保持出勤和考前复习，听课效率或是依赖你的心情（或许某一天你支持的 NBA 球队有一场比赛，这节课你可能就在手机中度过了），或是依赖你的精神状态（或许前一天晚上你补作业补到深夜，这节课你可能就在睡梦中度过了）；如果你只是想保证所修的课程顺利通过、不挂科，那你很有可能也不会去在意出勤率，而是考前突击一下，掌握一些考试的套路。这三种人，第一种往往实现了他自己的目标和第二种人的目标，第二种人往往只是实现了第三种人的目标，第三种人往往连那最基本的目标也没有完成，使自己陷入一种高度危险情况中。我当时深深地思考了这个问题，我要做哪种人？答案是很显然的。

九月过得很平静，十月迎来了数学分析的第一次小测验，这也算是上大学之后除入学考试以外的第一次考试。那次考试我考得很普通，在班上的排名大概排在前35%。记得那次小测验结束之后，助教在群里说道，这次小测验的排名绝不是我们每个人未来学习情况的预言。事实上，到了期末，我的期末考试成绩在全班排在了前3%。我认为我在数学上的起点是比较低的，身边很多人在高中都受过数学竞赛的训练，而我连自主招生的数学题也只是恰好及格。并且，刚进大学时，即使我军训期间看了一些数学分析的内容，很多人的预习速度要比我快得多，以至于我感觉自己总是在扮演一个追赶者的角色。说到这里，我想强调一下，通过我后来一年时间的观察和总结，有一部分超前学习者往往过度自信，上课状态不佳。所以我建议，除非是在某门学科上真正有很强能力的人(在科大的确有不少)，否则还是要跟着老师的步伐，绝不能把预习看成是已经完成了学习。该听的课，该记的例题，该完成的作业还是要尽自己最大的努力去完成。相比于数学，我大一在物理上的学习就要轻松很多，因为高中受过物理竞赛的训练，在一些知识、方法上有一定的优势，但这不意味着单纯靠这些“老本”可以取得很好的成绩。大学内容要更系统、更复杂。我把自己的优势合理地运用起来，可如果过度自信，轻视某门课，结果往往不尽如人意。其实，从根本上决定我们学习状态和学习成绩的还是我们自身的态度，学校给大一少年班学院学生安排的课程都是一些非常重要的基础课，旨在使我们转变学习方法，在每门课中学习到一些基本知识，发展学习大学课程的思维，并且为后续的学习打下坚实的基础。对于少年班学院来说，大部分同学在大一都还没有确定自己想学什么专业(或者自己想学，却不知道自己适合学什么专业)，因此数、理、化的课程都应该跟着老师的步伐学，再加上自己的探索，发现自己的兴趣和特长，而不应该对某门课有所懈怠。此外，对于其他的一些课程，如政治课和体育课，我们也应该尽自己所能地投入一定的时间。至少对于我来说，我只要做了某件事，就会尽量去把这件事做好，在这个过程中往往也能培养自己其他方面的某些素质(如人文素质、道德与法律素质、身体素质等)。

当然，我不是很喜欢长期伏案的人，大学生活若只有学习，也是不完整的。在大一开学之初，我就加入了少年班学院的学生会，成为了体育部（现为文体部）的一员。在学生会里可以认识很多其他班的同学，当然也会负责一些活动，在这个过程中也能发展自己的活动策划、组织、领导能力，我想这对我们未来的人生都相当重要。我非常热爱体育，尤其热爱足球。我从小学开始就是一个不折不扣的足球迷，踢球和看球一直伴随着我。我加入了少年班学院的足球队，并且参加了去年的雏鹰杯比赛，以主力前锋的位置帮助少年班学院夺得了亚军。踢球过程中对身体的放松以及获得荣誉的自豪感对我来说是非常可贵的东西。在周末的时候，我也偶尔会在深夜看意甲球赛（我是国际米兰的球迷），当然这是在第二天没什么其他安排的情况下。同时我还是个热心公益的大学生，在今年暑假，我报名参加了由科大、浙大、南大、上海交大共同举办的“长三角四校荣誉学院暑期支教”活动。在八月份我们坐着长达10个小时的高铁前往贵州省黔东南州凯里市台江县，与当地的初中孩子们相处了半个月的时间。从出发前的备课，初到当地与孩子们互相熟悉，一次次地走上讲台授课，和支教小伙伴们早起下山买菜，与孩子们一次次地开展趣味活动，直到最后一天依依不舍地分别，这个过程中我真的成长了很多。我用我自己的方式去帮助那些孩子，和他们说一说山外面的世界，教会他们一些基本的自然科学知识和方法，告诉他们一定要坚持走出大山的想法……我自己也是大山的孩子，我从山里走出的历程也充满了艰辛，我希望暑假在两千千米外埋下的种子能够生根发芽。我们身为科大的学生，理应用我们的实际行动奉献社会，承担自己的社会责任。

走过大一这一年，再到合肥晚秋之时，自己较一年前成长了不少。我觉得我的大一过得算得上充实，用热情和端正的态度去对待每一门学科，也收获了较为理想的成绩，还总结出了我自己认可的一些大学学习经验。与此同时，我也在自己加入的学生会和足球队中表现积极，以丰富自己的课外生活，让原本显得有些枯燥的学习生活充满活力。投身支教等公益活动既使我实现了自身的社会价值，又提高了我很多方面的能力，还让我对一些社会问题有了自己的思考。我希望,也深信,我的大学四年能将这样的状态保持下去,期待下一个晚秋以至以后每一个晚秋,想起过去的一年,都能发现自己的进步与成长。希望我身边的诸多同学们,也能拥有属于自己的一年又一年的充实而幸福的大学时光!

大一学习心得

李浩伟

PB16001643

2017年度国家奖学金获得者

2016级

作者简介

李浩伟，中学毕业于山东昌乐第二中学，曾获2016年优秀新生奖学金铜奖、2017年国家奖学金。

中国科大2017年度国家奖学金获奖者名单上，我名列其中。我感到非常荣幸，这是对我进入科大一年来努力学习的充分肯定，既是对我的鼓励，更是对我的鞭策。下一步我要加倍努力，从各方面不断提升自己，用知识武装自己，增强自己在不久的将来服务祖国、服务社会的本领。下面和大家分享一下我在大一一学年中在学习过程中的经验和教训。

我在大一这一学年中感觉收获特别大。记得刚入学时，我对即将面对的大学生活、学习一无所知，有些茫然。但是一直以来有一个信念支撑着我，那就是：做最好的自己，无论身处哪个领域。我摒弃一切杂念，专心学习。掌握的知识量越来越大，专业技能不断提高，同时深切体会到自己需要学习的知识也越来越多。

大一上学期，我的主要学习方式就是课堂上认真听讲，课后大量翻阅参考书，多次进行"拉网式"复习。比如说在学习微积分时，当时有8本参考书，每一本我都看两遍。另外，在期末时我把所有知识点、公式、常见题目类型都总结了一遍。在大一上学期，在运算方面需要打下坚实的基础。通过学习，我感觉虽然我的能力提高很多，但却存在效率偏低的问题。当时大多数时间都在看已知的东西，实际上没必要花那么多时间放在主课的重新复习上面。只需要把课本知识点弄懂，看两三本参考书即可。大一上学期，为了应对英语四、六级考试，在课余时间我曾反复背诵英语四级和六级词汇。到期末时，六级词汇背了二分之一左右。现在想来，努力学习固然重要，适合自己的科学、高效的学习方法更会带来事半功倍的效果。在大一的寒假里，我粗略地把大一下学期的课本看了一遍，然后看了 C + + 、PYTHON 基础，背完了六级单词，为下学期的学习做了充分的准备。

大一下学期开始的时候，我采取了新的学习策略。前六周，我学习了一些计算机系的课程。吸取大一上学期学习方法上的经验，继续努力，同时也吸取以往的教训，避免多走弯路和做无用功。大一下学期有两篇小论文要写，于是我花了较多的时间和精力在论文调研上，尽力做好这项工作，最终取得的成果还是不错的。在这个过程中我学习到了一些技能，增强了自己的实践能力。大一下学期的课余时间我开始背 TOEFL 单词，为大二进行 TOEFL 考试做准备。

总结整个大一学年，比较好的学习经验是明确学习目标、把握重点、善于做阶段性学习小结。当学习上遇到困难时，一定要想方设法去克服，而不是灰心丧气。一定要相信自己，做最好的自己。

以上就是我想分享给大家的心得体会。希望学弟学妹们充分利用科大优异的学习资源，发奋学习，少玩多做，牢记科大“红专并进、理实交融”的校训，用知识丰富我们的人生阅历，用知识让我们自身变得强大，为将来更好地报效祖国、服务社会积攒力量。

2018

起　点

李嘉伟

PB16001738

2017 年度国家奖学金获得者

2016 级

作者简介

李嘉伟，中学毕业于湖北武汉第二中学，2016 级少年班学院学生，班级团支部组织委员、学习委员，校羽毛球协会会员。曾荣获新生奖学金金奖、2016 年校“优秀共青团员”称号、2017 年国家奖学金、“严班”奖学金、少年班校友奖学金、2017 年安徽省大学生力学竞赛一等奖。

一、序

一个人的一生，总会有许多个起点。每一个起点，都被赋予了特殊的使命。人生因此而富有内涵，充满挑战。

大学生涯，对于我们来说，是一个崭新的起点。

起跑线就在面前，但从起点到终点，却要跑长达四年的时间，要想跑得精彩，要想听见沿途有掌声，迈开第一步显得格外重要。

适应大学生活，是每一个新生需要面对的考验。

二、目　标

从我们的父辈开始，大学生就被称为天之骄子。这是社会对知识的崇尚，对知识分子的尊重。面对来自社会的期待，求学的动力应该越发强劲。如何才能一步一个脚印、稳打稳扎地进步呢？

一个个可以实现的具体目标，有助于我

们变得更充实，更有方向感。诸如拿奖学金，通过英语四、六级，保研，出国等，有了具体的目标，你就会为实现它们而努力。

这个经验源于我的个人经历。

我在高中时，出于对物理的热爱，选择了物理竞赛，也正因为对物理的热爱，我报考了物理专业在全国处于领先地位的科大。进了科大，我又通过层层选拔，进入了我梦寐以求的“严班”。进“严班”的“门槛”可不低，这次只从全校大一新生中招了 12 名同学。在这样一个高手如云、学霸遍地的集体中，我感受到了压力，同时也给我提供了前进的动力。

其间，我为自己制定了一系列的小目标，通过不断的努力，这些目标都一一实现了。

站在大学校园的起点，我开始憧憬下一个目标：本科毕业后去世界一流大学继续深造。

要相信，只要你付出了努力，只要你勤奋刻苦，你的目标就一定能实现——“有志者事竟成”。

三、学习方法

象牙塔里总有许多突如其来的变化。书本突然变厚了，学习科目突然变多了，老师的课程进度也猛然加快了，犹如一阵风刮过，几十页课本就这么翻过去了。课后，你会有一种失落感，老师们再也不会像高中时候那样细致入微地对你进行辅导，懂与不懂、深与浅，都得你自己独自面对。

面对如此情形，若还沿用高中填鸭式的学习方法，一定会面临“此路不通”。

一个新的挑战摆在我们的面前，如何转变学习方法成了我们必须思考的问题。

我们必须变被动学习为主动学习，课前预习和课后复习必不可少，而及时消化课堂内容也越发重要。课间与课后，需要多和老师同学讨论、阅读参考书目、听学术讲座，充分利用校园中的资源，将学到的知识充分整合。

重要的是，在学习过程中，还要善于发现、提出和解决问题。“严班”在教学模式上，用的就是大班主讲、小班讨论的模式。在上次的讨论课上，我的主题是“复杂体系的电容”，为了这次发言，我提前做了充分的准备——上图书馆查阅资料，做物理实验得出准确的数据，请教老师和学长，制作 PPT。“功夫不负有心人”，我的发言得到了老师和同学们的充分肯定，我感觉自己也进步了不少。

四、融入与互动

大学里除了知识，还有丰富多彩的文化生活。身在其中，怎能不积极地参加那些校园活动，学会与人交流合作呢？

刚进大学，我发现班上的同学来自天南地北，大家的家乡话各有特点，可谓南腔北调。我想，何不在同学中组织一次各地方言的研讨呢？班主任觉得很有意思，就指定我为组长，组织大家讨论。

这是一次妙趣横生的活动，班上同学积极参与，大家津津有味地说着自己的家乡话，谈着家乡的美食特产、风土人情。谈笑间，一下子就拉近了同学间心与心的距离。

社会实践也是大学生学习知识、锻炼才干的有效途径，今年寒假，校团委鼓励学生在寒假返回家乡期间开展社会实践活动，于是，我带领科大少年班几位武汉的同学，走访了家乡的红色革命教育基地，撰写了社会实践报告。这次社会实践，大家受到了精神上的洗礼和深刻的教育，体会到正是无数革命先烈用鲜血为我们换来了今天的幸福生活。同学们一致认为，作为祖国的新生代力量，我们必须努力增长才干，为国家的建设做贡献。

这是一个美好的起点，也必然会呈现给我们富有挑战性的终点。大学四年，必然是人生中美好而值得珍惜的一段时光，祝愿所有的新生都能在最短的时间里认识你的大学，适应你的大学生活，筹划你的未来，活出你的精彩！

大 学 规 划

李子航

PB16000840

2017 年度国家奖学金获得者

2016 级

作者简介

李子航，中学毕业于河北石家庄第二中学，2016 级少年班学院理科试验班学生。获 2017 年度国家奖学金、新生奖学金。

规划，是大学阶段最重要的事，也是贯穿于大学四年的事。这是从大一就应该开始思考的问题：将来想要做什么，想要做到什么样的程度，要怎么去做到。

大学的第一年，我们最主要的任务就是适应大学的环境，适应新的课程和教学方式，适应新的学习和生活氛围。大一的必修课程学起来是比较轻松的，在学好课程之余应该会有很多的空闲时间。你可以利用这些时间去学习选修的课程，或是去“蹭”高年级的课程，听听各行业“大牛”的报告，开阔一下视野，也可以参加社团、学生会，锻炼自己的交际与组织能力，或是学习一些软件，为将来的发展打好基础，也可以学学英语，体验一下 TOEFL 考试。总之，不需要做很深入的研究，但一定要有一个广阔的视野，明确自己的专业方向，明确将来发展的道路，这就是大学第一年所要做的事情。大学的第二年，是大学中关键的一年。这一年中，你会变得逐渐忙碌、充实起来。大二的我越来越深切地感受到，周围的同学每天都在努力进步，所了解的、所参与的事情越来越多。

这一年，我极力建议大家去做的事，就是加入一个研究组，以一个参与者的身份体验一下什么是科研。加入一个研究组后，从基础工作做起，逐渐融入到科研的环境中，了解当前的工作内容。如果平时课业负担比较重，也可以量力而行，加入研究组确实会占用一部分时间，如果感觉到平时本身就没有什么空闲下来的时间，那么等到大三再加入研究组也是可以的。所以，什么时间加入研究组，也是一个值得好好规划的事情。

一定要以一个正确的态度去认识成绩。经历过高考的人多数会比较在意成绩，因为那是大学选人的唯一评判标准。但是这样也会给我们深深地植入"成绩最重要"的观念，实际上这对人的发展不是一个十分正确的引导。多数成绩优异的同学对成绩是有很清醒的认识的，这是一个可遇而不可求的东西。我的一个朋友曾对我说："整天活在对成绩的追求中，一定会活得很辛苦很累，而且不会很快乐。"然而，他也时常向我抱怨某门课没能拿到4.3的绩点很遗憾。我觉得我们中的大多数人都活在这种矛盾的心态中，觉得不能看重成绩，却又不知不觉地把成绩放到了第一位。确实，成绩对于能否出国或读研是一个重要的评判指标，但是，如果学习以成绩为目的，就显得有点可悲。所以我还是希望大家不要特别在意成绩，只要能学到想学到的知识就可以了。毕竟，学习是以知识为目的的，如果知识都掌握到位了，成绩自然也会优秀。

专业方向的选择，是人生规划中最重要的一部分。我刚刚来到大学时，对于将来发展的方向曾有过迷茫，不知道自己将来该不该做研究，该研究什么方向。尤其是在听完很多"牛人"的报告后，我更加迷茫，怕如果将来从事了物理领域的研究工作，比不过我的同行该怎么办？做不出什么成果怎么办？将来一事无成又怎么办？很长一段时间，我都在这样或那样的犹豫中止步不前，直到我的老师对我说了这样一句话："有没有成就不重要，只要你感兴趣就可以了。"确实，望洋兴叹曾是我做过的最多的事情，但这其实是最没有意义的事情。登山时，抬头望望山顶，会感到无力，因为山顶总是很高的，你会害怕自己没有办法到达，就是这样一种心理。当我们对于未来有某种期待时，自然就会有如果无法达到预期而产生的畏惧心理，这很正常，但我们不能任由其发展。

其实，很多事情，当你没有开始做或者不了解的时候，都会觉得他很难，自己也许无法完成，但是一旦开始或是参与进来，你会发现这并不是想象中那么难的事，你完全可以通过自己的努力把这件事做得很完美。所以，选择自己未来发展的方向，不该有任何畏难心理，选择自己感兴趣的方向作为事业方向才是应该有的态度。

关于专业方向选择，我想说的另外一点是不要随大流。费曼曾说过："我一向认为一个人要有'你干嘛在乎别人怎么想'的态度。"选择自己研究的方向，应该是你的兴趣所在，而不必理会别人在做什么。很多人都去学物理，不要错以为你也会对物理很感兴趣。还是那句话：适合自己的才是最好的。在选择自己的方向前，你要明确你所要选择的方向是必需的，同时还要了解你将来要学习的课程，了解该专业当今的发展前沿，了解你将来可能的工作，明确这些是否符合你对将来的设想。在一切都准备充分后，你才能做出一个不会令你后悔的选择，千万不能让别人的选择左右了你。

大学是实现自己梦想的关键阶段。高中时的我对于一些不懂的知识还可以以没有学过为借口，但是到了大学之后我就再也没有说过这样的话，因为没有什么是不能学的，没有什么是现在学不会的。想要有一番成就，就不能常常以能力不行作为自己的借口。高斯 19 岁时解决了尺规作正十七边形的数学界难题，伽罗瓦 21 岁时就成为了群论的创始人，牛顿 23 岁时创立了微积分，狄拉克 25 岁时就已经成为了享誉世界的物理学家。举这些例子的目的，不是想说我们要时常把自己与天才相比，而是想说，如果你想要实现什么目标，那么是时候开始着手实践了。

规划中另外一个重要的部分，就是怎么去实现自己想要的目标。这里分享一些我的想法。

首先，要学习。这里所说的学习，不是指学习书本上的知识。书本上的知识只不过是一些基础知识，是大家都可以通过学习掌握的知识。最近我的班主任说的一句话令我印象深刻："教育总是落后于时代的。你们应该知道，现在的课本和二十多年前我们学的课本教的东西并没有什么区别。"学习课本，学到的东西永远不是最新的发现，永远是追不上时代前沿的。这里所说的学习，指的是在实践中的学习。当你加入研究组做课题时，总要查阅很多的文献，学习很多的资料，掌握一些软件的用法。在这个过程中对于学到的东西印象是很深的，也会理解得非常深刻，而且往往是很前沿的研究成果。这种学习的过程不同于上课时学习课本的过程，区别就在于这是主动地学习，而课程传授知识总是被动地学习。为达到一个目的而学习的知识，往往是非常实用的，也会对将来的发展大有益处。

第二，要创造。能把我们与其他人区别开来的地方，能展现出我们价值的地方，就是我们所创造的东西。其实从小到大，我们所接受的教育给我们去创造的机会是很少的，所以如果你遇到了一个可以创造的机会，比如你有一个灵光一现的大胆想法，即使很荒谬、很不着边际，也一定要珍惜。一个具有创造性的想法，常常比许多重复性的工作更具有价值。很多时候，如果你沿着你不着边际的想法走下去，会发现这个想法存在合理的一面，这条路是可以走下去的。不要害怕会犯错，要勇于尝试、勇于创造，去寻找我们存在的价值。

第三，要表达。前几日我听了葛健教授的讲座，其中一段大意是：中国的学生给人的感觉是比较内向，不愿意向别人展示自己，相比之下，美国的学生更乐于表达自己的想法，这对于中国的学生是不利的。这种评价，我认为是比较客观的，因为文化上的差异确实会导致一些观念上的不同，但这种不同并不是注定的，我们可以做出一些改变来使得自己变得更加善于表达。最好的方式莫过于多与人交流：多与自己的同学交流，多与自己认识的老师交流，也可以与自己不认识的老师交流，探讨一些学术上的问题，或讨论方向选择的问题。记得之前有位老师说过一句话："不要害怕去与你不认识的教授交流，你要记住，越厉害的人，越平易近人。"细细想来，这话说得很有道理，越厉害的人越谦虚。科大的教授都是很热心的，之前我多次向一些教授请教问题，他们都很热心地回复了邮件，解答了我的疑惑。如果你加入了研究组，那么向别人请教问题，提出自己的困惑，也都是经常要做的事。要增强自己的参与感，多多表达自己的想法。

大学的时光说短不短，说长也不长，只有好好规划才能让这四年充实且有意义。希望各位都能对自己的未来有一个合理的规划，并且通过自己的努力去实现它。

回顾大一生活所感

祁琳峰

PB16000953

2017年度国家奖学金获得者

2016级

作者简介

祁琳峰，中学毕业于河北石家庄第二中学，2016级理科试验班学生。曾获国家奖学金、新生奖学金。

时光如白驹过隙，转瞬即逝，不知不觉间一年多的日子已经匆匆地过去。这一年，有过初入校园的好奇与憧憬，有过烈日下军训的汗水与坚持，有过选专业时的迷茫与犹豫，也有过做出选择时的那一份从容与坚定……一年过去了，我已经不能自称“萌新”了，但回顾大一一年的学习与生活，也有些自己的理解和感悟，希望能多多少少对学弟学妹们有所启发。

一、体验生活，主动尝试

初入校园，一切都是崭新的，新校园、新生活，新老师、新同学，而自己也是全新的一个刚刚步入大学生活的“萌新”。从选课系统、学籍管理规定到图书馆系统、学生会、学生社团，这些让人耳目一新的新鲜事物都等待你去体验与尝试。不再固定的教室，自由选择的老师和课程，由每天一交变为每周一交的作业，全新的学习方式和自我管理也是新的体验。和蔼可亲又可靠的“宿管”，来自五湖四海的室友，对于没有尝试过寄宿生活的

“萌新”，宿舍的集体生活也将是新的体验与收获。积极地去体验和适应不一样的大学生活，生活将变得更加丰富，充满快乐。

二、审视自我，发现不足

在体验新生活、认识新同学的过程中，自己的不足也非常容易暴露出来，这是一个重新认识自己的好机会。大一时我在社团方面加入了英语俱乐部，发现自己的英语口语是“硬伤”，发音和流利程度都要比南方的同学差很多。平时学习过程中发现自己的自制力也很成问题，经常是学习五分钟后就一定要停下来看看手机，否则就心神不宁似的。在生活中比较粗心，有时候把东西随手一放，过几天自己都找不到了。这些问题我虽然没记在本子上，但记在了心里，偶尔会刻意地锻炼自己去克服这些问题，对我的学习和生活都有很大的帮助。

三、合理规划，提升自我

规划一下自己想在大学期间培养哪些品质或者养成哪些好习惯，抑或是克服哪些缺点。换而言之，思考自己想在大学的日子里有哪些改变。我是在入学几个月后才开始想这个问题的（前几个月先体验了一下大学生活）。一年过去了，身边的人有的养成了晨跑锻炼身体的习惯，有的自学了一门乐器，有的从内向渐渐变得外向……这些改变可能让我们受益终身。记得大一时我的规划是养成晨跑的习惯和提高对手机的“免疫力”。晨跑这个规划坚持了几天就放弃了，因为起得太早上课会很困。但有意识地提高对手机的“免疫力”还是很有成效的。大一时我经常去东区图书馆一楼的英才书苑上自习，那里有很多名著，浮躁或是想玩手机的时候我就去读十几页小说，整个人便能沉静许多，无论是看书还是写作业的效率都要提高了很多。读小说还能顺便舒缓心情，放松大脑，让我经常能忙里偷闲地惬意一下。

四、共同学习，独立思考

大学生依旧是学生，虽然校园里有各种精彩的活动，但学习任务仍不能懈怠。与高中课程相比，大学的课程要难很多，加上学习方式的转变，这让很多同学有不太适应的感觉。由于我高中时数学基础不是很扎实，只能算中等偏上水平，所以大一在数学分析的学习上吃了一些苦头。对于不太擅长的科目，我觉得可以和同学多交流，比如讨论作业问题，看看别人的解题思路。我们班里当时组织了学习小组，同组几个人一起讨论，既能互相认识一下，也能让一些问题迎刃而解，从而共同进步。但交流并不是偷懒，不能省去独立思考的过程，有难题不会解时，可以先看课本例题找找思路，再看看教辅书上有没有相关类型习题的讲解，或者先做做其他题，等思路开阔了再回头去想。沉下心独立思考半小时或是一小时，要是失败了再去问别人就好了，也没什么损失，但如果靠自己解决了难题，又何尝不是一种快乐呢？

五、主动学习，注重知识

如果每次都到了要小测验、期中、期末考试的时候才去复习自己没有掌握好的章节，那是相当难受的（虽然很多情况下没有时间，所以只能这样）。平时有意识地想起来就稍微回顾一下前面的知识，不仅写作业的时候可以减少看书的次数，还能为后续的学习省下不少力气。很多同学在学习中执着于 GPA，我大一上学期时也很担心成绩，考试结束后频繁地上教务系统看分数是否已经可以查了，心情也随着分数的高低而跌宕起伏。可是后来我发现这种态度很不利于真正学习知识，我们应该关心的是懂不懂知识而不是分数高不高。在平时多花些工夫搞懂基本概念和原理，到考前再对考试进行有针对性的练习，这样应该能做到知识和成绩兼顾，学习起来也更加有动力。

六、平衡心态，重建自信

科大的学习任务还是不轻的，而身边的同学也都是佼佼者。如果一段时间之后发现自己比别人差很多，容易心态失衡，甚至自暴自弃。由于对学习方式转变的适应能力不同，大一时大家对学习的感觉自然有差别，受挫时沮丧甚至自暴自弃没有什么作用，对自己反而是一种伤害。静下心来分析自己有什么不足，接下来要怎么学习这门课是比对自己发脾气更有效的。记得知乎上的一篇文章上说：进入大学后，很多人都要经历重建自信这个过程。把失败当成暴露自己的问题的机会，把挫折当成磨炼意志的武器，重新打磨自己的内心，以建立起新的自信。大学阶段在挫折中重新建立的自信要比一帆风顺的那种自信坚固而可靠得多。

七、适当放松，一张一弛

如果感觉学习压力很大，或是考试迫近而产生考前焦虑的时候，不妨适当调节一下自己的心情，让自己放松一下。自习的时候，如果有些烦躁，写作业的效率自然就会变低。非常想玩手机游戏或是不自觉走神的时候，不如放弃在图书馆好不容易找到的座位，背上书包散步到二教或五教，换个环境去继续学习，既能呼吸新鲜空气，休息眼睛，也能提高自己的学习效率。沮丧的时候和老同学一起吃个饭或是一起玩耍，再或者找个天气好的日子去户外晒晒太阳，心情也会好很多。整理好自己的心情，才能更好地与人相处，才能打理好自己的生活和学习。

八、专业选择，兴趣为主

少年班学院大一有三次选择专业的机会，第一次是入学之初，第二次是大一第一学期结束，第三次是大一第二学期结束。选择专业要考虑自己的兴趣，因为当遇到困难的时候，兴趣可以帮助你坚持下去。如果对好几门学科同时感兴趣的话，不妨再考虑一下这几门学科未来的研究和就业情况，择优而选。早些选专业可以避免后期因为和所选专业的培养计划出入较大而大量补课，省下一些麻烦。但更重要的是可以早些确定自己要着重学习哪些方面的知识，有了方向之后目标才更加明确，学起来也才更有干劲儿。我选择了信息学院，因为我对计算机和电子方面的知识更感兴趣，以后也希望在这两个方向发展。

九、合理选课，认真对待

各个专业都有自己的培养计划，在适应一段时间的大学生活后，不妨看看自己专业的毕业学分要求和未来几个学期的培养计划，对自己要学的课程做到心里大致有数。评课社区上还能看到选过某门课的人对课程的评价，如果比较多的人评论这门课程难度较大，那学习的时候可以多在这门课上面下点工夫。同时可以看到同学们对授课老师的评价，选自己喜欢的老师，学习这门课的时候也会更加有兴趣。对于公选课和政治课，或者自己不感兴趣的课，我发现身边有些同学会选择玩手机或是在课上写其他科目的作业，我不建议这么做。这样很容易既写不好作业，也没听进去课，白白浪费了时间。反倒不如端正对每门课的态度，沉下心去认真地学习知识，既然我们花费了时间，那就要有所收获。

迷茫的时候不妨问问老师或者学长学姐，请他们解答疑惑，一定能有所帮助。我在一些问题上就请教过学长，得到了非常真诚的解答，心中充满感激。如果有机会和能力，我也很愿意帮助学弟学妹们解答问题，把爱心传递下去。最后祝学弟学妹们能有一个丰富多彩，酸甜苦辣都能品尝到的大学生活，也能在科大寻找到一个更加优秀的自己！

关于大学学习的一些建议

王怡文

PB16000845

2017 年度国家奖学金获得者

2016 级

作者简介

王怡文，中学毕业于河北石家庄第二中学，2016 级少年班学院理科试验班学生、班级学习委员，校招生志愿服务队队员。2016 年获新生奖学金银奖，2017 年获国家奖学金、全国大学生数学竞赛二等奖。

时间总是过得很快，转眼已经是 2017 年年底了，我来科大也已一年多了。很荣幸能有这个机会和大家分享我在这一年多里的收获与感想。

其实说起来，我也只不过刚刚大二，与刚入学的学弟学妹相差不过一个年级，关于大学生活的诸多酸甜苦辣也未完全体验，在学习、生活等方面还存在着困惑。因此，文章中难免有见识不足之处，希望读到此篇的学弟学妹能基于自身情况客观看待，选择适合自己的方法，拥有自己独特的发展道路。

进入大学阶段，最重要的还是学习，持续不断地深入学习。因此，我主要想就学习能力和兴趣培养谈一谈自己的看法，和学弟学妹做些交流，希望能对大家有所启发。

提升自学能力总是能获得积极有效的成果。我是因参加物理竞赛而来到科大的，相比其他同学，可能存在着一些优势。这种优势表面上表现在物理课上——大一上学期的力学，大一下学期的电磁学、热学都是高中物理竞赛涉及的内容，大大减轻了科大传统数理课程对我造成的压力，这是外部的有利因素。但我想,更为重要的是内部的积极因素在发挥作用,即竞赛培养了我的学习能力。作为一名典型的竞赛生,我的许多知识来源于自学,这不仅是指自己通过看书、查资料等方法掌握知识点,还包括加强计划性,结合自身情况安排学习进度,在充分的自由时间里通过合理的方法来提高自己的学习水平。我认为,这对大学生,尤其是大一新生来说是极为重要的。大学与高中有很多的不同,其中之一就在于高中有老师来替你安排任务,而大学没有人再干涉你课堂之外的时间,甚至你课上做什么事都没人管。在这种情况下,学习很大程度上取决于自己的安排。所以,我在这里向学弟学妹郑重提出建议,希望大家能够有意识地培养自己的自学能力,培养自主安排时间、独立完成学习任务的能力,始终在大量可自由支配的时间里给学习留出足够的时间,并且能够在这段时间里高效地完成既定目标任务。

接下来,我想谈一谈我对于上课的态度,即必须要保证投入足够的时间和精力进行学习。在这一年里,我可以很肯定地说,我没有逃过一次课,也没有迟交过一次作业,而且大部分作业都是当天布置当天完成。其实这与个人的习惯及能力有关,比如我就不喜欢什么事情都赶在最后完成,这样有可能会发生突发的事情导致任务无法如期完成,而且在时间紧张的状况下很难保证质量。对于上课,虽然未必每节课我都聚精会神地从头听到尾,尤其是大一的物理课好多都是简单听听,但我无论如何都要到教室来。一来,听老师讲课总是会有帮助的,即使我学过物理竞赛的知识,但许多知识点也是我掌握不牢固的,再听一遍百利而无一害;二来,我感觉如果我在上课时间不去教室,我可能就会懈怠下去,无法保证足够的学习时间。当然,我也知道有的同学学习的效率更高,选择性地听课就足以达到课程学习的要求,这都是要视自身情况而定。对此,我充分相信,既然已经是大学生,大家应该有选择适合自己学习方法的自由;同时,我始终坚持,一定不要以此为借口放纵自己,打着“自己学习”或“老师讲课听不进去”的旗号,理直气壮地旷课、在宿舍睡懒觉或打游戏。至少,要保证在课表上安排上课的时间里,你是在学习的。这是基本的要求,是保证学习成效的基础底线。

在这一年里,我还充分意识到了学习环境的重要性。在大一一年里，一开始我是和001、002班的同学一起集体上自习的，这种与高中自习类似的学习环境，真的很适合学习：一方面，每天点名签到会使不少同学克服掉自己的懒惰心理主动去教室自习；另一方面，周围都是自己的同学，他们都在学习，自己就会不好意思玩手机，从而拥有一两个小时的高效学习时间。后来，集体晚自习停上之后，除非我有文件要下载需要上网，或是有事情要跟同学讨论，大部分时间都是在宿舍学习。可能有人会说：宿舍是堕落的温床。其实我认为这话过于绝对。不同环境的确会对学习效率产生很大的影响，但宿舍里的环境未必不适合学习。以我自己为例，我也在图书馆自习过几次，但周围都是不认识的人没有什么不好意思的感觉，反而更容易有没事就拿起手机看一眼的坏习惯。反之，在宿舍里，由于室友从开学就一直在宿舍自习，自律性很强，在她的感染下我会自觉地放下手机，集中精力，认真地投入学习，学习效率有效提高。所以说，一个对自己好的学习环境，不是说随大流跑去图书馆、教学楼，而是真正能让你克制住玩手机、打游戏的冲动，全身心地投入到学习中的场所和环境。在这里顺便提一下，有一位自律性强的朋友，真的对学习有很强的促进作用。希望总管不住自己的学弟学妹可以尝试寻找一位学习效率高、自律性强的同学一起自习，相互学习，共同提高。

专业选择事关未来发展方向。如前所述，我高中参加了物理竞赛，在对科大专业还不太了解的情况下将自主招生的专业填写为了物理类；高考结束后，我了解到了理科试验班的存在，又经过了与父母和招生老师的多次沟通，将志愿填写为理科试验班。在大一第一学期结束后，少年班学院有一次提前确定专业的机会，有好多同学在那个时候就确定了专业。我当时没有对除物理之外的任何一门学科产生强烈的兴趣，而少年班学院的课在大一下学期与物理学院完全一致，专业选择因此就没有定下来。其实这种状态一直持续到2017年5月最终确定专业的时候，我心里始终没有说物理学不下去了，或者另有哪一个专业让我有很强的欲望去学，就顺其自然地留在了物理平台。为了帮助我们更好地选择专业，学校在2017年春季学期开设了“科学技术与工程导论”课，用一个学期的时间为我们介绍全校各个专业的学习内容和发展方向，对大部分同学都产生了很大的帮助。为此，建议那些对专业没有明确目标的同学，积极参与学校为少年班学院同学专门准备的介绍会，给自己一个充分了解学校各专业基本方向的机会，辅助自己尽快地决定修读专业。

开放和挑战自我的正向激励作用也很关键。现在回想起大一一年，我觉得我做的很重要的决定就是在一开学的时候竞选并成为了班级学习委员。我本身不是一个很外向的人，尤其在刚刚进入科大的时候，周围的同学都是全国各地的优秀学生，其实当时还是有一点害怕上台竞选的；但心里一想，上了大学马上就要迈向社会了，还是要改变一下，就上台竞选了学习委员一职，最终和另一位男同学共同担任了 001 班的学习委员。为什么说这个事情对我很重要呢？一方面，这给我提供了参与班级事务的机会，提高了工作能力；另一方面，担任学习委员增强了我的自信心，扩大了交际范围。不难设想，如果我没有担任学习委员，以我的性格，我的圈子可能很小，甚至很少能有机会与班主任交流。一年多来，得益于学习委员岗位上的实践，我认识了许多同学，也获得了很多与老师交流的机会，而且每次完成一项工作都会有成就感，也是一种对学习生活的调剂。因此我建议，自认为性格比较内向的同学，要敢于做自己不敢做的事，当一名班干部既能主动为班级、社团做些工作，也能提高自己各方面的能力，让自己的大学生活更加丰富多彩。

除此之外，我还想向学弟学妹们提一个其他方面的建议：有时间的时候可以多参加学校组织的讲座、演出等活动。这里我想着重提几个：首先是针对新生的新生研讨课讲座，请来的都是各行各业的领军人物，学术“大牛”亲自为同学们进行科普，顺带解答同学们各方面的疑惑，当然这也是大一新生的必选课；其次，给我留下深刻印象的还有 2017 年 5 月份的“南风引”音乐会，所有的演奏者都是我们的同学，带来的表演十分震撼；我还欣赏了由南京艺术大学带来的主题为“拥抱新时代，壮哉中国梦”的诗歌朗诵会，这是我第一次近距离感受朗诵的魅力，在这之前我从没想到朗诵能带给我这么强烈的感动。总之，在我看来，学校里举办的诸多讲座、活动都是精品，有的能学习科学知识，有的能提高人文素养。建议大家在课余时间多去参加这些活动，充分利用学校给我们提供的资源来丰富自己的校园生活。

其实我的大一也有遗憾，其中之一就是没有参加社团活动，无法在这方面给出多少建议，因此前文中多是讲与学习有关的想法。这大二上学期我加入了校招生志愿服务队，也是希望自己的大学生活能够更加丰富。

这可以算是我第一次写类似的文章，没有什么经验，都是有感而发，文章的结构、内容等方面难免有不足之处，希望看到此篇的学弟学妹们能够稍加谅解。“往者不可谏，来者犹可追”。希望我的文章能对学弟学妹们规划未来的大学生活提供帮助，我也会不断完善自我，与学弟学妹们共同成长，共同进步。

大一学习生活感悟

吴　昕

PB16001817

2017 年度国家奖学金获得者

1978

2016 级

作者简介

吴昕，中学毕业于浙江宁波效实中学，2016 级少年班学院创新试点一班学生。曾获优秀新生奖学金铜奖、校电磁学小论文竞赛一等奖、国家奖学金、外研社杯全国英语写作大赛校内三等奖。

大家好，我是来自 2016 级创新试点 1 班的吴昕。今天能够有机会和大家简单分享自己大一一年的学习体会，我倍感荣幸。

首先，我觉得大一最重要的还是要适应大学新的学习方式，调整自己的学习状态。高中时候的学习可能以模仿为主，通过反复的训练来熟悉某一类题型的解法。然而大学的学习，我认为更像是一种“研究性学习”。老师不会把所有知识点像高中老师那样交代得那么清楚，很多时候是需要自学的。我的方法是先反复啃书，把知识都搞懂，再去适当做一些例题。我对盲目大量做题不怎么感兴趣，拘泥于一些关乎细枝末节的技巧，很可能会事倍功半。在我看来，大一期间最有挑战性的课当属数学分析或者微积分了。虽然高中学物理竞赛时会用一些简单的微积分，但刚碰到那些 e-d 语言、一致收敛之类的概念时，我还是很头疼。为了搞懂这些概念，我把数学分析课本翻了一遍又一遍，翻的次数多了，突然会有一种恍然大悟的感觉。我建议大家千万不要因为第一遍看不懂而灰心丧气，因为这再正常不过了，一定要静下心来，相信自己。

其次，我觉得要善于思考。具体来说，相信大家也已经发现大学课本的习题很少有答案，更不用说详细的解答了。这就特别考验我们独立思考的能力。对于这种问题，我一般先自己算一算，如果算出了结果，但还是不放心的话，会把它放进计算机里模拟一下，也会经常在 Google 和 Wikipedia 上查询。我觉得搜索引擎是一个很有用的工具，不管是对学习还是今后科研都很重要。对此，我在大一下学期选了一门图书馆开的公选课——电子信息检索，主要讲解各种文献检索方法、科大校园里学习资源的使用方法，觉得还是挺有帮助的。尤其是那个学期写电磁学小论文的时候，刚好可以现学现用。说到这里，我觉得大一下学期的电磁学小论文比赛还是一个挺有意义的活动，能够锻炼自己多方面能力，比如说：如何上台在有限的时间内把自己想讲的东西表达清楚。在此感谢程福臻教授的悉心指导，他甚至逐张对我的 PPT 提出修改意见，让我收获颇多。

再者，我觉得应该以平常心面对考试和成绩。著名科学家 Faraday 曾说过："拼命去换取成功，但不希望一定会成功，结果往往会成功。"我觉得在科大，这句话可以这么说：努力地去学习，但不希望 GPA 就一定要拿 4.3，结果往往不会太差。我觉得，学习的关注点应该更多在于知识点本身，而不是只盯着一个数字。把知识点弄懂了，很多事情都是水到渠成。我也有过考得不理想的时候，郁闷之余，更重要的是分析原因，然后去解决它。原因因人而异，对于我来说，我的弱项是计算，看见复杂的公式就怕，经常会犯一些低级的计算错误，原因就是平常太依赖计算机了。为此，我决定在平时尽量减少对 Mathematica 的依赖，多进行原始的手算。不必因为一次考试的失误来否定自己，毕竟未来的路还很长。

最后，我想说，大学也许更像一场马拉松而不是百米赛跑，最开始领先的不必骄傲，暂时落后的也不必灰心。谁笑到最后，谁才笑得最甜。保持冷静，继续前行。

一个普通科大学子的大一生活

袁　铭

PB16001731

2017 年度国家奖学金获得者

1978

2016 级

作者简介

袁铭，中学毕业于河南商丘第一高级中学，2016 级创新试点班 3 班学生。曾获 2017 国家奖学金。

在科大这个不大不小的地方，总有这样一些同学，他们"神"一般地存在着，有的智力超群，无论多么难的题目对于他们都不在话下；有的擅长交际，在学生会、社团等学生组织内呼风唤雨；还有的则在某一领域拥有自己的一技之长，在大众面前总能露上那么一手，令人钦羡不已……当然，还有更多像我这样的，毫不起眼，在这个学校里几乎没有任何存在感。他们或许有自己的小圈子，但不顺心时总是很难找到一个可以聊聊天的人；他们也许有许多的爱好，但挑来挑去也没有一样可以拿得出手……他们在这所学校里度过四年，在许多人的世界里路过，然而什么也没有留下。他们似乎有一个共同的名字——"普通的科大人"。还好我自己在上一学年内获得了一个看上去还蛮不错的 GPA，让我有机会在这里讲讲故事，谈谈一些想法和感受，也算是留下了些什么。

作为一个从小城市里来到科大的新生，记得刚进校时，感觉任何事物都很陌生，再加上自己性格比较内向，又不善言辞、不喜热闹，只能看着班里的同学成天在班级群里高谈阔论，讨论着GPA、出国率等我从来都不曾听说过、考虑过的东西；或是听他们说自己的母校或自己认识的同学或学长多么厉害。总而言之，这些东西使得我总是感觉自己身边的同学都很强，进而产生一种强烈的自卑感。就我个人而言，刚进校的时候并没有想太多，傻傻地认为“来科大就是来学物理的”，出不出国无所谓，能做点研究就行，能做出来点东西最好。而且，由于中学阶段自己的成绩还不错，内心比较傲气，突然受到如此强烈的冲击，一下子慌了神，不得不在自己未来的生活方面做出选择。很不幸地，我选择了把自己封闭起来，活在自己的小世界里。没有参加学生会，也只报了一个社团(事实上那个社团一年也没办过一次活动)。也正因如此，当时我把大把的时间都花在了看书和学习上，只是为了看看自己到底学得怎么样。当时沉迷梭罗的《瓦尔登湖》，感觉他和我很相似，都是那么孤独，然而他却把生活打理得那么好，令人佩服。我为什么不能像他那样？人啊，无论在何种情况下，总还是要有一点希望的。无论如何，那本书陪我度过了对我来说最黑暗的一段时间。

对我来说，在那段黑暗的时光中唯一的一抹亮色是少年班学院的“天使杯”足球赛。简而言之，就是在几场没有被载入任何史册的比赛中，一个不怎么会踢球的我和另外一些不怎么会踢球的“小朋友”一起组了一个名叫“三班足球队”的小团体，靠着“捡漏”和“摆大巴”混进了决赛，最终被打回原形的故事。这本身并没有什么，但那是我进校后第一次真正感到快乐。当几个人为了一个共同的理想努力拼搏时，无论最终结果怎样，他们至少是快乐的，而且也是值得回忆的。那是我在科大结识的第一拨好朋友。当然，后来又跑去参加“雏鹰杯”，全程作为“饮水机球员”，上了一次场还坑了球队。这是后话，此文不表。

不过我个人倒是觉得在大学里还是要学习如何独处的，虽然你可能不会选择这样做。在独处的时候，可以找到真正的自己，可以静静地想一些问题，可以无休止地向自己发问，可以读一些比较有意思的书，可以培养一些适合于一个人的兴趣爱好，比如听听自己喜欢的音乐、跑步，等等。做自己喜欢的事情总是比较美好的。当然，最好还是要积极向上一点。

在这所学校里我最大的体会就是:科大是一个只要你努力了结果就不会太差的地方,即便你只是一个普通人。无论你在做什么,也许你在准备一项比赛,或是组织一项活动,再不然就单纯为了考试考个好成绩。在这方面我个人的经历不是很多,我只能讲讲自己看到的。比如大一时我有几个小伙伴参加 CUPT,我个人对此一直不以为意,认为大一时什么也不会,根本干不出来什么,也就没太在意,最多也只是同他们在饭间聊天时说一说。然而事实是最终他们通过自己的努力代表科大在全国比赛中拿了一等奖。其实在科大这个地方类似的事情发生的可能性还是很大的,甚至超乎我个人的想象。在高中时我们可能有时候会开玩笑说某人一直刻苦努力然而最终结果还是如此。在科大,这种结果是不存在的。失败有时仅仅只是差了点运气。

至于学习本身而言似乎没有什么可说的,因为不同的人学得都不太一样,投入也不太一样。大一期间我们学校的许多考试还是属于比较基础性的,至少就我所选的课程中有很多是这样的,只要按部就班地学结果就不会差。就我个人而言,在大一阶段在微积分和 C 语言上花的时间多了一点,前者是因为用错了方法,过分重视技巧而轻视了这门课本质的东西,结果技巧也无法灵活运用,最终“竹篮打水一场空”;后者毕竟从小都没有接触过,不像一些从小就接触过这方面知识的同学,上手就能写出很漂亮的代码。不过老老实实地学了一学期后还是蛮有收获的。其余的时间就是看一些数学和物理方面的课本了。英语还是要花一点时间的,不论最终是否出国,如果连比较知名的课本或者自己感兴趣的一些稍微前沿一点的东西都看不懂的话,岂不是一件尴尬的事情?此外,科大的大部分老师还是很不错的,如果在学习上需要帮助时可以同他们聊一聊。

在这一年中还有一个体会就是无论在做什么,总还是要有一点属于自己的东西,当然,能更专业一点更好。不管是做作业也好,还是大学物理实验也罢,甚至是自己的某项兴趣爱好或者社团活动,再不然仅仅是打游戏,我觉得既然投入了时间,就最好能留下一点属于自己的东西。其实我个人在这方面的体会主要还是来自大学物理实验课,尤其是写报告。有些部分固然无味,但是你可以在上面留下你对这个实验的一些想法,也许是一些收获，等等。要是每份都和 10 年前的学长的作品一模一样，那不就太无趣了。

作为一个没怎么见过世面的人，我倒是觉得这所学校还是挺好的，就是有时候“科气”重了点儿。我们的校园，如果你乐于发现的话，总能找寻到美，只不过走多了会发现这里倒真的是小了点儿。同学们组织的各种各样的活动，虽说在某些细节上会“翻车”，但整体上还是会令我们赞叹不已。更重要的是，这里有一群人，有一群单纯的，为梦想、为科技发展而学习奋斗的人。不管人数多少，总还是有的。

几天前去听“悟空”号首席科学家的报告，在回答某个问题的时候，他说：“到我们这个时候是不能幻想的。但是，你们可以。”当时听完这句话后心里酸酸的。我也不知道三四十年后我们会成什么样子，但至少现在，我们还可以幻想……

絮絮叨叨地说了那么多，或许放到小学语文老师那里就该被批评“记流水账”了吧。但不管怎样，这是一个普通的科大人在入学一年内的一些感悟。或许其中的一些部分不具有普适性，但大体上还是比较靠谱的。祝愿每一位读到这篇文章的同学都能在这所学校中度过美好的四年时光。

大一学习生活总结

赵新锐

PB16001788

2017 年度国家奖学金获得者

2016 级

作者简介

赵新锐，中学毕业于山东省实验中学，2016 级创新试点班 1 班学生。曾获国家奖学金、新生奖学金、第九届大学生数学竞赛数学专业一等奖。

转眼间我的大一生活已经成为了过去时，回顾这一年的经历，感觉有很多心得，也有很多教训，在此和学弟学妹们分享一下，希望能对你们有所帮助。

刚刚进入大学校园时，相信大家都对未来生活充满了向往。尤其是在军训的时候，因为没有课业的压力，而且科大的军训又比较人性化，所以大家在这个时期都处于很放松的状态。因为之后的大学生活比较忙碌，而且班级活动并不像高中一样丰富，所以军训时是同学们彼此认识的最好时间。尽管科大的军训非常人性化，比如在太阳比较晒的时候改到在校园内树荫下进行军训，等等，但是对于同学们而言依旧是一场磨炼。“欲文明其精神，先自野蛮其体魄”，希望大家能在大学生活一开始就用高标准要求自己，不给懒惰寻找借口。

对我个人而言，那段时光并不是那么让人愉快，并不是因为军训，而是另一个原因，就像“三百杀威棒”一样消减了我的锐气，不过我认为这也是我第一年能取得较好成绩的重要原因。事情的起因是这样的：刚刚开学时大家都要参加统一组织的开学考试，这也是开学选拔“华班”“严班”等英才班成员的依据，我的数学成绩是全校第5名，而当时“华班”除去高考签约的人之外，还要再招6个人，我本以为入选“华班”是十拿九稳的，可最终结果却落选了。这件事情当时对我的影响特别大，很长一段时间内我都处于非常消极的状态，无论是对自己还是对其他人和事都有些失望，此时我的心情处于谷底。

但是随着学习生活的开始，渐渐忙碌起来之后，这种消极的感觉就慢慢消失了。得知大二还有补选进“华班”的机会，这对我也是一种激励。或许人总是会被得不到的东西所困扰，在随后的一年里，这件事情始终萦绕在我的心头，很大程度上影响了我这一年的学习。大二开始之后，数学学院组织了“华班”的补选，我补选进入了“华班”，这使得我如今能更为平和地看待这件事情。我感觉这件事对我的影响是两方面的。从积极的方面来讲，它成了贯穿我大一整个学年的一件事情，很大程度上激励了我努力学习。但是从消极的方面讲，它混淆了学习的目的与结果，而且让我长时间处于焦虑的状态。但是总的来说，我还是很感谢这个经历，尽管它并不是那么让人愉快，但是确实让我收获了很多。

大一第一学期，最具有挑战性的课程就是数学分析B1，而且学分又比较高，很多同学因为没有掌握好的学习方法，所以这门课的成绩不理想，拉低了整个学期的平均成绩。我对这门课程的学习是比较有感触的，我们那个学期每个月都会组织一次月考，难度也比较大，现在应该是随堂测试，难度也相对有所降低，但依旧有一定的挑战性。针对这门课程，我建议大家尽量把课后习题都做一遍，可以买一个比较厚的笔记本，把习题做到笔记本上。如果想要对答案的话，可以从图书馆借《微积分》(作者:谢盛刚，李娟，陈秋桂)这本书，数学分析B1课后的习题大都来自这本书，并且这本书是有课后答案的。如果学有余力的话，可以再做一下谢惠民的《数学分析习题课讲义》上的题目，这本书相对来说难度比较大，而且很多题没有答案。如果想看有解题过程的书的话，可以看裴礼文的《数学分析中的典型问题与方法》，这本书非常全面，但比较厚，需要一定的耐心。以上两本书是公认的比较好的辅导材料，只要把一本读好，就能达到比较高的水平。当然，对于将来并不想学习数学专业的同学，把课后题都做好，就可以达到相应的要求。

大一上学期的化学原理，可以选择 A 或者 B，我个人选择的是 A。根据同学们的亲身体验，A 未必比 B 难，而且我学习的那一年，A 的考试内容反而比 B 要少。更为关键的是，A 的内容更有体系，前后逻辑关系更加清晰，学习起来更加有条理，学习压力反而要小。当时化学原理 A 的授课老师是王延梅老师，王老师特别负责，概念讲得很清晰，而且给人以慈母般的感觉，当我遇到一些困扰时，就经常去找王老师谈心，她每次都很耐心地帮助我，所以我特别感谢王老师。

大一上学期还有一门很有特色的课程，就是化学实验。很多同学这门课程的成绩并不理想，反思其原因，主要是因为没有掌握方法。首先实验开始前的预习与实验过程当然是非常重要的，但是容易被大家忽略的是实验后的总结与反思。很多同学的实验报告只把结论写上，思考题写一写就结束了。事实上，每个实验结束之后都应该写实验反思，而且越多越好，最好是能就实验中发现的小问题进行思考。与之后的大学物理实验不一样的是，化学实验报告在评分的时候，很注意实验反思，希望大家能注意到这一点，可以事半功倍。

大一的寒假，我自学了数学学院学生修的解析几何和代数学基础，有意向转到数学平台的同学也可以利用大一寒假来学习这两门课，会对之后的学习有比较大的帮助。自学时建议大家完成课后的习题，不要只是泛泛地看，这样学习效果可能会更好。

大一下学期与大一上学期的衔接是比较紧密的。在大一下学期，主要修数学分析 B2、线性代数 1、热学、电磁学和大学物理实验 1，这几门课与大一上学期课程的学习方法是很相似的。尤其是数学分析 B2，相对于数学分析 B1，它更偏重于计算，相关的证明题比较少，也比较简单，相对而言更像多变量微积分而不是数学分析，学习的关键在于提高熟练程度与准确度。所以只要大家认真进行练习，把课后题认真做一遍，成绩肯定会比较理想。

因为要转到数学专业，所以我选择的是线性代数 A1，由王新茂老师授课。王老师水平很高，也很有耐心。有些题目难度比较大，对学生而言是一项挑战，认真学习会有很大的收获。考试的题目相对而言比较基础,因此选王老师课的同学压力也比较小,所以我建议想选数学专业的同学可以选择王老师的线性代数 A1。

大一下学期给我印象最深的课就是热学。事实上,我在热学上花了比较多的时间,但是期中考试成绩却特别不理想。当时我也找老师聊过,这件事情成为我当时心中的一块阴影。后来我反思了当时的学习状态,事实上我那时处于高度浮躁的情绪中,只是把课后题做了一下,考试之前一段时间没有再去看别的题目,加上本身知识就学得不扎实,思路也很僵化,考出这个成绩也是必然的结果。之后我调整了心态,在期末之前进行了比较细致的复习,尤其注意克服浮躁的问题。最后因为期末成绩比较好,所以总成绩还是比较理想的。这也给我上了一课,只要事情还没有结束,从任何时候开始努力都有希望,也希望学弟学妹们能从中有所收获。

还有一点值得一提,那就是大学的政治课是很有特色的,大一上学期要学思想道德修养与法律基础,大一下学期要学马克思主义基本原理概论。很多理科生对于政治课很不感兴趣,所以也不认真学,最后的考试结果就很不理想。事实上,在科大这所理工类的大学中,广大理工类的学生能接触到的仅有的与人文社会有关的课程就是政治课,所以我建议大家还是应该认真地去上课。要想有所收获,一方面是自己要认真,但关键是要选好的老师。好老师不一定是给分高的,但一定要是有想法又愿意引导学生去思考的。政治课并不意味着照本宣科,事实上,很多老师是很注意激发学生去反思的,而由此带来的对个人境界的提升远比会做一两道题要好得多。

反思大一学年,我在学习上还是很充实的,但是也有一些遗憾。我在相关活动上的参与比较少,而且也没有参加学生组织,使得自己生活的内容只有学习,这也是我大一最大的遗憾。所以我希望学弟学妹们在学有余力的情况下,能多参与相关的学生组织与活动,更为全面地提升自己。

科大是一片沃土,为每一个主动发展的学生创造了极为广阔的空间。希望同学们能够在这里不断发展自己,在学业和生活上都能有条不紊、踏实向前,能够通过自己的努力实现理想。

最后,把《荀子》中的一句话送给大家:“道虽迩,不行不至;事虽小,不为不成。”